発刊の想《おも》い。

これからの世代のみんなが、
日本中と交流をするためには、
「デザインの目線」がとても
重要になっていくと考えます。
それは、長く続いていくであろう
本質を持ったものを見極め、
わかりやすく、楽しく工夫を感じる創意です。
人口の多い都市が発信する
流行も含めたものではなく、
土着的でも、その中に秘められた「個性」——
それらを手がかりとして、
具体的にその土地へ行くための
「デザインの目線」を持った観光ガイドが今、
必要と考え、47都道府県を一冊一冊、
同等に同じ項目で取材・編集し、
各号同程度のページ数で発刊していきます。

d design travel
発行人　ナガオカケンメイ

problems, we will point out the problems while recommending it.
- The businesses we recommend will not have editorial influence. Their only role in the publications will be fact checking.
- We will only pick up things deemed enduring from the “long life design” perspective.
- We will not enhance photographs by using special lenses. We will capture things as they are.
- We will maintain a relationship with the places and people we pick up after the publication of the guidebook in which they are featured.

Our selection criteria:
- The business or product is uniquely local.
- The business or product communicates an important local message.
- The business or product is operated or produced by local people.
- The product or services are reasonably priced.
- The business or product is innovatively designed.

Kenmei Nagaoka
Founder, d design travel

編集の考え方。

・必ず自費でまず利用すること。実際に泊まり、食事し、買って、確かめること。
・感動しないものは取り上げないこと。本音で、自分の言葉で書くこと。
・問題があっても、素晴らしければ、問題を指摘しながら薦めること。
・取材相手の原稿チェックは、事実確認だけにとどめること。
・ロングライフデザインの視点で、長く続くものだけを取り上げること。
・写真撮影は特殊レンズを使って誇張しない。ありのままを撮ること。
・取り上げた場所や人とは、発刊後も継続的に交流を持つこと。

取材対象選定の考え方。

・その土地らしいこと。
・その土地の大切なメッセージを伝えていること。
・その土地の人がやっていること。
・価格が手頃であること。
・デザインの工夫があること。

SIGHTS
その土地を知る
To know the region

CAFES
その土地でお茶をする お酒を飲む
To have tea
To have a drink

RESTAURANTS
その土地で食事する
To eat

HOTELS
その土地に泊まる
To stay

SHOPS
その土地らしい買物
To buy regional goods

PEOPLE
その土地のキーマン
To meet key persons

A Few Thoughts Regarding the Publication of This Series

I believe that a "design perspective" will become extremely important for future generations, and indeed people of all generations, to interact with all areas of Japan. By "design perspective," I mean an imagination, which discerns what has substance and will endure, and allows users to easily understand and enjoy innovations. I feel that now, more than ever, a new kind of guidebook with a "design perspective" is needed. Therefore, we will publish a guide to each of Japan's 47 prefectures. The guidebooks will be composed, researched, and edited identically and be similar in volume.

Our editorial concept:

- Any business or product we recommend will first have been purchased or used at the researchers' own expense. That is to say, the writers have all actually spent the night in at the inns, eaten at the restaurants, and purchased the products they recommend.
- We will not recommend something unless it moves us. The recommendations will be written sincerely and in our own words.
- If something or some service is wonderful, but not without

福島県の12か月

12 Months of FUKUSHIMA

草木をまとって山のかみさま（耶麻郡西会津町）

摘んだ草や花、木、葉をまとい、山の“かみさま”になりきって、大山祇《おおやまづみ》神社の神楽殿でアートパフォーマンスをお披露目するというプログラム。

SONG OF THE EARTH 311

SONG OF THE EARTH 311（双葉郡楢葉町・双葉町）

キャンドル・ジュン氏が企画する復興支援活動の一環。「Jヴィレッジ」を会場に、キャンドルナイトや大凧あげ、音楽ライブ、災害復興シンポジウムなどを開催。フードやワークショップ、アクティビティーも楽しめる。

檜枝岐《ひのえまた》歌舞伎（南会津郡檜枝岐村）

5・8・9月の年3回公演の檜枝岐村に伝わる奉納歌舞伎。衣装作りから化粧など、裏方もすべて村人が行なう、クリエイティブな村の行事。「兜造《かぶとづくり》」の舞台にも注目。

アラフドミュージック（福島市）

こけしで有名な「土湯温泉」で開かれる温泉フェス。旅館を貸し切り、広々した宴会場で、ゆったりと音楽のある贅沢《ぜいたく》な時間。1泊2食つき、浴衣姿で参加可能。

6 JUNE
5 MAY
4 APRIL
3 MARCH
2 FEBRUARY
1 JANUARY

せど森の宴（奥会津エリア7町村）

地域住民が「奥会津ならではのモノ」を活かしてさまざまな体験プログラムを提供。『役者に教わる、歌舞伎化粧でなりきり役者体験』や、『草木染めのからむし繊維を綯う、草縄ブレスレットづくり』など、地元では当たり前のことが素敵な体験イベントに。どれに参加しようか迷うほど。

中之作つるし雛飾りまつり（いわき市）

築200年の古民家「清航館」にて、約3000体のつるし雛が登場。個性溢《あふ》れるつるし雛は、一つ一つのモチーフを見て回るだけでも楽しい。会期中は、雑貨販売やカフェなども出店。

AIZU COFFEE TIME!（耶麻《やま》郡猪苗代町《いなわしろまち》）

「より豊かなコーヒータイム」をテーマに、「はじまりの美術館」を会場に2016年から開催。参加店舗は、およそ10件。一堂に珈琲店が集まることって、そう滅多《めった》にない。お気に入りの珈琲を探してみて！

フェスティバル FUKUSHIMA!（福島市）
2011年に、ミュージシャンの遠藤ミチロウ氏（故）や、大友良英氏、詩人の和合亮一氏が代表となって設立したアートプロジェクト「プロジェクト FUKUSHIMA!」。その一環で開催されるお祭り。名物の大風呂敷を広げて、バンドの生演奏で「ええじゃないか音頭」「新生相馬盆唄」などを踊り、みんなで福島を盛り上げよう！

オハラ☆ブレイク（耶麻郡猪苗代町）
猪苗代湖畔を舞台にした3日間のキャンプインの音楽＆アートフェスティバル。2021年には、創作活動プロジェクト「unico」や、世界的アーティスト奈良美智氏も登場。

大宴会 in 南会津（南会津郡南会津町）
南会津町で、2010年から開催している野外音楽イベント。ほうき作りや南郷刺し子体験など、さまざまなプログラムも楽しみ。

PARK LIFE（福島市）
吾妻小富士を望む「あづま総合運動公園」を会場に、「衣・食・住」+「音楽」、福島を中心とした東北の暮らしのもの・ことが集まる。2021年初開催。福島の新しいフェス。これから規模も拡大していくそうで楽しみ！

12 DECEMBER　11 NOVEMBER　10 OCTOBER　9 SEPTEMBER　8 AUGUST　7 JULY

ウォールアート フェスティバルふくしま in 猪苗代（耶麻郡猪苗代町）
2018年から主に町内の学校を舞台に開催している芸術祭。作品は、教室や廊下一面をキャンパスにして、10月からアーティストが滞在し制作したもの。

ふるさと会津工人まつり（大沼郡三島町）
三島町特産の「奥会津編み組細工」をはじめ、木工、漆器、染め織物などの全国各地から約150店の選りすぐりの「工人」が作り上げた作品が集合。バイヤーに負けじと、「本当に良いもの」を、自分の目で確かめて購入すべき！

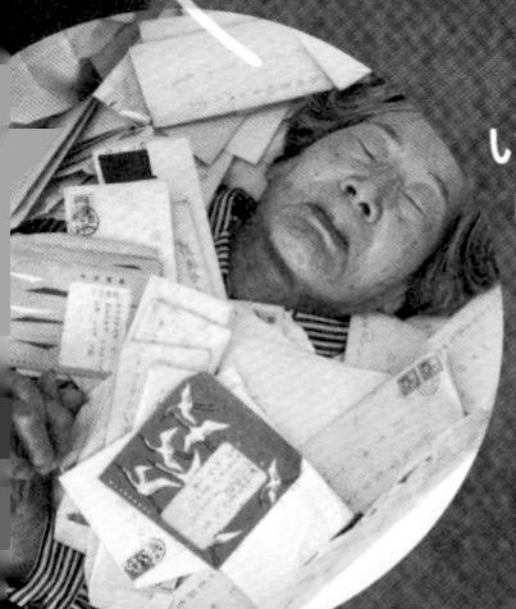

いごくフェス（いわき市）
「いごく」とは、いわきの方言で「動く」の意。そんないわきの「いごき」を伝えるウェブマガジン『igoku』発の、年に1度の“生と死の祭典”。音楽、演劇、料理……なんでもありですが、入棺体験や遺影撮影まで！？

相馬《そうま》野《の》馬追《まおい》（南相馬市・相馬市）
甲冑《かっちゅう》に身を固めた約500騎の騎馬武者が、腰に太刀、背に旗指物をつけて野原を疾走。騎馬武者たちは、ある意味“本物”。決して、前を横切ったり、上から見下ろしたり、背後から近寄ったりしてはいけません。無礼者！

＊1 d design travel 調べ（2022年1月時点）　＊2 国土地理院ホームページより
＊3 総務省統計局ホームページより（2022年1月時点）
＊4 社団法人 日本観光協会（編）「数字でみる観光」より（2021年度版）　※（ ）内の数字は全国平均値

*1 Figures compiled by d design travel.（Data as of January 2022）　*2 Extracts from the website of Geographical Survey Institute, Ministry of Land, Infrastructure,Transport and Tourism.　*3 According to the website of the Statistics Bureau, Ministry of Internal Affairs and Communications.（Data as of January 2022）
*4 From Suuji de miru kanko, by Japan Travel and Tourism Association（2021 Edition）
※ The value between the parentheses is the national average.

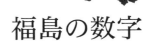

福島の数字
Numbers of FUKUSHIMA

美術館などの数 *1（122）
Museums
Number of institutions registered under the Fukushima Prefecture Association of Museums

133

スターバックスコーヒーの数 *1（36）
Starbucks Coffee Stores

13

歴代Gマーク受賞数 *1（1003）
Winners of the Good Design Award

127

経済産業大臣指定伝統的工芸品 *1（5）
Traditional crafts designated by the Minister of Economy, Trade and Industry

会津塗、奥会津編み組細工、
会津本郷焼、大堀相馬焼、
奥会津昭和からむし織

Aizu lacquerware, Okuaizu basketry, Aizuhongo ware, Oborisoma ware, Okuaizu-showa Karamushi textiles

5

JAPANブランド育成支援事業に採択されたプロジェクト *1（17）
Projects selected under the JAPAN BRAND program

23

日本建築家協会 福島県の登録会員数 *1（71）
Registered members of the Japan Institute of Architects

29

日本グラフィックデザイナー協会 福島県登録会員数 *1（65）
Registered members of the Japan Graphic Designers Association Inc.

15

県庁所在地
Capital

福島市
Fukushima City

市町村の数 *1（36）
Municipalities

59

人口 *3（2,704,143）
Population

人
1,809,371

面積 *2（8,042）
Area

km²
13,784

1年間観光者数 *4（35,265,000）
Annual number of tourists

人
33,290,000

郷土料理
Local specialties

こづゆ
いかにんじん
にしんの山椒《さんしょう》漬け
しんごろう
凍《し》みもち

Kozuyu (stew with dried seafood), ***Ikaninjin*** (a squid and carrots side dish), **Pickled herring with pepper**, ***Shingoro*** (grilled rice dumplings coated in sweet miso and perilla seeds), ***Shimimochi***(freeze-dried rice cakes)

桐材の生産量 *1（4）
Princess tree wood produced

m³

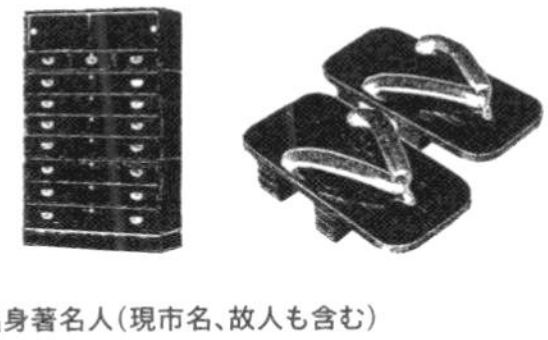

127

主《おも》な出身著名人（現市名、故人も含む）
Famous people from Fukushima

野口英世（医師/細菌学者・耶麻《やま》郡）、**大高正人**（建築家・田村郡）、**大山忠作**（画家・二本松市）、**草野心平**（詩人・いわき市）、**小泉武夫**（発酵学者・田村郡）、**斎藤清**（版画家・河沼郡）、**田部井淳子**（登山家・田村郡）、**円谷英二**（映画監督・須賀川市）、**西田敏行**（俳優・郡山市）、**箭内道彦**（クリエイティブディレクター・郡山市）、**山口隆**（歌手/サンボマスター・会津若松市）、**渡辺淳弥**（ファッションデザイナー・いわき市）、他

Hideyo Noguchi (doctor/bacteriologist, Yama-gun), **Masato Otaka** (architect, Tamura-gun), **Chusaku Oyama** (painter, Nihonmatsu), **Shinpei Kusano** (poet, Iwaki), **Takeo Koizumi** (zymologist, Tamura-gun), **Kiyoshi Saito** (woodblock artists, Kawanuma-gun), **Junko Tabei** (mountaineer, Tamura-gun), **Eiji Tsuburaya** (filmmaker, Sukagawa), **Toshiyuki Nishida** (actor, Koriyama), **Michihiko Yanai** (creative director, Koriyama), **Takashi Yamaguchi** (Sambomaster frontman, Aizuwakamatsu), **Junya Watanabe** (fashion designer, Iwaki), etc.

pan News
by The Yomiuri Shimbun

Perspectiv

aman forges
ter city' link
oss galaxies

kushima hometown celebrates with statues of heroes, mor

Zetton, a monster that defeated Ultraman. In its vicinity, there are also monuments to kaiju monsters Bemstar and Eleking.

Yomiuri Shimbun photos

Above: A monument depicting the first Ultraman stands on Taimatsu Street in Sukagawa, Fukushima Prefecture. His pose shows that he is firing a Specium Beam.

Left: Money-eating monster Kanegon sits on a bench. People often take pictures of themselves seated next to it.

Above: A model of the battleship Mikasa, about 6 meters long, is housed in the Sukagawa Tokusatsu Archive Center. It appeared in the last film Eiji Tsuburaya worked on as a special effects director.

of a bowl of soup
struck by its resem
billowing from a s
the kind of man w
on film right away.
At a place near a
Eiji's birthplace, ne
community center,
a 61-year-old "child
runs a coffee shop.
I asked him to talk
of Eiji.
I was also shown
the time when Eiji f
to the time shortly
he was purged from
these letters, his life
Japan's special effec
overlap.
This was explained
Suzuki, 61, president
pany, who wrote a cr
Eiji, based on letters
terviews with people
"Generally speakin
pression that he was
created monsters [fo
filming], but properly
a man who contribut
opment of filming te
Japan," Suzuki said.

Miniatures made

Next I headed over
Tokusatsu Archive C
minute drive away.
I wanted to take a
model of the Battlesh
was used in making
film "Nihonkai Daik
the Japan Sea), the la
worked on as special
The miniature, an
scale model of the re
about 6 meters long.
the high level of the
niques, as seen, for in
curves of the hull.
I learned from Mo
of the center, that Eiji
scenes by floating the
while creating waves

on a bench. Children and their parents,

Tette community center in Suk-

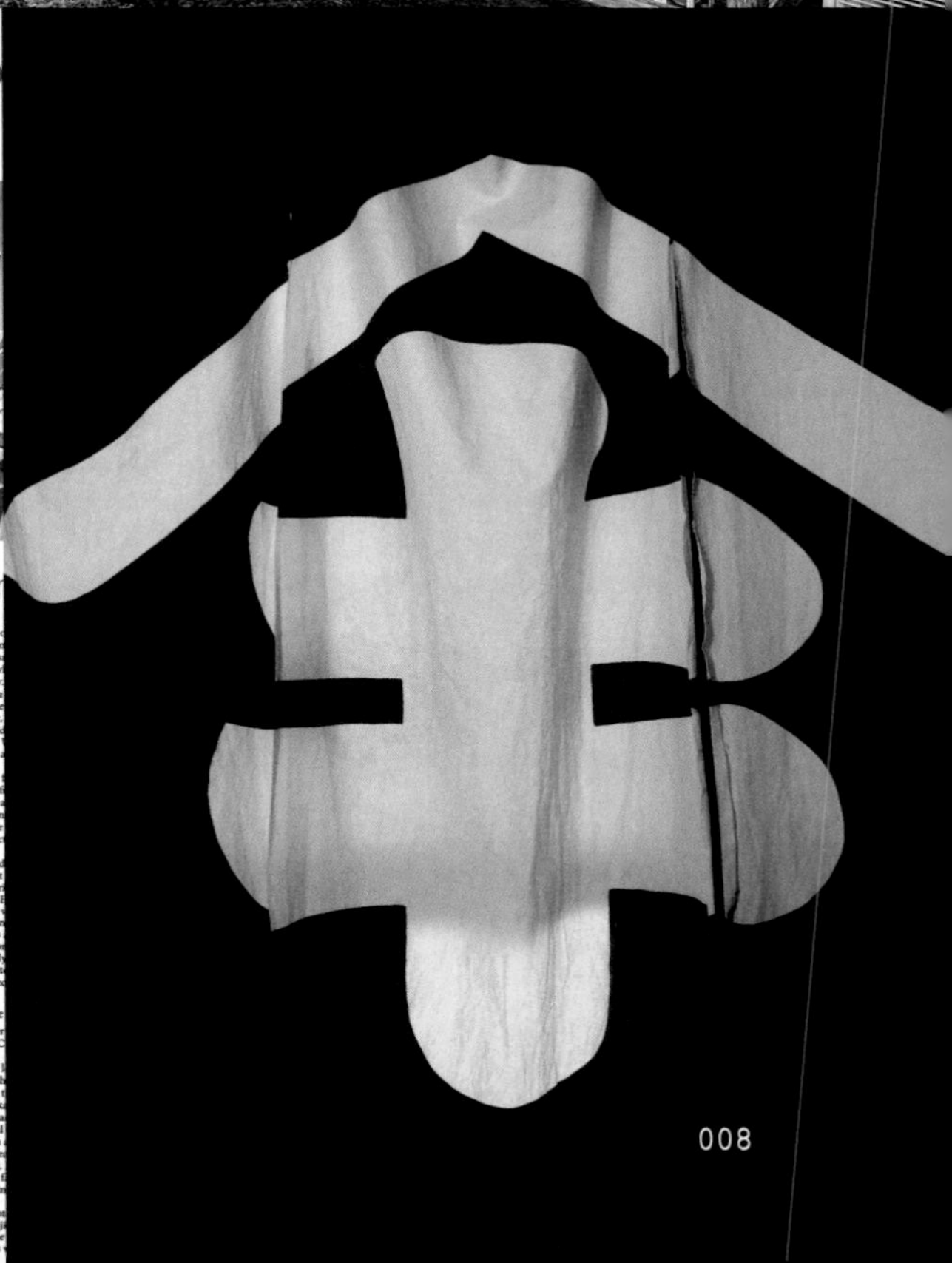

福島号
目次

CONTENTS

AIZU
WINE

Normal for FUKUSHIMA

福島のふつう

d design travel 編集部が見つけた、福島県の当たり前。

絵・辻《つじ》井《い》希《ま》文《ふみ》
文・神《しん》藤《どう》秀《ひで》人《と》

県内でも〝季節〟が異なる　福島県は、広い。日本で3番目に面積が広く、縦にも横にも長い。地域を大きく分けると、太平洋側の「浜通り」に、新幹線の通る要衝「中通り」、そして最も内陸「会津」の3つのエリア。方言や郷土料理の違いはあるが、ともかく天気が違う。浜通りがポカポカ陽気でも、会津は大雪だってこともふつう。もはや、別の県。

卵といえば、温泉たまご　温泉の豊富な福島県で、卵といえば「温泉たまご」。日本で最初に元素「ラジウム」が発見されたのが、福島市の飯坂温泉で、そこの温泉で作られる温泉たまごこそ、地元民が誇る「ラジウム玉子」。一つ一つ個包装になっていて、その見た目がレトロでカラフル。しかも、商店だけでなく、旅館でもそれぞれ競ったようにデザインが異なり、まち全体がラジウム玉子の産地のよう。観光客のお土産にも人気だけど、実は売り上げのほとんどが地元の住民。酒の肴《さかな》にも、子どものおやつにも、卵かけご飯にもラジウム玉子。

小学生の掃除には膝当て　「浜通り」の小学生は、掃除の時間になると、膝当てを着

Elementary school children use knee pads when cleaning
It's common to see elementary school students in Hamadori wearing knee pads for their cleaning duties. When they are cleaning the floors with rags on all fours, they "can clean faster because their knees don't hurt".

Last train? Take the bullet
At drinking parties in Fukushima and Koriyama, which are located in the Nakadori area, people take the bullet train (Shinkansen) as their last train to get home. The editorial team could always find people taking the last bullet train after the drinking parties ended.

Ramen for breakfast
Everyone has heard of "Kitakata ramen". Nobody knows when but the locals started saying "*ramen brekkie*"; even travelers skip breakfast at hotels and inns and go out to eat ramen instead. The editorial team also, of course, tried their first ramen brekkie on this trip.

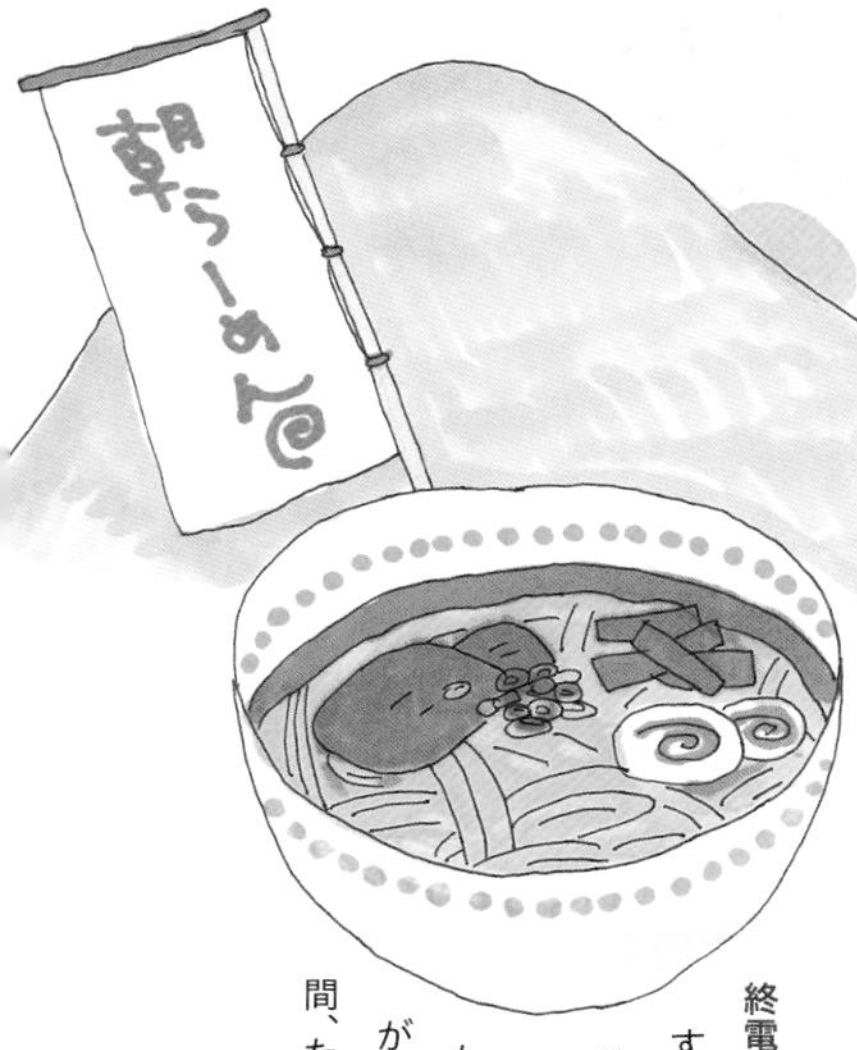

けるのが当たり前。床の雑巾掛けでは、「膝が痛くなくて掃除がはかどる」とのこと。その膝当ては、お母さんやおばあちゃんが縫ってくれたりもするけれど、ホームセンターでは、「完成品」のほか、自分で作る「膝当てキット」も売っているとか。

終電が新幹線　「中通り」に位置する福島市や郡山市などの飲み会では、決まって終電が「新幹線」。編集部が参加した会には、新幹線で帰る人が必ずいた。福島駅と郡山駅間、たったの13分。しかもリーズナブルで片道2000円以内（自由席）。23時頃（平日）まであるから呑兵衛《のんべえ》も安心。乗り過ごし注意。

朝、ラーメンを食べる　言わずと知れた「喜多方ラーメン」のこと。いつからか〝朝ラー〟という言葉も根づいてしまい、旅行客も、ホテルや旅館の朝食抜きで、こぞって食べに行ってしまう。福島県は、日本でも「外食ラーメンの支出」が多い県で有名で、喜多方市には、今でも100軒近くラーメン店が存在している。飯豊《いいで》山の良質な伏流水によって作られる平打ち熟成多加水麺。もちろん、この旅で編集部も、朝ラーデビューした。

Normal for FUKSUHIMA
Ordinary Sights in FUKUSHIMA Found by d design travel

Text by Hideto Shindo
Illustration by Kifumi Tsujii

Diverse weather even within the prefecture
Fukushima Prefecture is huge; it can be roughly divided into three areas: Hamadori (on the Pacific Ocean side), Nakadori (where the Shinkansen line passes through), and Aizu (the most inland area). Not only the dialects and local cuisine, the weather is different as well. It's "common" to see heavy snow in Aizu even though it's warm and sunny in Hamadori, as if it's in another prefecture.

Eggs? Go for *onsen tamago*
The Fukushima Prefecture is dotted with *onsen* (hot springs), and "*onsen tamago*" (eggs boiled in hot springs) is the way to go when it comes to eggs. Radium was first discovered in Japan at Iizaka Onsen in Fukushima.

みちたりた森
レイズム
プランツ：プラネッツ
きみはだれ？
無意味、のようなもの
まなざしの

大内宿

d design travel FUKUSHIMA TRAVEL MAP

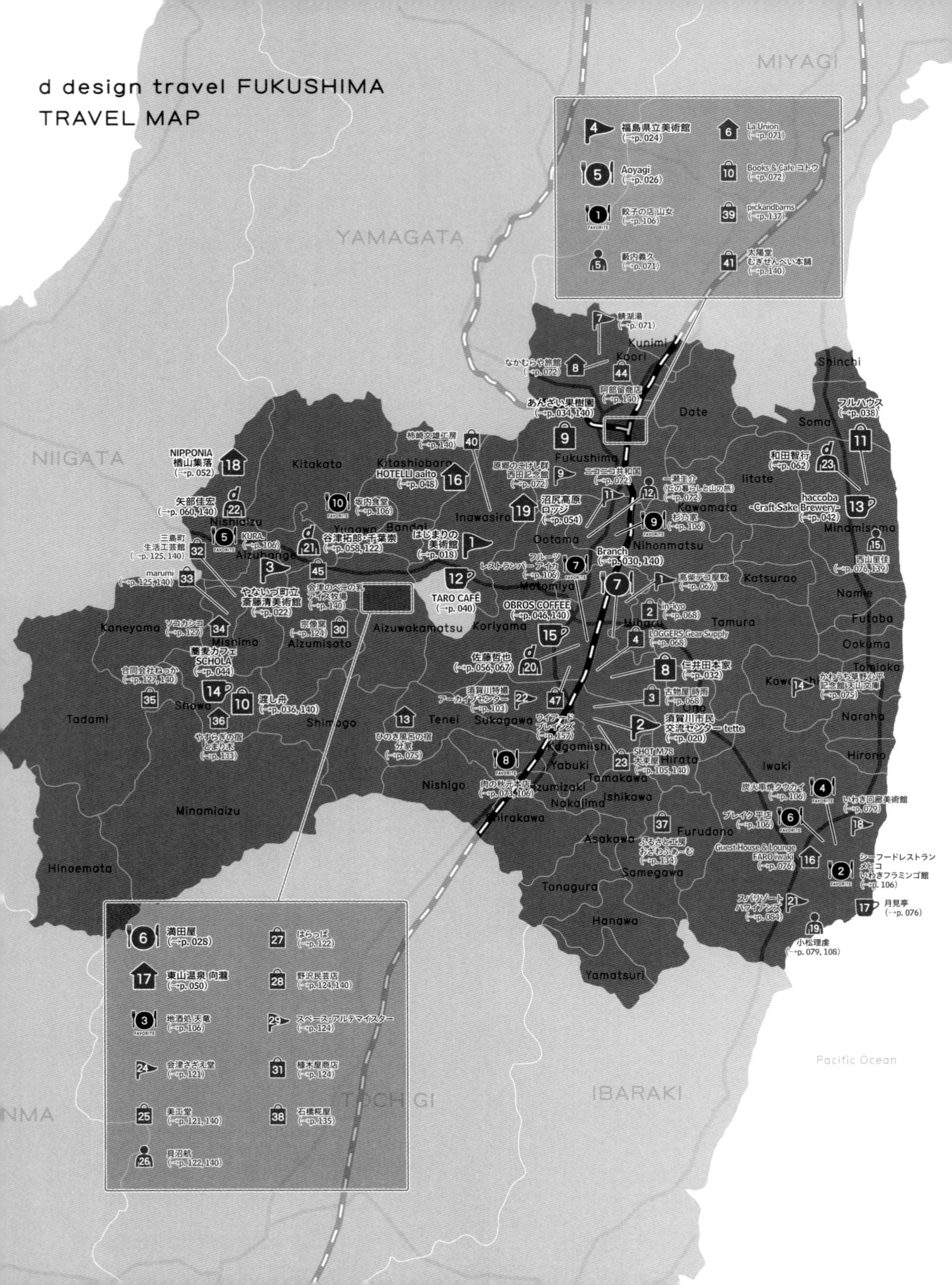

d MARK REVIEW FUKUSHIMA

1

はじまりの美術館

福島県耶麻《やま》郡猪苗代町《いなわしろまち》新町《あらまち》 4873
Tel: 0242-62-3454
10時～18時　火曜休（祝日の場合は翌日休）
展示入れ替え時、年末年始休
hajimari-ac.com
猪苗代磐梯高原ICから車で約12分

1. 猪苗代町の築140余年の蔵を改築した美術館。

2014年、地元の「十八間蔵」をリノベーション。木煉瓦敷きは、県産の間伐材、床見切り板は、古材を削って再利用。

2. 地域や震災など、福祉とアートが融合する企画展。

社会福祉法人・安積《あさか》愛育園「unico《ウーニコ》」をはじめとするアール・ブリュット作品を中心としたさまざまな作品。

3. 猪苗代町の住人が集う、地域のコミュニティー。

オープンキッチンがある「ohaco cafe」は、立ち上げから今も続く地域住民との「よりあい」の場。マルシェやワークショップなども開催。

始め方を教えてくれる場所　東日本大震災の被害は、10年過ぎた今でも残ってはいるが、それでも福島の人たちは、新しい時代を生きていくために何かを始め、各々工夫を凝らしている。磐梯山《ばんだいさん》の麓、猪苗代町にある「はじまりの美術館」もまた震災で損壊した建物だった。もともと酒蔵であり、ダンスホール、織物工場など、100年以上もこの地で愛されてきた「十八間蔵」（長さが桁方向に十八間・約33メートルある蔵のこと）。2010年には、社会福祉法人・安積愛育園が主体となり、美術館へ生まれ変わるリノベーションプロジェクトがスタートしていたが、2011年、被災。一時は、計画自体の存続が危ぶまれたそうだが、翌年震災の教訓も得て、再始動した。施工には、会津田島の大工たちが通い、町の人とはワークショップを通して、木煉瓦敷きの床や、花壇、ベンチなどを作った。2014年に開館してからは、地域や震災、食などをテーマに、同園の創作活動「unico」の作家たちをはじめとしたアール・ブリュット作品や、現代アート、伝統工芸などを展示。毎年11月には、県内から作品を公募する『きになる⇅ひょうげん』展を開催。「赤べこ」や「ウルトラマン」など、過去には〝きになる福島らしいひょうげん〟もあって、それらはアーカイブもされている。過去の記憶は、消すことはできないが、新しい文化は、些細なきっかけから〝はじめられる〟。福祉とアートが融合し、福島県の未来が育まれる美術館。（神藤秀人《しんどうひでと》）

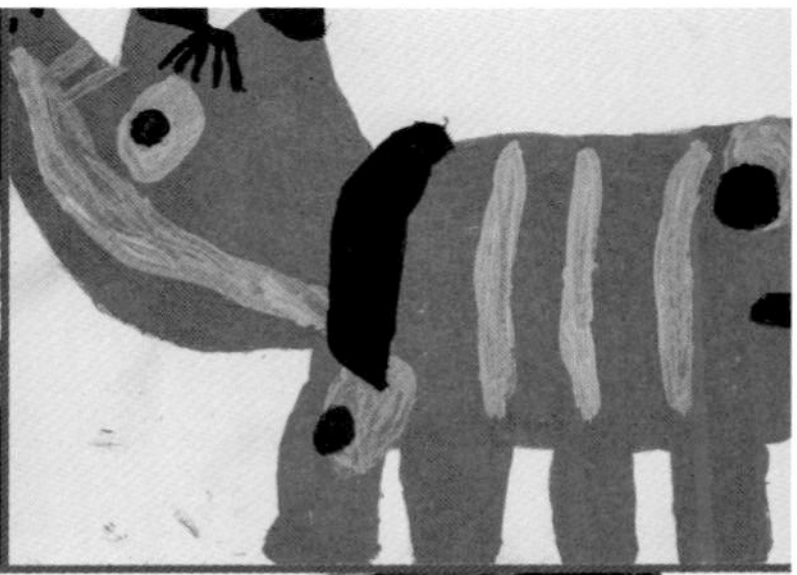

Hajimari Art Center

1. **The museum is renovated from an over 140-year-old warehouse in the town of Inawashiro-cho.**
2. **Special exhibitions that integrate art with welfare, such as the community and earthquake disaster.**
3. **A local community of Inawashiro residents.**

Originally a *sake* brewery, then a dance hall and textile factory, the 18-ken long warehouse (about 33 meters) has been a loved place in this area for over a century. In 2010, the social welfare corporation Asaka Aiikuen took the lead to renovate and transform the building into an art museum, but it was damaged in the 2011 earthquake disaster. The project was in peril at one point, but got restarted in 2012. Carpenters from Aizu-Tajima worked on the project and built wood brick floors, flowerbeds, and benches with the locals. Since its opening in 2014, the museum has been exhibiting outsider art by the users of Aiikuen, contemporary art, traditional crafts, etc. Although we cannot erase memories of the past, a new culture can start from these trivial beginnings. This is the museum that will nurture the future of Fukushima. (Hideto Shindo)

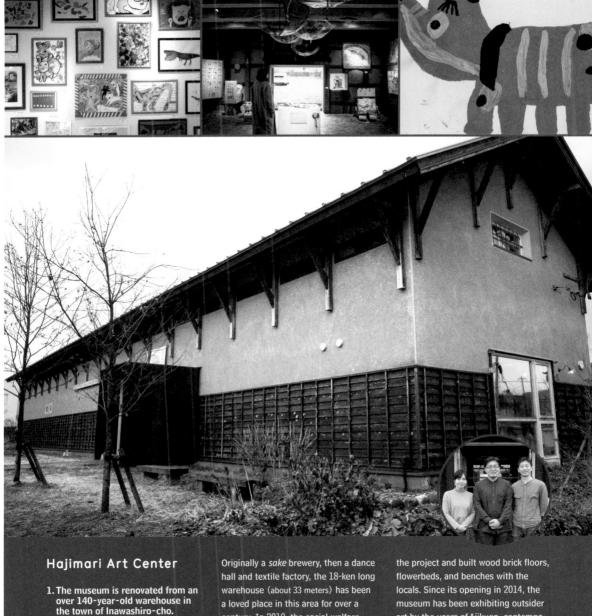

2

須賀川市民交流センター tette

福島県須賀川市中町 4-1
Tel: 0248-73-4407
営業時間・定休日は施設によって異なる
s-tette.jp
須賀川駅から徒歩約20分

1. 須賀川の魅力が詰まった複合施設。

中央図書館やキッズパーク、市民活動、チャレンジショップなど、
多くの人が気軽に利用できる“賑《にぎ》わいの場”。

2.「円谷英二ミュージアム」を併設。

“特撮の父”とも称された、須賀川市出身の円谷英二。
須賀川市民が参加した特別映像
『〜夢の挑戦 ゴジラ須賀川に現る〜』も上映。

3. 人通りを引き込み、まちを回遊するような フロアデザイン。

テラスからは奥羽山脈と阿武隈《あぶくま》高地を望む、「中通り」ならではの景色。
サインは、日本デザインセンター・色部義昭氏。

〝まち〟というテーマパーク　須賀川駅から南へ、釈迦堂《しゃかどう》川を越えて歩いていくと、まず「タロウ」が待っている。続いて「エース」、その先は「母」。言わずと知れた、特撮テレビドラマシリーズ『ウルトラマン』たちのお出迎えだ。須賀川市と「M78星雲 光の国（ウルトラマンの故郷）」が、姉妹都市提携を行なったのは、2013年のこと。ウルトラマンの生みの親・円谷英二が須賀川市出身ということもあり、町の中心になる松明《たいまつ》通りには、怪獣も含めたモニュメントが立ち並ぶ。彼らに導かれるように、「須賀川市民交流センター tette」に入る。地形の傾斜を活かした1階のフロアは、老若男女、人通りが多い。館内を散歩するように緩やかなスロープを上がっていくと、各フロアは吹き抜けの構造になっていて、さまざまな利用者を目にする。カフェでお茶する人、ホールで社交ダンスをする人、コンビニでカップ麺を買う人、図書館に本を借りにいく人、キッズパークではしゃぐ子どもたち、ドラムの練習をするバンドマン、テラス席で勉強する高校生……週末になると市外からも多くの人が、ふらっとtetteに寄っていく。目的は、「円谷英二ミュージアム」という人も多く、円谷英二の生い立ちや業績、展示模型の造形力に、僕自身も感銘を受けた。被災して使用不能になった総合福祉センターの跡地に、まちの活性化を目指して2019年に開館。復興というより〝新興〟とも言える。福島県に誕生した新名所。（神藤秀人）

tette

1. It's a complex replete with the charms of Sukagawa.

2. Adjoined to the Eiji Tsuburaya Museum.

3. Its floor design draws people in and allows them to wander through the town.

I entered the Sukagawa Citizen Exchange Center tette located in Sukagawa, the hometown of Eiji Tsuburaya. The first floor that makes use of the slope of the terrain is crowded with people. I went up the gentle ramp winding around the atrium-like museum and saw various users on each floor. People were having tea at the café, ballroom dancing in the hall, borrowing books from the library --- many people from outside the city drop by tette on a whim on weekends. There were also many who were there for the Eiji Tsuburaya Museum; I was impressed by Eiji Tsuburaya's life and achievements, as well as the modeling skills of the models on display. Opened in 2019 on the former site of the General Welfare Center that was destroyed by the disaster, with the aim of revitalizing the town, it's a new landmark in Fukushima Prefecture.
(Hideto Shindo)

右下 / ©円谷プロ

3

やないづ町立

斎藤清美術館

福島県河沼郡柳津町柳津下《した》平《だいら》乙《おつ》187
Tel: 0241-42-3630
9時〜16時30分（入館は16時まで）　月曜休（祝日の場合は翌日休）
展示入れ替え時、年末年始休
www.town.yanaizu.fukushima.jp/bijutsu/
会津坂下《ばんげ》ICから車で約10分

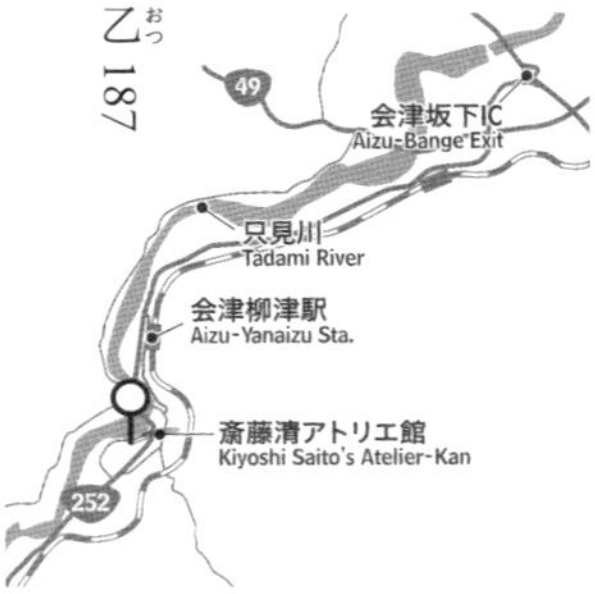

1. 会津出身の画家・斎藤清専門の美術館。

日本現代版画を代表する斎藤清作品の収蔵・展示を行なう、
世界唯一の美術館。版木を生かした作品など、
独自の版画技法。

2. 只《ただ》見《み》川《がわ》の河畔に建つ、美しいロケーション。

斎藤清自身のアトリエも近く、見学もできる。
斎藤清やアートの魅力を伝えるさまざまな企画イベント。

3.『会津の冬』など、真実を描いた作品たち。

故郷である会津坂下の町並みから、喜多方の酒蔵、
猪《い》苗《なわ》代《しろ》湖……実存するモチーフから、会津の魅力を知る
楽しみがある。

独学独自の美しい会津　奥会津の玄関口、柳津町へ。この辺りは、「赤べこ」の発祥の地ともいわれ、「福満虚空藏菩薩 圓藏寺」には、今でも伝説が残っている。雪が降る中、蛇行する只見川に沿って、車で進むと、「柳津橋」に「瑞光寺橋」と、二本の赤い橋を渡る（ちなみに、その左手が圓藏寺）。1997年創立の「斎藤清美術館」は、観光船が停まる河畔に建っていて、日本現代版画を代表する画家・斎藤清（故）の作品の収蔵と展示を行なう、世界唯一の美術館。斎藤清は、1907年、福島県会津坂下町窪で生まれ、4歳の時には、父親の仕事で故郷を離れ、北海道夕張へと移住。小さい頃から童謡を作って雑誌に投稿したり、イラストを描くことが大好きだったという。1931年に上京すると、宣伝広告の仕事をしながら油絵を独学。そして、1936年、画家・安井曽太郎（故）の木版画『正月娘姿』にインスパイアされ、木版画の世界に入っていった。まず、刮目《かつもく》すべきは、『競艶』などの、独自の版画技法。旅人をも魅了する『会津の冬』など、「現代版画」の一時代を築いたともいわれる彼の作品には、さまざまに惹《ひ》きつけるデザインがある。展示室からホールへ戻ると、大きな窓からは、真っ白な柳津町が広がっていた。只見川に、柳津橋と瑞光寺橋が架かり、ところどころ覗《のぞ》く山々の稜線。同じ壁面に展示される横長の風景画（複製）は、まさにその雪景色を描いたものだ。斎藤清が生まれ、晩年暮らした〝美しい会津〟は、この先も変わらない。（神藤秀人）

Kiyoshi Saito Museum of Art, Yanaizu

1. **A museum dedicated to the Aizu-born painter, Kiyoshi Saito.**

2. **Gorgeously located on the banks of the Tadamigawa River.**

3. **His works depict reality, such as "*Winter in Aizu*".**

Established in 1997, the Kiyoshi Saito Museum of Art is located on the banks of a river. It is the only museum that houses and exhibits the works of the late Kiyoshi Saito, one of Japan's leading contemporary woodblock print artists, who was born in Fukushima in 1907. He was inspired by Sotaro Yasui to enter the woodblock printing world. His "Winter in Aizu" and "*Beauty Contest*" has astonished many with its unique woodblock printing techniques. His works have established an era of contemporary woodblock prints. As I returned to the hall from the exhibition room, I could see the entire Yanaizu decked in white through the large window. A horizontal landscape painting on the same wall depicted the same snowscape. The beautiful Aizu, where Kiyoshi Saito was born and lived in his later years, will remain unchanged as well. (Hideto Shindo)

下段、右から2番目 / ©Hisako Watanabe

4

福島県立美術館

福島県福島市森合西養山《もりあいにしようざん》 1
Tel: 024-531-5511
9時30分〜17時（入館は16時30分まで）
月曜休（祝日は開館）祝日の翌日（土・日曜は開館）、年末年始休
art-museum.fcs.ed.jp
福島駅から車で約5分

1. 信夫山《しのぶやま》の麓《ふもと》に建つ、都会と自然の環境を併せ持った美術館。

およそ6万平方メートル（東京ドーム約1.2個分）の広大な敷地には、日本庭園もあり、広い芝生は、市民の憩いの場。

2. 福島県出身の建築家・大高正人設計。

東北の建築様式を模した美術館。
信夫山を借景としたランドスケープデザイン。

3. 洋画家・関根正二など、福島県ゆかりの作家の作品を収蔵。

日本画家・大山忠作や、版画家・斎藤清など、福島を感じる常設展。
『瀬戸正人写真学校 in 福島』では、一般参加による卒業展も開催。

福島の〝デザイントラベル〟のスタンダード　地元の人から「気持ちのいい場所」と薦められて、「福島県立美術館」に向かった。その日は、『THE ドラえもん展 FUKUSHIMA 2021』の最終日で、たくさんの人が広場に行列を作っていた。大人に紛れて子どもの姿も多かったが、展示から出てきた家族連れが、広大な黄緑色の芝生でピクニックをしているのが、どこか長閑《のどか》で素敵に思えた。雲のない青い空に、信夫山が横たわり、それらを遮ることなく設計された建築。三春町出身の建築家・大高正人（故）は、東北の建築様式をイメージしたともいい、古典的であり近代的なデザイン。そのロケーションが気に入った僕は、再び12月には、伊達郡梁川町《やながわまち》在住の写真家・瀬戸正人氏の『瀬戸正人 記憶の地図』展に来館。一般の参加者を巻き込んだワークショップ『瀬戸正人写真学校 in 福島』では、実践を通した授業や作品展示も行なわれていた。三島町出身の画家・酒井三良《さんりょう》（故）や、会津《あいづ》坂下町《ばんげまち》出身の版画家・斎藤清（故）など、常設展も見どころが多く、開館以来、『福島の美術家たち展』『福島の新世代展』など、福島県ゆかりのアーティストの紹介に努めている。2022年からは、新たに若手アーティストにも注目し、会津若松市在住の漆芸家・吾子可苗《あこかなえ》氏と、郡山市在住の彫刻家・黒沼令《くろぬまれい》氏を紹介する『福島アートアニュアル2022』展を開催。〝その土地らしい美術館〟の模範であり、福島の旅でまず、訪れたい場所。（神藤秀人）

Fukushima Prefectural Museum of Art

1. **A museum built at the foot of Mt. Shinobu that integrates both urban and natural environments.**
2. **Designed by Masato Otaka, an architect from Fukushima Prefecture.**
3. **Collections includes works by artists related to Fukushima Prefecture, such as Shoji Sekine.**

I headed for the Fukushima Prefectural Museum of Art, which was recommended by a local as a pleasant place. Families were picnicking on the vast lawn, painting a tranquil and lovely scene. The architecture was designed to offer unblocked views of blue sky with Mt. Shinobu on its side. The late architect Masato Otaka imagined the classic yet modern architectural style of Tohoku during the design. I liked the location so much that I came back in December to see a photographer's exhibition, "Masato Seto – Maps of Memory". There are many highlights in the museum's permanent exhibition, including the works of Sanryo Sakai, a painter from Mishima, and Kiyoshi Saito, a woodblock print artist from Aizubange. Since its opening, the museum has striven to introduce artists related to Fukushima Prefecture through exhibitions. (Hideto Shindo)

5

Aoyagi

福島県福島市大町 2-2
Tel: 024-563-5448
ランチ12時～　ディナー18時～
ワインバー 21時～（少人数と予約に余裕がある場合のみ）不定休
aoyagi0528.jp
福島駅から徒歩約5分

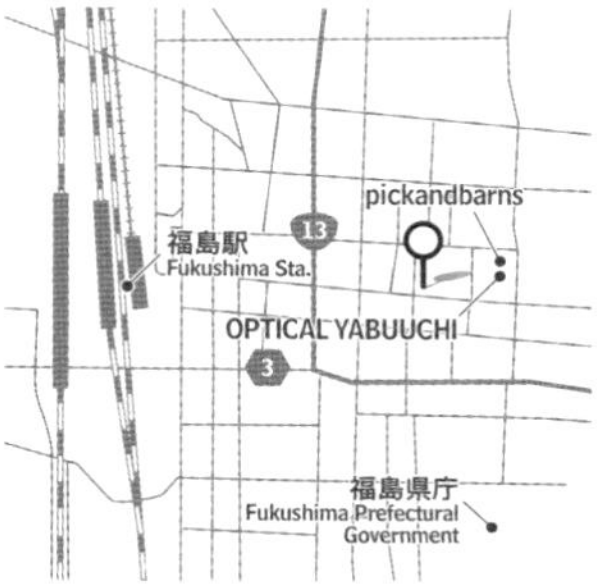

1. 馬刺しやどぶ汁など、福島の“郷土料理”を彷彿《ほうふつ》するイタリア料理。

二本松の「短黒《たんくろ》牛」、川俣の「川俣シャモ」ほか、
福島の食材をふんだんに使ったコース料理。

2.「大堀相馬焼」をはじめ、福島の器も使用。

チーズは「ささき牛乳」、野菜は「鈴木農場」など、
一皿一皿、福島の“デザイン”が集結。

3. 古民家をリノベーション、店主自らが空間デザイン。

壁には地元アーティスト「h.a.r.u.m.a.k.i」のアート作品。
花のセレクトは、福島市の「Total Plants bloom」。

福島のカンパニリズモ　生産量日本一の夏秋きゅうりをはじめ、福島県は、野菜の生産量、並びにその種類も豊富。最近では、「郡山ブランド野菜」と称し、その土地の風土を生かした野菜づくりも活発で、僕自身もその味に感動して買って、料理もした。そして、その魅力を教えてくれたのが、福島市にあるイタリア料理店「Aoyagi」だ。ランチ、ディナー、ともにコース料理。福島県を中心とした東北の素材を使い、独自にアレンジされるイタリア、プーリア州の郷土料理たち。オーナーシェフの青柳拓也さんは、地元福島市出身。高校を卒業後、料理の世界へ入った。市内のレストランで経験を積み、２０１１年に渡伊。勤務していた地元のリストランテだけでなく、日常生活で過ごす中で出会う郷土料理や、ライフスタイルに刺激を受けたという。その後、帰国して２０１４年に店をオープン。学生時代に培った建築の知識を生かしながら、仲間と物件を改装。壁には、友人のアーティストの作品を飾り、ロゴやショップカードも一緒にブランディングした。妻の希さんが運んできてくれたアンティパストには、会津の馬刺しのクレープ（隠し味に会津特有の辛味噌）など。続いて相馬のホッキ貝と海苔のスープに、メインは、石巻の鰆《さわら》と鈴木農場の「あこや姫（カブ）」のソテーが「大堀相馬焼」に盛られてきた。料理だけでなく、器や町など、郷土への愛が溢《あふ》れる青柳さん夫妻。福島の友人宅へ招かれたような、温かくて美味《おい》しい料理店。（神藤秀人）

Aoyagi

1. Italian cuisine reminiscent of Fukushima's local cuisine, such as horse ***sashimi*** and ***dobu*** stew.

2. The restaurant also uses serveware made by Fukushima artists, including Oborisoma-ware.

3. The owner renovated a ***kominka*** (traditional Japanese old house) and designed the space himself.

"Aoyagi" is an Italian restaurant hidden in the downtown area of Omachi, Fukushima City. They use ingredients from Fukushima and other parts of the Tohoku region to offer their unique take on the local cuisine of Puglia, Italy. Takuya Aoyagi, a native of Fukushima City, entered the culinary world right after his high school graduation. He moved to Italy in 2011 after working in restaurants in the city. He was inspired by the local ristorante he worked in as well as the local cuisine and lifestyle he experienced. He returned to Japan and opened "Aoyagi" in 2014, which he renovated with his friends. His wife brought us antipasto of crepes with horse *sashimi* from Aizu, followed by a soup of surf clams and seaweed from Soma. The main course was sauteed Spanish mackerel from Ishinomaki with turnips served on Oborisomo-ware. (Hideto Shindo)

6

満田屋

福島県会津若松市大町 1-1-25
Tel: 0242-27-1345　10時30分〜16時30分
水曜休（祝日の場合は営業）
mitsutaya.jp
七日町駅から徒歩約10分

1. 自家製味噌4種で味わう、会津の「みそ田楽」。

とうふ生揚げは、「山椒《さんしょう》みそ」で、郷土料理「しんごろう」は、「じゅうねんみそ」で。カウンター式の囲炉裏《いろり》で、注文順に元気なスタッフが焼いてくれる。

2. 景色に融《と》け込む、味噌蔵を改装した趣ある食事処。

年季の入った「会津本郷焼」の味噌鉢や器、「会津木綿」の座布団、手作りの竹串や黄楊《つげ》のヘラなど、創意あるものづくり。

3. 天保5年創業。味噌や食用圧搾油などが購入できる商店。

特製の味噌漬けなど、日常使いもできる地元の商店。「高田梅」や「にしんの山椒漬」も。

会津の風景が浮かぶ田楽　福島県の郷土料理「しんごろう」は、炊いたご飯を団子状にして「荏胡麻《えごま》味噌（じゅうねんみそ）」を塗って炭火で焼いたもの。貧しい農民・新五郎さんがお供えの代わりに、わずかに収穫できたうち米で作ったという。僕は、それが大好物。「満田屋《みつたや》」は、1834年創業の味噌専門店。昔ながらの古民家で、店先の土間のスペースに並ぶのは、自家製味噌をはじめ、味噌の加工品、地元名産の荏胡麻や菜種を使った油など、会津の日常が垣間見えるよう。土間を通り抜け、蔵を利用した食事処に入ると、味噌のこうばしい香りが立ち込めている。味噌を気軽に味わってほしいと、炭火焼きの「みそ田楽」がいただける。焼いているものがすぐに出てくるのではなく、注文ごとに囲炉裏で一つ一つ丁寧に焼き上げてくれる。お薦めは、『みそ田楽コース』。「昔から手作りでやってます！」と、女将《おかみ》の満田加津美さんら元気なスタッフが、年季の入った会津本郷焼の鉢から、全4種類の味噌を使い分けて焼いていく。こんにゃくは「甘みそ」と「柚子《ゆず》みそ」で。とうふの生揚げと身欠《みがき》にしんは「山椒みそ」で。そして、しんごろうは、もちろん「じゅうねんみそ」で。戊辰《ぼしん》戦争よりも昔から、この辺りは菜の花畑が広がっていたというが、だいぶ都市開発も進んだはず。新五郎さんたち地元の人が、汗水流し、工夫を凝らして作った郷土料理は、今、まさに僕たちが味わうことのできる〝本当の会津〟。そのことを誠心誠意伝えてくれる。（神藤秀人）

Mitsutaya

1. "***Miso dengaku***", **a local dish of Aizu, is prepared with four kinds of homemade *miso*.**
2. **A quaint restaurant renovated from a *miso* warehouse that blends into the scenery.**
3. **Established in 1834, the store sells *miso* and pressed edible oils, etc.**

Mitsutaya is a *miso* specialty store established in 1834. Housed in a *kominka*, the store's earthen floors are lined with homemade *miso*, processed *miso* products, and oils made from locally produced perilla seeds and rapeseed that give us a glimpse of daily life in Aizu. As I entered the restaurant, once a warehouse, the fragrant aroma of *miso* hit me. They offer charcoal-grilled "*miso dengaku*" to get patrons to try their *miso*. I recommend the *Miso Dengaku* Course because the grilled items are not served immediately, but carefully and separately grilled in the hearth for each order. The energetic staff grill the foods in four types of *miso* from aged pots – *Konnyaku* in sweet *miso* and *yuzu miso*; deep-fried *tofu* and dried herrings in *sansho* pepper *miso*. Mitsutaya wants to convey that this is the real Aizu that we can savor now. (Hideto Shindo)

7

Branch

福島県郡山市富久山町《ふくやままち》南小泉江《え》ノ上《のうえ》142-1
Tel: 024-953-8705
10時～16時（夏季は、～19時）月・火曜休　冬季休業あり
www.instagram.com/branch20190402/
郡山駅から車で約15分

1. 郡山市の丘の上にあるヴィーガンカフェ。

「ガーデンデザイン森の風」が運営する「もりのかぜ・らぼ」に同居。
無肥料・無農薬の植物の庭を見る、清々《すがすが》しい景色。

2. 福島県発、心も体も浄化される“デトックス料理”。

肉や魚など、動物性由来の素材を使わずして、まず美味《おい》しいこと。
自身の“アレルギー”をひもとき、本当の健康を学ぶヴィーガン料理。

3. イベントを通して、今の福島県の“ある・ない”を伝える。

福島産の野菜の安全性など、興味深い話が聞ける。
一般参加もできる畑の見学会も開催。

福島県とヴィーガン　僕は「ヴィーガン」への偏見を持っていた。ヴィーガンとは、「ベジタリアン（菜食主義者）のうち、畜肉・鶏肉・魚介類などの肉類に加え、卵や乳・チーズ・ラードなど動物由来の食品を一切とらない人」。中には、革やシルク、ウールなどを身に着けたりしない人もいるようで、ただ、そういう〝自己主義〟なのだろうと。しかし、どうして？　郡山市にある「Branch」に行った時、僕は、「ファラフェル・ライスボウル」に、「デトックス・グリーンスムージー」をいただいた。それらは〝ヴィーガン料理〟で、今の僕に、「絶対必要！」と元気いっぱい薦めるのは、オーナーの佐久間直美さん。福島県出身の彼女は、２０１１年の震災や原発事故を目の当たりにし、２０１４年には沖縄へと移った。そこで、ヴィーガンの思想に影響を受け、心身ともに変わったという。地球の環境問題にも関わってくるその考え方は、今こそ故郷・福島県に必要なことではないか。２０１８年に帰郷し、福島県ではまだ認知度の低かったヴィーガンをテーマにした店「Branch」をオープン。放射線の被ばく問題、あることないことの風評被害……その原因は、人間を取り巻く社会にもある。もはや福島県産の野菜の安全性は確保されている。つらい記憶を浄化するためには、まず、体内から健やかになることが必要だ、と佐久間さん。それが、デトックス作用であり、ヴィーガンを薦める大きな理由。福島に元気を与える〝ブランチ〟。（神藤秀人）

Branch

1. A vegan café located on a hill in Koriyama City.
2. "Detox cuisine" sourced from Fukushima Prefecture that purifies the body and mind.
3. Convey what Fukushima Prefecture "has and doesn't have" through events.

I had the "Falafel Rice Bowl" and "Detox Green Smoothie", and was told by Naomi Sakuma, the owner, that these vegan dishes are absolutely "a must!" for me. Originally a Fukushima native, she moved to Okinawa in 2014 after witnessing the 2011 nuclear disaster, where she went vegan and underwent both physical and mental changes. She started to think that veganism is probably something her hometown needs now. She returned in 2018 and opened "Branch", a vegan restaurant that wasn't a thing yet in Fukushima. The problems of radiation exposure and harmful rumors were caused by our very own society. The local vegetables have long been confirmed safe for consumption. Sakuma believes that we need to become healthy from within in order to purge these painful memories. And that is her main reason to promote detox and veganism. (Hideto Shindo)

8

仁井田本家

福島県郡山市田村町金沢《かねざわ》高屋敷 139
Tel: 024-955-2222
売店　10時～17時　土日祝休　夏季休業　年末年始休
1711.jp
郡山駅から車で約20分

1. 米、水、木桶など、ものづくりに土地の“自然”がある酒蔵。

無肥料自然栽培の酒米や、井戸水と湧水、そして、先々代が残した杉林から作る木桶。福島県の風景がデザインする日本酒造り。

2. 麹《こうじ》や酒粕《さけかす》を使った次世代の商品。

ワイン樽貯蔵の「かをるやま」や、料理酒「旬味 しゅんみ」など。「こうじチョコ」などのフード開発も卓越している。

3. 蔵元自らしたためたラベル「しぜんしゅ」から広がるブランディング。

珈琲や工芸など、地元を巻き込む「スイーツデー」。誰もがまた来たいと思える楽しい酒蔵。

100年後の自給自足　創業300年を超える酒蔵「仁井田本家」。1967年から始めた、自然栽培米の生酛《きもと》仕込みによる「しぜんしゅ」によって、これから100年先を見通した酒造りの骨格を生み出した。口当たりが柔らかく、その中に芯となる、しっかりとした米の旨味《うまみ》、酸味、苦味が複雑に折り合い、バランスがある。自ら自然栽培の酒米を作り、夏から冬まで蔵人みんなで取り組んでいる。60ヘクタールの土地が全て自然栽培になっていくことを願う、現当主の仁井田穏彦《やすひこ》さんは、自然栽培の農家が地域内で増えることこそ、100年後もこの地の土が、元気な状態をつくることができる、と語る。また、震災後、新たに県内全域の有機栽培農家の酒米から造る「おだやか」シリーズを開発した。買取市場価格に連動しない独自の買取価格を設定することで、安定した収入を継続的に支援し、契約農家の世代交代を後押しする。麹や酒粕を使ったお菓子やドリンクをはじめ、時代に合わせた商品の新たな展開は、仁井田本家の女将《おかみ》・真樹さんを中心に軽やかに楽しく生まれている。創業から長く続いていた「金寶《きんぽう》」という名も、将来を見据えて、大胆に「しぜんしゅ」として売り直す一方で、先々代が残した杉林からの木桶を自ら地域の職人を巻き込み、昔ながらの木桶仕込みにトライするなど、何を残し、何を変えるか、常にその判断で、柔軟に力強く進めている。その筋の通った考えが全てのものづくり、地域づくりに浸透している。（相馬夕輝《あいまゆうき》）

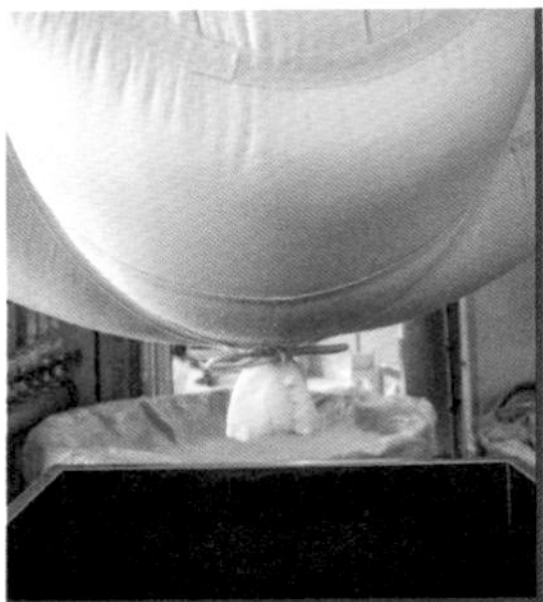

Niida Honke

1. A ***sake*** brewery that uses rice, water, wooden barrels, and "nature" of the land in their brewing.
2. Offering next generation-products using ***koji*** (*sake* starter) and ***sake*** lees.
3. Branding from their flagship product, "Shizenshu", of which the label is drawn by the brewer himself.

Niida Honke, a *sake* brewery established over 300 years ago, started the *kimoto* traditional brewing method in 1967 for "Shizenshu (organic *sake*)" using organically-grown rice. Yasuhiko Niida, the current head of the brewery, hopes that the entire 60-ha land will be naturally farmed; he believes that the land will stay healthy for a century if the number of natural farmers in the region increases. Maki, his wife, drives the development of new products such as sweets and drinks using *koji* and *sake* lees. To firmly and flexibly move forward, they boldly rebranded "*Kinpo*", which had been around since the company's founding, as "Shizenshu", and are also constantly making decisions about what to change and what to keep by involving the local craftsmen to make traditional wooden barrels from the cedar forests left by his predecessors. (Yuki Aima)

9

あんざい果樹園

福島県福島市町《まち》庭坂《にわさか》原ノ内14
Tel: 024-591-1064
8時～20時（土曜9時～19時、日曜9時～21時）
福島駅から車で約20分
ankaju.com

1. フルーツラインにある、創造性豊かな果物農家。

りんごをはじめ、桃や梨など、日本屈指の果物県・福島で、
業種や世代を超え、絶大な信頼を集める安齋家。

2. ギャラリーやゲストハウスを併設する唯一無二の果樹園。

1991年にオープンした「utsuwa gallery」には、
今も福島の作家をはじめ、安齋家お薦めの器が並ぶ。
「Ji-kka」に宿泊も可能で、フルーツのサービスが嬉《うれ》しい。

3. 園内のライブイベントなど、農家の枠を超えた活動。

第3土・日曜には、「cafe in CAVE」を使った、
「PLAY TIME CAFE」などの出張喫茶。「屋根裏サロン」も同時オープン。

福島県〝だけじゃない〟恵み　福島市の西部、吾妻連峰の麓を南北に走る、約14キロの県道5号線「フルーツライン」。盆地特有の気候と風土を活かし、桃やりんご、梨など、周辺には果物畑が広がり、観光果樹園や直売所が数多く並んでいる。中でも古くから続く、「あんざい果樹園」に、僕は立ち寄った。丁度その時は、りんごの収穫時期と重なって、3代目の安齋一壽・久子さん夫妻に、北海道で暮らす息子の伸也さんも、手伝いに駆けつけていたところ。園内を案内していただくと、直売所には収穫したてのりんごや洋梨に加え、〝マザー（Facebookで「パラダイス酵母」と検索）〟とも呼ばれるりんごジュース。そして、器のギャラリーやゲストハウスが併設され、納屋を改装した「cafe in CAVE」では、月に一度「PLAY TIME CAFE」の出張喫茶もオープン。さらに園内にはツリーハウスやステージもあり、毎年マルシェやライブイベントも行なっているという。そんな活動多彩な果樹園だが、震災前から常に革新的。伸也さん家族もこの場所で暮らし、果物の加工場もスタート目前だったのだ。描いていた未来が一度は崩れるも、震災を転換点に、北海道に移住した伸也さんは、「たべるとくらしの研究所」として新たな活動をスタート。そうして今、安齋家は、福島県だけでなく、北海道をはじめとする日本中の恵みを受けて、濃厚な〝農家人生〟を突き進んでいる。美味《おい》しい果物と、楽しい「食と暮らし」を伝え続ける果樹園。（神藤秀人）

Anzai Kajuen

1. **A creative fruit farmer in the "fruit line".**
2. **A one-of-a-kind orchard with a gallery and guesthouse.**
3. **Activities that exceed the scope of farming, such as live events in the orchard.**

When I visited the farm, it was apple harvest time, and the third-generation owner-couple, Katsuju and Hisako Anzai, were working with their son, Shinya, who had just arrived to help. The farm sells freshly harvested apples and pears as well as fresh juice. There is also a guesthouse and a shed-turned-café called "cafe in CAVE", where they hold the monthly "PLAY TIME CAFE". They also hold markets and live events in the orchard every year. Shinya told me that he used to live here before the earthquake. After moving to Hokkaido, Shinya began working in the "Eat & Life Laboratory". Although their vision of the future had been shattered once, the Anzai family is now enjoying the bounty of Japan and leading robust farmer lives as they continue to communicate the joy of delicious fruits, enjoyable food and lifestyle. (Hideto Shindo)

10

渡し舟

福島県大沼郡昭和村
watashifune@outlook.jp
完全予約制（メールにて要連絡）
www.facebook.com/watashifune/

1. 昭和村に伝わる「からむし」を紹介するコンセプトショップ。

昭和村に暮らす元・織姫の自宅を開放し、完全予約制で営業。
からむし製品にまつわる話や、村の暮らしも教えてくれる。

2. からむし織を伝える「渡し舟」という活動。

からむし織体験生「織姫」の8期生の渡辺悦子さんと、
10期生の舟木由貴子さん。2019年に書籍『からむしを績む』を発行。

3. 次世代に向けた商品開発の現場。

村の女性たちが織った、からむしの布で商品を製作。
日々、どのようにして伝えていくかを試行錯誤している。

二人の織姫が伝えたいこと　奥会津の旅の途中、僕は、一冊の本に出会った。『からむしを績《う》む』というタイトルと、表紙に箔押しされた織物のイメージが、この地方に伝わる「からむし織」を連想させた。文章と写真で構成される中身もさることながら、その装丁が素敵だった。「からむし」は、イラクサ科の多年草で、織り上げられた布は、通気性や吸湿性が良く、軽くしなやかで、独特のハリがある。昔から昭和村では、からむしの栽培が盛んで、「越後上布」などの原料として高値で取り引きされ、2017年には、国の伝統的工芸品の一つにもなった。そんな中、僕は、〝例の本〟の発行元の「渡し舟」こと、渡辺悦子さんと舟木由貴子さんの二人に会った。彼女たちが、この村に来たのは、20年ほど前。からむし織体験生「織姫（8・10期）」で、自身もからむし織の一連の工程を学び、村の暮らしも体験してきた。しかし、からむしの置かれる状況は厳しく、どうしたら昭和村のからむしを残していけるか頭を悩ませてきた。「渡し舟」は、渡辺さんの自宅の一室をお店として、これからの時代に向けた〝新しいからむし織〟を伝えようとしている。小座布団などの製品ももちろん素敵だが、本や映画という〝出会い方〟や、ワークショップやイベントといった〝関わり方〟も考えている。僕は、糸を績む渡辺さんの姿を、村のおばあに重ね合わせてしばらく見ていた。彼女たちが残したいのは、昭和村の暮らし、そのものなのだ。（神藤秀人）

Watashifune

1. This is a concept store that introduces "***Karamushi***" (ramie) from Showa-mura (Showa village).
2. Watashifune carries out activities to teach ***karamushi* textiles**
3. The site of product development for the next generation.

The people in Showa-mura have been actively cultivating *karamushi* for a long time. It became one of Japan's traditional crafts in 2017. I met Etsuko Watanabe and Yukiko Funaki, the owners of Watashifune. They first came to this village about 20 years ago and learned the entire process of *karamushi* textiles. But the situation to support *karamushi* was terrible and they struggled to keep it going in the village. Using one of the rooms in her house, Watanabe opened Watashifune with the goal of introducing "new *karamushi* textiles" to the next generation. While products such as small cushions are wonderful, they are also exploring ways for others to learn of *karamushi*, such as books and movies, and ways for others to get themselves involved, such as workshops and events. What they want to preserve is the lifestyle of Showa-mura. (Hideto Shindo)

11

フルハウス

福島県南相馬市小高区東町 1-10
Tel: 0244-26-5080
11時〜18時（カフェのL.O. 16時30分）日・月曜休
odaka-fullhouse.jp
小高駅から徒歩約3分

1. 南相馬市小高区に“明かりを灯《とも》す”ブックカフェ。

学生もお年寄りも地元の人も利用する町の書店。
カフェ部分の設計は、建築家・坂茂氏。
ロゴマークは、日本デザインセンター・原研哉氏。

2. 南相馬を舞台にした小説や演劇がある。

原町を舞台とした『飼う人』や、地元の学生も参加した演劇『静物画』。
除染作業員を主人公とした『JR常磐線夜ノ森《よのもり》駅』は、現在連載中。

3. 小高在住の芥川賞作家・柳美里《ゆうみり》氏がオーナー。

地元のラジオがきっかけで移住した小説家・柳美里氏。
自身の引っ越しのことは『南相馬メドレー』に綴《つづ》っている。

小説家の切なる願い　南相馬市小高区は、震災の影響で、そのほとんどが避難地域に指定された場所。２０２０年には、ようやく交通の要である常磐線が全線開通したが、それでもまだ人通りは少なかった。２０１２年から数年間、「南相馬ひばりエフエム」の番組でパーソナリティーを務めていた小説家・柳美里さん。当時、自宅があった神奈川県鎌倉から毎週のように通う中、南相馬市の人や暮らしに親しみを持つようになり、２０１５年に家族と移住。小説を書く傍ら、地元の高校では、授業を受け持ったり、校歌の作詞（作曲は長渕剛氏）を手がけたりもしてきた。そして、ある日のこと。21時20分、小高駅の終電。駅から真っ暗な道を、疲れた体で帰っていく野球部員の姿を見た柳さんは、この町に、生徒のみんなが安心できるような〝明かり〟を1つでも灯したいと、意を決し、２０18年、駅前通りに書店「フルハウス」をオープン。ロゴは、装丁も手がけるデザイナー・原研哉さん。カフェ部分の設計には、建築家・坂茂さん。元々演劇出身の柳さんは、「ふたば未来学園」の高校演劇部との出会いから、店の裏にあった倉庫を劇場とし、かつての演劇ユニット「青春五月党」を再始動。復活公演『静物画』には、学生も俳優として参加し、その後、店に残って働き続けている学生もいる（彼らの作るカフェごはんも人気）。さまざまな出会いと手助けがあって生まれたブックカフェ「フルハウス」。小高区の明るい未来の〝灯火《ともしび》〟になっている。（神藤秀人）

Fullhouse

1. A book café that "lights up" Odaka district in Minamisoma City.
2. There are novels and plays that are set in Minamisoma.
3. Owned by Miri Yu, an Akutagawa Prize-winning author living in Odaka.

Most of Odaka in Minamisoma was an evacuation zone due to the earthquake disaster. The Joban Line, a key transportation route, was finally made fully available in 2020; but the streets were still pretty empty. As Miri Yu, the novelist, commuted weekly from her home in Kamakura, Kanagawa, she became familiar with the people and lifestyle of Minamisoma, and moved there with her family in 2015. She opened Fullhouse, a bookstore, in front of the station in 2018. The logo was designed by Kenya Hara, also a book designer, while the cafe was designed by architect Shigeru Ban. Originally from a theater troupe, Yu turned the warehouse behind the bookstore into a theater to revive her theater troupe, "Seishun Gogatsutou". Fullhouse – born through various encounters and help – is now a light for the bright future of Odaka. (Hideto Shindo)

12

TARO CAFÉ

福島県耶麻《やま》郡猪苗代町《いなわしろまち》堅田《かただ》入江《にゅうえ》 704-3
Tel: 0242-62-2371
11時〜17時（L.O.16時）無休（臨時休業あり）
taro-cafe.com
猪苗代磐梯《ばんだい》高原 IC から車で約 1 分

1. 猪苗代湖を望む、田園風景にある絶景カフェ。

建物の敷地は、国立公園に指定され、
目の前には広大な田んぼが広がる。
猪苗代湖を望むカフェの代表格。

2. 元パチンコ店の物件を素敵にリノベーション。

珈琲カップのロゴや、珈琲豆のパッケージなどは、
グラフィックデザイナーのオーナー自ら。

3. 会津の旅の“ドライブインカフェ”。

猪苗代磐梯高原 ICから直《す》ぐ。年末年始も営業。
テラス席など、夏季シーズンは、行列も覚悟。

何にも邪魔されない猪苗代湖　磐越自動車道を会津方面へと向かう。奥羽山脈を貫くトンネルを抜けると、中通りの空とは打って変わって雪。磐梯山から吹き下ろす冷気に伴い、霧も発生。こんな天気に、僕は、猪苗代湖の観光船「はくちょう丸」に乗ろうと思ってたのだが、あいにくの欠航……（涙）すると、みるみるうちに霧が晴れてきて、山々を背景に幻想的な猪苗代湖が広がった。この景色を、珈琲でも飲みながら眺めていたいと、僕は湖畔沿いに佇《たたず》む「TARO CAFÉ」に入った。ブレンドとリトルショコラを注文し、当たり前のように窓際に席を取る。目の前には広大な田園風景。右も左も延々に田んぼ。そして、正面奥には、猪苗代湖の水面が、キラキラと揺らめいている。オーナーの山田昌人さんは、以前からこの猪苗代湖の景色に憧れを持っていたという。そして、手つかずになっていた元パチンコ店のこの物件に出会い、大家さんに直談判。床を貼り、壁を立て、客席を作り、2002年に「TARO CAFÉ」をオープン。グラフィックデザイン出身の山田さんは、自ら店のロゴや装飾も手がけ、2015年には、「DEN DEN COFFEE」として自家焙煎《ばいせん》も始め、「HOTELLI aalto」などにも珈琲豆を卸している。国立公園の指定区域であるこの場所には、美しい野鳥も飛んできて、ついつい長居してしまう。モノクロの冬もいいが、色鮮やかな夏にもまた来たい。何にも邪魔されることなく、ずっと続いてほしいロケーションカフェ。（神藤秀人）

TARO CAFÉ

1. A café overlooking Inawashiro Lake that offers spectacular views of the idyllic countryside.
2. Gorgeously renovated from a former ***pachinko*** (pinball game machine) parlor.
3. A "drive-in café" to visit during your trip to Aizu.

I stepped into the TARO CAFÉ along the lakeside, ordered a blended coffee, and took a seat by the window. A vast, idyllic countryside laid before me; there were endless rice fields to my right and left, and the shimmering surface of Inawashiro Lake right at the far back. The owner, Masato Yamada, said that he had long been fascinated by this view of Inawashiro Lake. When he saw this unoccupied property, once a *pachinko* parlor, he talked to the landlord and opened TARO CAFÉ in 2002 after renovating it. He also started roasting his own coffee as "DEN DEN COFFEE" in 2015. This designated national park is also home to beautiful wild birds. The winter wonderland view is gorgeous, but I'd like to come back again in summer to see the rolling green fields. This is a superbly located café that will continue to remain undisturbed. (Hideto Shindo)

13

haccoba -Craft Sake Brewery-

福島県南相馬市小高区田町 2-50-6
ブリューパブ　17時30分～22時30分（L.O. 22時）
月～木曜休（事前予約制）
店頭販売　10時～17時　月曜休
haccoba.com
小高駅から徒歩約7分

1. 小高区に生まれた新ジャンル・クラフト“酒”ブルワリー。

古民家を再生し、醸造所とパブを併設。
「クラフト酒」は、購入もできる。

2. 東北のどぶろく製法「花酛《はなもと》」を再現するなど、オリジナリティー溢《あふ》れるお酒。

東洋のホップ・唐花草《からはなそう》を加えた「はなうたホップス」や、
地元農家の酒米だけでなく、ラズベリーやカカオなども副原料に。

3.「Next Commons Lab（NCL）南相馬」のラボメンバー。

起業型地域おこし協力隊から、わずか1年で起業。
南相馬で1000年続く酒蔵を目指している。

新時代の酒蔵　現在、日本酒製造の新規参入は、需給バランスが崩れないようにと、ほぼ不可能に近い。そんな中、2021年、南相馬市小高区に、面白い醸造所が生まれた。もちろん日本酒ではなく、新ジャンル〝クラフト酒〟だ。フラッグシップは「はなうたホップス」。東北地方に伝わる幻のどぶろく製法「花酛」を再現したお酒で、東洋のホップ「唐花草」を副原料にし、自然な発泡感のある爽やかな飲み口。さらに日本酒文化にはない、スタウト（黒ビール）をイメージした「おこめのスタウト」。米麹《こめこうじ》を焙煎《ばいせん》して仕込み、乳酸発酵茶の「阿波晩茶《あわばんちゃ》」も加え、ふくよかでビターな味わい。これは、「酒づくりをもっと自由に」という世界観を表現するために、「酒」というカテゴリーを超えたコラボレーションの一つだそう。まるでクラフトビールを造るようで、日本酒でもない。僕は、ちょっとしたカルチャーショックを〝味わった〟。代表の佐藤太亮さんは、2019年、「NCL 南相馬」の代表・和田智行さんとの出会いから南相馬市にやって来た。直《す》ぐさま新潟県の「阿部酒造」へ修業に入り、翌年2月に「haccoba」を設立。同年8月には、醸造責任者として立川哲之さんも参加。ブランドのディレクションは、佐藤さんの妻・みずきさんが手がけ、2021年、店をオープン。農家や地元企業などとのコラボレーションも積極的。日本の酒蔵の歴史は、500年はざら。彼らは、1000年続く未知の酒蔵を目指している。（神藤秀人）

haccoba
-Craft Sake Brewery-

1. A new genre of craft ***sake*** brewery born in Odaka district of Minamisoma.
2. Offers original sake that are made by reproducing the Tohoku ***doburoku*** process called "Hanamoto".
3. A lab member of the "Next Commons Lab Minamisoma".

An interesting brewery emerged in Odaka-ku, Minamisoma, in 2021. It's not just sake, but a new genre of craft *sake*. Their flagship product is "*Hanauta Hops*". They offer *sake* made by reproducing the "*Hanamoto*", an elusive method of making *doburoku* in the Tohoku region, that uses the Asian hops as a secondary ingredient to create natural fizzy, refreshing drinks. They also created "*Rice Stout*", inspired by stout not found in Japanese *sake* culture, by roasting malted rice and adding *awabancha* tea for a rich and bitter taste. This was one of the collaborations that transcended the category of *sake* to express their worldview of making *sake* in a freer way. It's as if they are making craft beers and not sake. It was a "sip" of culture shock for me. They are also very active in collaborating with farmers and local businesses. (Hideto Shindo)

※2024年より、施設の名称が「haccoba 小高醸造所 & KITCHEN」に変わりました。

14

蕎麦カフェ SCHOLA

福島県大沼郡昭和村喰丸宮前《くいまるみやまえ》 1374
Tel: 080-6657-3381
11時〜14時30分（L.O. 14時）　不定休（冬季休業あり）
cafeschola.com
会津若松駅から車で約1時間

1. 昭和村の旧・喰丸小学校校舎を利用した店舗。

店内からは、樹齢120年を超える大イチョウを望む。
随所に学校時代を彷彿《ほうふつ》するユニークな備品。

2. 地元の「矢ノ原高原そば」を使ったメニュー。

毎日手打ちの十割蕎麦や、100パーセント蕎麦粉のガレット。
珈琲など、カフェ利用のみもOK。

3. 交流・観光拠点施設「喰丸小」に併設。

合わせて訪れたい昭和村の観光。
からむし織や編み組細工など、チャレンジショップ「よいやれ屋」。

小学校の蕎麦　奥会津の観光は、一日あっても足りないほど充実していて、それに自然豊かなロングドライブ。せっかく「からむし織」や「編み組細工」の〝手仕事観光〟に行くならば、休憩時の食事や喫茶も、地元らしいものがいい。奥会津に伝わる「裁ち蕎麦」は、薄く伸ばした生そばを数枚重ねて、布を裁つように切ることからその名が付いた郷土料理。檜枝岐《ひのえまた》村では、元々女性の仕事で、上手に打てないとお嫁に行けない、ともいわれている。この旅で僕も食べたが、確かに包丁で〝裁つ〟蕎麦は、口当たりが特徴的で、唸《うな》るほど美味《おい》しかった。しかし、さらにそれを上回ったのが、旧・喰丸小学校の木造校舎をモダンに改築した「蕎麦カフェ SCHOLA」の蕎麦。裁ち蕎麦ではなく、昭和村で穫れる蕎麦「会津のかおり」十割の、手打ち蕎麦。蕎麦は、挽き立て・打ち立て・茹で立ての〝三立〟が、一番美味しいと言うのは、蕎麦打ち19年の女性店主・酒井由美さん。さらに、お薦めなのが「蕎麦ガレット」。１００パーセント蕎麦粉というのも珍しく、とても香りが立っている。「ソルト」と「スイート」、2種類の味が選べるのもまた気の利くところ。わざわざ奥会津に来たならば、のんびりしていってほしいと、敢《あ》えて「カフェ」として蕎麦を提供している。アレルギーのある人には、蕎麦粉を一切使わないケーキを。珈琲や紅茶のみの利用もOK。同じく校舎を利用した併設の交流・観光拠点施設「喰丸小」と合わせて訪ねてほしい。（神藤秀人）

SCHOLA

1. The café is located in the former Kuimaru Elementary School building in Showa Village.
2. Their menu features the local Yanohara-kogen ***soba*** (thin buckwheat noodles).
3. It is attached to the Kuimarusho, a tourism exchange center.

"*Tachi-soba*", a local dish from Oku-Aizu, is made by cutting *soba* with a knife that confers a distinctive yet delicious texture that makes one moan in pleasure. But even better than that is the *soba* from Soba Café SCHOLA, a modern eatery renovated from the former Kuimaru Elementary School. Instead of *tachi-soba*, they offer handmade 100% *soba* made from "Aizu no kaori", a type of *soba* grown in Showa Village. The owner, Yumi Sakai, a *soba* chef of 19 years, says that *soba* tastes best when it is freshly ground, freshly made, and freshly boiled. They also offer "*soba* galette", unusually made from 100% buckwheat flour, in two options – sweet or savory. It's a café, rather than a soba shop because the owner wanted visitors to have a relaxing time. It is best to combine your trip with a visit to the Kuimarusho, a tourist center. (Hideto Shindo)

15

OBROS COFFEE

福島県郡山市細沼町 1-30
Tel: 024-926-0471
11時〜16時　木・金曜休
obroscoffee.jp
郡山駅から徒歩約20分

1. 郡山市の街角にあるデザインコーヒースタンド。

市街地の喧騒《けんそう》を感じながら、今の郡山を味わう。
持ち込み可能で、街全体を客席とも見立てたコンセプト。

2. 元郵便局の空間に入るガラス壁のユニークな小屋。

外から丸見えの透明空間は、夏も冬も開放的。
通りに面した外廊下から、テイクアウトも可能。

3. 一杯一杯丁寧に提供する店主・荻野さん兄弟。

二本松市で焙煎《ばいせん》する繊細かつ力強い浅《あさ》い煎り珈琲。
福島のお土産にもぜひ選びたい。

歴史探訪に珈琲を　郡山という街は、かつて宿場町として栄えた歴史はあるが、周辺は荒れた原野が広がっていたともいう。明治になり、猪苗代湖《いなわしろこ》から疏水（安積疏水《あさかそすい》）を開削し、肥沃《ひよく》な大地に生まれ変わり、また、それに伴い水力発電事業も発展。急速に近代化が進んだ街だ。その歴史の名残りとして、当時の憩いの場であった「開成《かいせい》山《ざん》公園」など、〝郡山らしい公園〟を巡るのもいいだろう。そして、安積疏水の最終地点でもあった「麓山《はやま》公園」の近く、福島県郡山合同庁舎（旧・郡山市役所）の北側に、「OBROS COFFEE」はある。元郵便局だった建物の土間はそのままに、柱や梁《はり》などの骨組みを敢《あ》えてデザインとして「現《あらわ》し」に。その空間にビニールハウスのような透明な小屋が入った、ユニークなコーヒースタンドだ。店主は、店舗担当の兄・荻野稚季さんと、焙煎担当の弟・荻野夢紘さんで、いつも爽やかな笑顔で迎えてくれる。「スペシャルティコーヒー」を目指すところ、メニューはシングルオリジンの浅煎りのみ。店を始めるに当たり、「公園の近く」であることも条件だったという。15席のカウンター席のみならず、街全体を客席と見立て、ぜひ、珈琲片手に街に繰り出してほしい。持ち込みOKというので、郡山の名物「クリームボックス」（メニューにはない）を、珈琲に合わせたっていい。店内からは、住宅街の日常が見渡せる。絶え間なく交差点を行き交う車や人々。開拓者たちが創った郡山を、最も身近に感じられる場所。（神藤秀人）

OBROS COFFEE

1. **A specialty boutique café located in a street corner in Koriyama City.**
2. **A unique shed with glass walls placed inside a former post office.**
3. **Ogino brothers, the café owners, makes each and every cup of coffee with love.**

OBROS COFFEE is situated near Hayama Park, on the northern side of Fukushima Prefectural Government Koriyama Office. The earthen floor of the former post office was left as it was, while the pillars and beams were exposed as part of the design. It is a unique café housed in a transparent shed that looks like a plastic house in that space. The welcoming café owners are Yumehiro Ogino, the older brother who runs the store, and Wakaki Ogino, the younger brother who is the coffee roaster. Their goal is to provide specialty coffee, and their single-origin, light-roasts only menu reflects that. They also wanted their café to be near a park. The guests are encouraged to explore the entire town with a coffee to go. You see the daily activities of the residential area with a constant flow of people and get a taste of real Koriyama.（Hideto Shindo）

※2025年早春、閉店予定。オンラインストア、卸は継続。

16

HOTELLI aalto

福島県耶麻《やま》郡北塩原村《きたしおばらむら》檜原《ひばら》大府平《おおぶだいら》1073-153
Tel: 0241-23-5100
1泊2食付き1人35,000円～（2名利用時）
hotelliaalto.com
猪苗代磐梯《いなわしろばんだい》高原ICから車で約25分

1. 裏磐梯の森に建つ、築50年の山荘をリユースしたホテル。

元・管理棟は、「離れ」としてモダンにリノベーション。
ラウンジの照明や家具などもオリジナルデザイン。

2. 地元の食材を使った朝夕の“お福分け”料理。

川俣シャモや麓山高原《はやまこうげん》豚など、福島を感じる料理の数々。
夕食のランチョンボードは、会津本郷焼。

3. 源泉掛け流しの温泉を全室完備した別館。

磐梯山や桧原湖《ひばらこ》、五色沼など、裏磐梯のアクティビティーの拠点に。
冬にはスノーシューも楽しめる。

会津の北欧　猪苗代湖や磐梯山を筆頭に、福島県は自然豊か。中でも磐梯山の北側に位置する「裏磐梯高原」。国立公園にも指定されている地域には、1888年の水蒸気爆発によって生まれた数百もの湖沼が残る。そのうち、桧原湖、秋元湖、小野川湖をはじめ、それらに挟まれる湖沼群を、「五色沼」と呼ぶ。その名の通り、沼によってはエメラルドグリーンやコバルトブルーなどと色が異なり、何度でも訪れたい神秘的な場所でもある。「HOTELLI aalto」は、そんな裏磐梯の森の中にある。2009年、県外の市町村が保有していた公共の研修・宿泊施設を、建築家・益子義弘氏の設計でリニューアル。会津の伝統工芸である漆器の〝金継ぎ〟のように、魅力いっぱいに蘇《よみがえ》らせたい、という思いからだ。僕が宿泊したのは別館。窓からは雪を纏《まと》った庭が見渡せる部屋で、源泉掛け流しの温泉付き。aaltoでの過ごし方は、館内にちりばめられた〝創意工夫〟。裏磐梯という場所が、自然と共に暮らす北欧と重なり、長く厳しい冬の期間こそ、楽しく過ごしてほしい。ラウンジでは、ウェルカムサービスも充実していて、僕は、玉川村の「さるなし」を使ったカクテルを作っていただいた。他にも、会津と北欧と建築をテーマにした図書ブースや、地元のものを集めたギフトコーナー。ハンス・J・ウェグナーの椅子に掛かるブランケットや、スタッフの制服には「会津木綿」。会津の〝ものづくり〟が、北欧と見事に調和している〝デザインホテル〟。（神藤秀人）

HOTELLI aalto

1. The hotel is renovated from a 50-year-old mountain lodge built in the woods of Urabandai.
2. Local ingredients are used to make "***ofukuwake***" (meals to share together) for breakfasts and dinners.
3. All the rooms in the annex are equipped with real onsens (hot spring baths).

Located in the woods of Urabandai, architect Yoshihiro Masuko designed and renovated this public training and accommodation facility in 2009 because he wanted to revive the building in all its charm. I stayed in the annex where the room had an onsen with waters straight from the source and offered views of the snow-covered garden. The creatively- and imaginatively-designed aalto allows its patrons to enjoy the long, harsh winters and live in harmony with nature in Urabandai, like that in Scandinavia. I was served a great welcome drink at the lounge, a cocktail made with hardy kiwis from Tamakawa. There were also books on Aizu, Scandinavia, architecture, a gift shop with a collection of local products, and Hans Wegner's chairs draped with blankets. Truly a display of Aizu's "monozukuri" in perfect harmony with Scandinavia.
(Hideto Shindo)

17

東山温泉 向瀧

福島県会津若松市東山町湯本川向《かわむかい》200
Tel: 0242-27-7501
1泊2食付き1名 26,550円～（2名以上利用時）
www.mukaitaki.com
会津若松ICから車で約15分

1. 1873年創業。会津藩士の保養所を引き継いだ木造旅館。

川べりの建物から山の斜面に沿うように半世紀かけて増築。
扉や廊下、窓ガラスなど、今も美しく磨かれた調度品。

2. 開湯1300余年。「きつね湯」など5つの風呂。

野口英世の書が飾られる皇室ゆかりの「はなれの間」には、
源泉掛け流しを独占できる専用浴室。

3. 「こづゆ」など、会津を感じる食事は、24室全て部屋食。

中庭を眺め、風情も味わう郷土料理たち。
極めて手厚いホスピタリティー。

会津藩士ゆかりの温泉　会津「白虎隊」の自刃《じじん》の地・飯《いい》盛山《もりやま》に登り、参拝すると、僕は、東山温泉へと向かった。開湯1300余年、会津屈指の温泉郷。湯川沿いに進むと、赤い擬宝珠（柱の装飾）の「東橋」があり、その向こうにあるのが、赤瓦葺の入母屋屋根の木造旅館「向瀧《むかいたき》」だ。元々会津藩士の保養所だった施設で、およそ半世紀かけて増築し、現在に至っている。日が暮れてくると街灯が点《つ》き、湯けむりをまとったその姿は、まるで高貴な寺院のようで、山の斜面に沿って連なる建物群は、まさに滝を登る〝龍〟。その龍の内部を巡るように、ピカピカに磨かれた長い廊下を、中庭を眺めながら客室へと通される。山にしがみつくように建つ連続棟の一室が、その日の僕の部屋で、窓からは、自然と共存する木造建築が眺められ、向瀧の独特な雰囲気を醸し出していた。お茶菓子をいただき、こたつでのんびり寛《くつろ》ぐのもいいが、名物「きつね湯」に行く。昔ながらのタイル造りの浴槽で、湯花がぎっしりつくほど年季も入るがとても清潔。もしかしたら白虎隊も浸って体を癒したかもしれないと、思いを馳《は》せる。家族風呂も3つあり、各々自由に利用でき、特筆すべきは「はなれの間」。専用の浴室は、手の込んだ造りで、いつかは貸し切って入ってみたいもの。汗を流したら、客室でいただく郷土料理満載の夕食も絶品。会津藩直伝「鯉《こい》の甘煮」や、デザートには「身不知《みしらず》柿」。〝会津の当たり前〟が保たれている歴史ある温泉旅館。（神藤秀人）

Higashiyama Onsen Mukaitaki

1. A wooden ***ryokan*** (Japanese-style inn) built in 1873 that took over the Aizu clan's sanatorium.

2. Opened for over 1,300 years, they have five ***onsens*** (hot springs), including the "Kitsune Onsen".

3. All 24 rooms come with room service that offer a taste of Aizu, such as "***kozuyu***" (a stew).

One of the best *onsen* areas in Aizu with a history of over 1,300 years, Mukaitaki is a wooden *ryokan* located across a wooden bridge down the Yugawa River. Come sunset, the ryokan takes on an appearance of a heavenly grand temple when the street lamps are lit, and the buildings along the hilly slopes resemble dragons scaling a waterfall. A walk within the dragons brings me down a long, polished hallway to my guest room with a view of the garden. From my room, I could see the wooden architecture blending into nature that gives Mukaitaki its unique atmosphere. After relaxing in the *kotatsu* with some tea and cakes, I headed for the famous Kitsune Onsen. The bathtub, while made from antiquated tiles covered in mineral deposits, was very clean. I had an exquisite dinner full of local cuisine in my room after working up a sweat.
(Hideto Shindo)

18

NIPPONIA 楢山集落

福島県耶麻《やま》郡西会津町奥川《おくがわ》高陽《かや》根《ね》百目貫《どうめき》 5900
Tel: 080-9074-8301
1泊朝食付き2名 48,000円〜
西会津 ICから車で約30分

1. 1660年に開拓された楢山集落の宿泊体験。

2軒の民家のみの集落にある納屋と蔵をリノベーション。
里山や棚田など、会津の原風景が今も残る。
地元のお母さんによる里山料理も美《お》味《い》しい。

2. 陶芸家や和紙職人などと作り上げた3つの宿泊棟。

納屋は「聖（HIJIRI）」と「十五夜（MITSUKINO）」に、
蔵は「高陽（KAYA）」に。

3. 集落全体を活性化させる、「Narayama Planetary Village Project」。

集落の消滅の危機を救う、新しい生業の一環。
主宰者「BOOT」矢部佳宏さん自身の故郷。

集落のデザイン　西会津町奥川郷は、山深い豪雪地域。途中、霧に行く手を阻まれながらも、なんとか（安全運転で）車を走らせた。向かった先は、さらに山の上、「10年後には消滅してしまうのではないか」ともいわれていた「楢山集落」。まるで『まんが日本昔ばなし』にも出てきそうな小さな集落に佇《たたず》む、モダンな宿泊施設「NIPPONIA 楢山集落」。元々棚田を見下ろすように建っていたという古い納屋と蔵は、3つの宿泊棟に分けられ、それぞれ素敵にリノベーションされている。納屋には「聖」と「十五夜」という2つの棟が同居し、和紙作家・美術家の滝澤徹也さんと共に裏の池で漉《す》いたという、ワイルドな和紙の襖《ふすま》が出迎えてくれる。メゾネット式の部屋は、納屋という空間を最大限に利用し、土壁はそのままに、「にがり桶」などの廃材を工夫した創意ある空間。もちろんバス・トイレ・Wi-Fiも完備。蔵の「高陽」も、構成はほとんど同じで、陶芸家・須藤圭太さんのランプシェードや洗面ボウルが特徴的。全棟、自炊も可能なので、長期滞在もお薦めだ。ランドスケープアーキテクトでもあるオーナーの矢部佳宏さんこそ、この集落の住人で、江戸時代に集落を開拓した先祖を持つ。「集落」は、現代社会の問題を解決する学びの場であり、理想的な暮らしの縮図である、と彼は言う。この宿から新しい生業をつくり、住民も旅人も多くの人が関わることで、現代的な暮らしを創っていける。日本の〝未来の原風景〟の形。（神藤秀人）

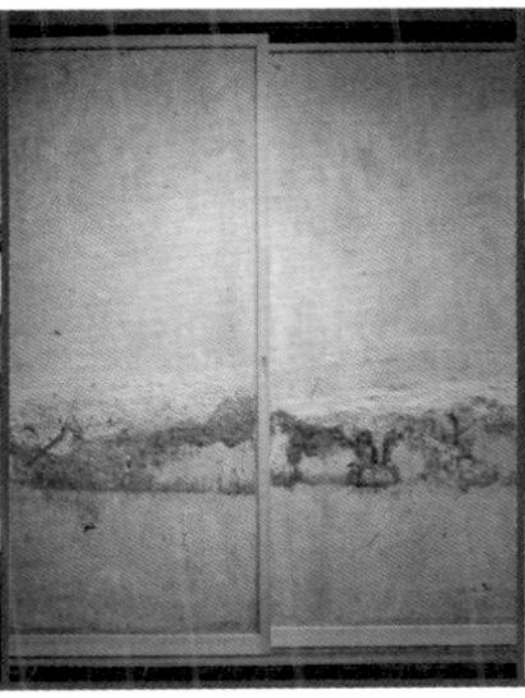

NIPPONIA
Narayama Village

1. Enjoy accommodation in Narayama Village that was developed in 1660.

2. Three guest houses built together with potters and *washi* paper craftsmen.

3. "Narayama Planetary Village Project" that aims to revitalize the entire village.

The Narayama Village was once thought to disappear in 10 years. NIPPONIA Narayama Village is now a modern lodging that overlooks the village. Originally a shed and a storehouse overlooking terraced rice fields, it is now divided into three guest houses with handmade *washi* paper-sliding doors. The maisonette-style rooms make ingenious use of scrap materials (like "*nigari* vats") and the shed's available space, while leaving the earthen walls intact. The rooms are fully equipped with bathrooms, toilets, and Wi-Fi. Cooking is also allowed in all the guest houses, so long-term stays are highly recommended. The owner, a landscape architect living in this village, has invented a modern lifestyle by creating a new livelihood through this inn that brings many people together. Behold Japan's "original landscape of the future". (Hideto Shindo)

19

沼尻高原ロッジ

福島県耶麻《やま》郡猪苗代町《いなわしろまち》蚕養《こがい》沼尻《ぬまじり》山甲《やまこう》2864
Tel: 0242-93-8101
1泊2食付き1名 19,800円〜（2名利用時）
www.numajiri-lodge.com
猪苗代磐梯《ばんだい》高原IC から車で約20分

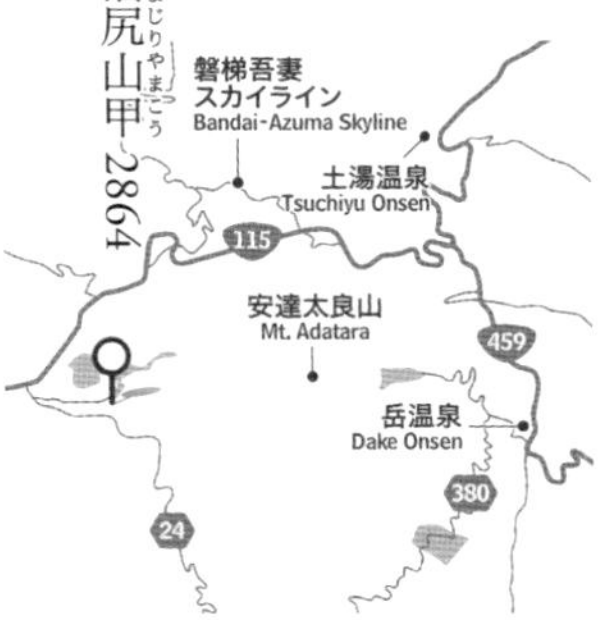

1. 登山家・田部井淳子がオーナーを務めた山荘。

名前はそのままに、“福島らしさ”を盛り込みリノベーション。
館内には、スキー板や登山靴など、田部井氏の遺品も展示。

2. 日本百名山「安達太良山《あだたらやま》」「磐梯山」「西吾妻山」への好立地。

隣接する「nowhere」は、沼尻温泉元湯の「エクストリーム温泉」や、
ゲレンデを活用したファットバイクなど、アクティビティーの拠点。

3. 会津塗を使った福島ならではの創作ディナー。

会津の「美工堂」の漆器をはじめ、食材も福島県にこだわる。
白濁の湯「沼尻温泉」も、24時間入浴可。

登山家の遺志を継ぐ山荘　福島県には、磐梯山をはじめ、日本百名山が3つ。中でも僕は、冬になる前に「安達太良山」のトレッキングツアーに参加したかったが、残念ながら叶《かな》わなかった……登山といえば、登山家の田部井淳子（故）は、福島県出身。1975年に、女性で世界初の世界最高峰「エベレスト」に登頂した人。また、1992年には、同じく女性初の七大陸最高峰の登頂者となり、その世界では知らない人はまずいない。そんな田部井淳子も愛した福島の山々をも望む、標高800メートルの沼尻高原。彼女自身がオーナーを務めたという山荘が、今でも残っている。晩年、東北の復興に重きを置き、ロッジの運営にも一層力を注いだという田部井淳子。2016年、彼女が亡くなるとともに、ロッジは閉館するが、2019年、芦ノ牧温泉の「大川荘」が運営を引き継ぎ、現代に合わせてリニューアルを施し、再始動。館内には、彼女自身の登山道具や、旅先で手に入れた工芸品などが展示され、バーラウンジには、エベレスト登頂時の写真も飾られている。人類初のエベレスト登頂者であるエドモンド・ヒラリー卿も滞在したことで、その部屋自体を「ヒラリー卿の部屋」として宿泊もできるので、山岳関係者ならずともお薦め。建物の目の前は、今もゲレンデが広がり、隣接する「cafe & activity nowhere」で、ファットバイクや雪板《ゆきいた》体験などのアクティビティーに参加もできる。山を愛する人の、聖地のような場所。（神藤秀人）

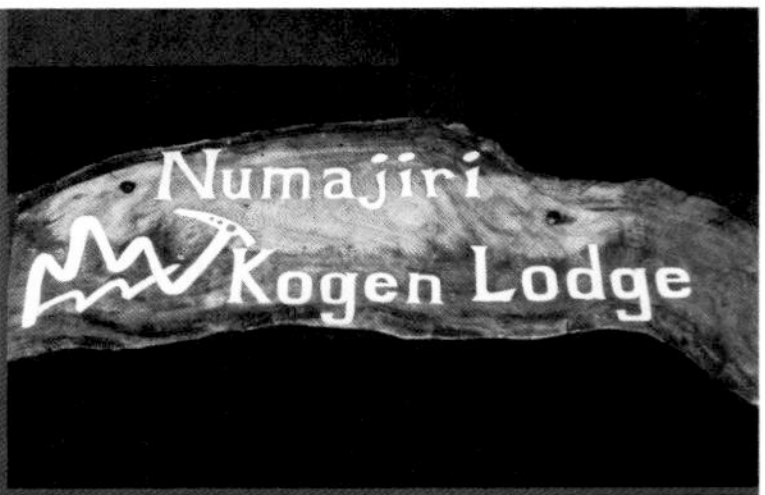

Numajiri Kogen Lodge

1. A mountain lodge owned by the mountaineer, Junko Tabei.
2. Conveniently located near the 100 famous mountains, Mt. Adatara, Mt. Bandai, and Mt. Nishi-Azuma
3. Creative dinners unique to Fukushima using Aizu ***nuri*** (lacquerware).

The late mountaineer, Junko Tabei, born in Fukushima, became the first woman to climb the world's highest mountain, Mt. Everest, in 1975. In 1992, she also became the first woman to climb all Seven Summits (highest mountains on each continent), and is well-known in the mountaineering world. The Numajiri Highlands overlooks the mountains of Fukushima that Tabei so loved. Her mountain lodge's hall displays her climbing gear and crafts she collected from her travels, and the bar lounge has a photo of her at Everest's summit. Sir Edmund Hillary, the first human to reach the summit of Mt. Everest, also stayed there. I recommend guests to stay in "Sir Hillary's Room" too, even if you are not a mountaineer. Guests can also take part in activities such as fat biking and snowboarding at the adjacent "cafe & activity nowhere". (Hideto Shindo) d 20

ヘルベチカデザイン／POOL SIDE

佐藤哲也

ブルーバードアパートメント
福島県郡山市清水台 1-8-15
Tel: 024-954-6522
helvetica-design.co.jp ／ bluba.jp
郡山駅から徒歩約10分

1. 東北の中核市・郡山を代表するクリエイティブディレクター。

フルーツの「大野農園」やラヂウム玉子の「阿部留商店」など、
県内の企業のブランディングを手がける。
先鋭のデザイン事務所「ヘルベチカデザイン」代表。

2. 郡山のコミュニティー「ブルーバードアパートメント」。

一棟丸ごと「ヘルベチカデザイン」による運営のビル。
1階は、若者の利用が多い喫茶室※で、県内外の雑貨や書籍も並ぶ。

3. 福島と全国のキーマンを繋《つな》ぐ、“ハブ”のような人。

役人もデザイナーもアーティストも、
巻き込まれたら楽しくて仕方がない、商都ならではの思考。

福島の流れを見る人　明治維新後、戊辰《ぼしん》戦争に敗れた東北地方。武士の時代が終わり、新しい国づくりが始まったという。そして、その東北開発の先駆けとして選ばれたのが、ここ郡山。西部に位置する猪苗代湖《いなわしろこ》から水を引き、開墾したのが、世にいう「安積《あさか》開拓」。現在では、交通や経済の要衝ともなり、２０１８年には「中枢中核都市」（東京圏以外の地域の経済を支える拠点）としても選ばれたほど。さて、そんな郡山で僕が会っておかなければならなかった人が、「ヘルベチカデザイン」の佐藤哲也さんだ。『ウルトラマン』の円谷英二と同郷、須賀川市出身。ファッション業界からデザイン業界へと転身した佐藤さんは、２０１１年の震災をきっかけに、地元福島で何ができるのかを、強く意識してきたという。同年、会社を設立、仲間と共にさまざまな地元の課題を、デザインで解決してきた。特に佐藤さんが面白いのは、外とのネットワーク。彼が運営するコミュニティービル「ブルーバードアパートメント」には、「郡山のもの」のセレクトが少ない。「外からの良いもの」を、郡山という〝東北のハブ〟ともなる場所で、「中のもの」に引き合わせる。ある人は憧れ、ある人は嫉妬し、ある人は学ぶ。それこそ地域の活性化に繋がっていくという。「観光」という言葉の語源にもあるように、外の国の威光を観て、我が国の発展へと繋げていく相乗効果。長期的な〝ファッション（社会の流れ）〟を見極め、東北に新しい文化を興している。（神藤秀人）

Helvetica Design inc. /
POOL SIDE
Tetsuya Sato

1. He is a creative director representative of Koriyama, a core city in Tohoku.
2. Blue Bird Apartment, a community in Koriyama.
3. A figure akin to a "hub" that connects key people in Fukushima and the rest of Japan.

Tetsuya Sato, who jumped from the fashion industry, became strongly aware of what he could do in his hometown of Fukushima after the 2011 earthquake disaster. He set up his own company in the same year and has been solving various local problems through design together with his friends. The intriguing part about Sato is his network with the outside world. The Blue Bird Apartment that he runs offers a small selection of things from Koriyama. He brings the "good things from outside" together with "things from the inside" in Koriyama. Some admire it, some are jealous, and some learn from it. And this is exactly what will revitalize the region. The synergies of seeing the outside world can help develop our country. He is creating a new culture in the Tohoku region by figuring out the long-term "fashion" (social trends). (Hideto Shindo)

※喫茶室は2024年9月閉店。

株式会社 IIE

谷津拓郎・千葉崇

福島県河沼郡会津坂下町《あいづばんげまち》青木宮田205
Tel: 0242-23-7808
iie-aizu.jp
会津坂下 ICより車で約15分

1. 2013年設立。「会津木綿」の新規織元。

現在稼働する3社の織元のうち、新進気鋭の若手。
代表・谷津拓郎さんと、現場責任者・千葉崇さんによる新しい会津木綿。

2. 大正時代の豊田式の織機を修理し、稼働させている。

旧・広瀬幼稚園の建物を利用した工場兼事務所。
ファクトリーストア（2021年より休店）など、廃校・廃屋活用の好事例。

3. 会津木綿で繋《つな》ぐ、他業種とのコラボレーション。

「あいづもんぺ」や「あずま袋」などのオリジナル商品に加え、
ホテルや旅館、飲食店、雑誌など、柔軟なものづくり。

次世代の織元　会津エリアの老舗《しにせ》旅館に泊まると、ロビーの座布団や椅子敷きに「会津木綿」が誂《あつら》えてあるのをよく見かけた。「HOTELLI aalto」では、クッションやブランケットに、スタッフの制服にも誂えられていて、いつしか福島の代表的な〝もよう〟にも思えた。伝統的な会津木綿の特徴は、地縞（どの土地の人かわかるともいわれた縞柄）と呼ばれるストライプ柄。歴史は、およそ400年前まで遡《さかのぼ》り、会津藩主によって、伊予松山（愛媛県）から職人を招いて始まったという。その後、綿花の栽培が勧められ、次第に綿花の輸入量も増えていき、紡糸紡績業が発達。しかし、時代とともに生産量は減り、当時、30以上あった工場も、2000年代には、たった2社にまで減ってしまったという。そこに彗星《すいせい》のごとく登場したのが「IIE」だ。代表の谷津拓郎さんは、会津坂下町出身。最初は、会津若松市で現存する会津木綿を使って製品を作って販売していたが、2015年、千葉県出身の千葉崇さんと出会い、さらに躍進する。千葉さんは、廃業した工場から豊田式織機を譲り受け、自身で修理し、生地から作ることを可能にした。そして、廃園した幼稚園の建物を譲り受け、会津木綿を研究する新ブランドとして、「IIE Lab.」をスタート。今では、地元の仲間も増え、県内外のさまざまな異業種ともオリジナル製品を作っている。彼らが生み出す会津木綿の特徴は、伝統に縛られず、会津の暮らしさえも伝え残す〝新しさ〟だ。（神藤秀人）

IIE Co., Ltd.
Takuro Yazu, Takashi Chiba

1. A new textile manufacturer of Aizu cotton established in 2013.
2. They repaired Toyoda-style looms from the Taisho era and use it in their factory.
3. Collaborates with other industries through Aizu cotton.

A characteristic of traditional Aizu cotton is stripey fabrics. The origins of Aizu cotton started about 400 years ago by artisans that were invited by the feudal lord of the Aizu Domain from Ehime Prefecture. Its production declined with time; by the 2000s, there were only two left from the original thirty-over factories. But IIE revived it. Takuro Yazu, the president of IIE, met Takashi Chiba in 2015, and the two developed it further. Chiba acquired and repaired Toyoda-style looms from a defunct factory and managed to produce fabrics. They took over the building of an abandoned kindergarten and now create original products with other industries in and outside of the prefecture together with their friends. The Aizu cotton they produce is charactered by a novelty not bound by tradition, yet preserves the lifestyle of Aizu. (Hideto Shindo)

BOOT／西会津国際芸術村

矢部佳宏

福島県耶麻《やま》郡西会津町新郷笹川上ノ原道上《しんごうささがわかみのはらみちうえ》 5752
Tel: 0241-47-3200
10時～17時　月・火曜休（祝日は開館）臨時休館あり
www.boot-diversity.com ／ nishiaizu-artvillage.com
西会津 IC から車で約15分

1. 西会津町出身、「西会津国際芸術村」のディレクター。

2013年就任。アーティストインレジデンスをはじめ、展示やイベント、ツアーなど、国内外問わず、西会津町に人の流れを生んだ人。

2. 過疎化や除雪作業、地域問題を楽しく解決。

コミュニティースペースや移住相談室を作り、県内外の交流を促す。

3. 自身の集落を活用した古民家宿「NIPPONIA 楢山集落」。

「Narayama Planetary Village Project」を立ち上げ、宿から集落全体の活性化活動。

田舎に価値を生む人　西会津町の古民家宿「NIPPONIA楢山集落」で朝を迎えると、雲海のような棚田の景色が、とても幻想的だった。そこへ、「おはようございます！」と、爽やかに登場したのは、矢部佳宏さん。この集落を開拓したご先祖を持ち（本人は19代目）、今も暮らしながら宿のオーナーも務めている。ランドスケープアーキテクトでもある矢部さんは、学生時代、楢山集落の研究をした際、自然と共生してきた風景の美しさを学んだ。集落を取り巻く生態系は、〝一つの惑星〟のようだと彼は話す。大学を出てからは、東京やカナダで、都市計画などに関わってきた。2011年の震災当日、東京で知った故郷の悲報。今、自分にできることは、自分のルーツであり、自分にとって大切な風景の未来をつくることだ、と一念発起。2012年に故郷に戻ってきた。旧・新郷中学校の木造校舎を利用した「西会津国際芸術村」には、ディレクターとして関わり、アーティストインレジデンス事業を筆頭に、さまざまな〝地域活性化〟活動を行なう。大山祇《おおやまづみ》神社の神楽殿を会場にしたアートプログラム「草木をまとって山のかみさま」や、会津のクロモジを原料にした「ナチュラルソープ」など、アーティストとのコラボレーションも多数。地域課題でもある除雪作業は、「ジョセササイズ」と称し、ボランティア活動に。住みたい理由と仕事をつくって、新しい文化を発信する。それが日本の田舎に必要で、矢部さんの考えるランドスケープデザインだ。（神藤秀人）

BOOT / Nishiaizu International Art Village
Yoshihiro Yabe

1. Born in Nishiaizu-cho, he is the director of "Nishiaizu International Art Village".
2. A fun solution to address the regional problems of depopulation and snow removal.
3. "NIPPONIA Narayama Village" is a *kominka*-style inn that makes use of his own village.

Waking up to a view of the terraced rice fields like a sea of clouds in the NIPPONIA Narayama Village in Nishiaizu, was a very surreal experience. Yoshihiro Yabe, also a landscape architect, recognized the beauty of landscapes coexisting with nature when he studied Narayama Village as a student. He learned the tragic news of his hometown in Tokyo on the day of the 2011 earthquake, and resolved to create a future for the landscape and his roots. He returned to his hometown in 2012. As the director of the Nishiaizu International Art Village, formerly Shingo Junior High School, he has conducted various activities to revitalize the community, including an artist-in-residence program. Yabe's landscape design of the Japanese countryside creates jobs and reasons for people to want to live there and spreads this new culture. (Hideto Shindo) d 23

小高ワーカーズベース

和田智行

小高パイオニアヴィレッジ
福島県南相馬市小高区本町《もとまち》 1-87
Tel: 0244-26-4665
10時〜18時 土・日曜・祝日休
owb.jp ／ village.pionism.or.jp
小高駅から徒歩約7分

1. 避難指示区域・小高区の未来を創出する人。

東日本大震災に伴う原発事故の影響で、
一度“ゼロ”になった地域で起きている起業活動の中心人物。

2. 起業家たちの拠点「小高パイオニアヴィレッジ」を作った。

ゲストルームやシェアデスクを兼ね備えたコワーキングスペース。
ハンドメイドガラス工房「アトリエ iriser -イリゼ-」も運営。

3. 起業型地域おこし協力隊「Next Commons Lab 南相馬」。

デザイナーや醸造家、アロマセラピストなど、さまざまな起業家を輩出。
子育てや介護の課題にも寄り添う「NARU」も運営。

前人未到の〝フロンティア〟南相馬市小高区は、東日本大震災に伴う原発事故により、２０１６年７月まで、５年以上の間「避難指示区域」となっていた地域。大災害と突然の避難指示により、多くのコミュニティーが失われ、未《いま》だに課題も山積みだという。２０２０年には、常磐線も前線開通し、ようやくインフラも復旧されてきているが、まだ生活するための雇用や働き先も多くはない。町に戻ってきたという人は、元々の３分の１程度だそうで、そのほとんどが高齢者だとも聞いた。そうした中で、起業型地域おこし協力隊「Next Commons Lab（NCL）南相馬」の活動に注目したい。醸造家・佐藤太亮さんの「haccoba」や、デザイナー・西山里佳さんの「表現からつながる家『粒粒《つぶつぶ》』」なども、ＮＣＬがきっかけで生まれたユニークな働き方で、中でも、馬の調教師・神瑛一郎《じんよういちろう》さんによる「ホースシェアリング」は、〝馬のまち〟に因《ちな》んだ斬新な観光コンテンツ。そんなＮＣＬ南相馬の拠点でもあり、今のまちのコミュニティーにもなっているのが、「小高パイオニアヴィレッジ」。その場所から、これら一連の活動の舵《かじ》を切るのが、「小高ワーカーズベース」の和田智行さんだ。南相馬市出身の和田さんにとって、この活動は、悔しさや、故郷のためでもある。一方で、避難指示区域という〝ゼロ〟になった地域だからこそ、限りない可能性も感じているという。彼は、福島県だけでなく、予測不能な未来が待つ現代社会にとっての、パイオニアである。（神藤秀人）

Odaka Worker's Base
Tomoyuki Wada

1. A person that will create the future of Odaka district, an evacuation zone.
2. He founded the Odaka Pioneer Village, a base for entrepreneurs.
3. "Next Commons Lab Minamisoma", an entrepreneurial regional revitalization cooperative group.

Till July 2016, Odaka district in Minamisoma City has been a designated evacuation zone for over five years due to the nuclear disaster resulting from the 2011 earthquake. Yet the entrepreneurial regional revitalization cooperative group, "Next Commons Lab (NCL) Minamisoma" commands our attention. The activities of Odaka Pioneer Village, now serving as both the base of NCL Minamisoma and town's community, are led by Tomoyuki Wada of Odaka Worker's Base. For Wada, a native of Minamisoma, these activities are born out of his regrets and his love for his hometown. But he also feels that there are unlimited possibilities since the area was once turned into nothing as an evacuation zone. He is a pioneer, not only for Fukushima Prefecture, but also for the modern society, where an unpredictable future awaits. (Hideto Shindo)

編集部が行く

編集部日記 I

中通り・浜通り編

神《しん》藤《どう》秀《ひで》人《と》

Editorial Diary 1 : Editorial Team on the Go

By Hideto Shindo

日本で3番目に面積が大きい福島県を、まず、縦に大きく3分割する。県中央部は、奥羽山脈と阿武隈《あぶくま》山地に挟まれた「中通り」。新幹線や東北自動車道が通る要衝エリアだ。県の東側は、太平洋に面した「浜通り」。東日本大震災からの復興が進む元気なエリア。そして、県の西部は、山や湖が広がる「会津（山通り）」。歴史ある神社仏閣も多いエリア。とにかく広く、それぞれ特徴ある地域性を持ち、12月になると、会津では雪が降り始め、家も車も冬仕様が当たり前だというのに、浜通りは、まだまだ暖かく、雪なんて一年通してほとんど降らないという（南国のハワイをコンセプトにした「スパリゾート ハワイアンズ」とは、また別の話 p.084）。言葉や料理、工芸品や産業まで、同じ福島県にして、さまざまな文化があり、そこから生まれた地域ごとのデザインがある。それでは、約2か月間の旅を振り返ってみよう。

1　中通り　～県央エリア～

中央部に位置する郡山市は、東北で3番目に人口の多い都市でもあり、今回の取材の〝拠点〟にもなった場所。といっても、実はこの郡山、江戸時代まで広い範囲で乾いた大地で、宿場町として栄えていたとは言え、不毛の原野だったという。明治維新後、失業した武士たちの移住とともに、未来のために動いたのが新政府の要人・大久保利通だった。猪苗代湖《いなわしろこ》から、郡山まで水を引くという約3年にも及んだ大開削。郡山は、恵みある生活を手に入れ、東北の中心都市となった。今では鉄道や高速道路などの交通網も発達し、「浜通り」と「会津」の中継地点となるだけでなく、県庁所在地ではないからこそ、役人ではなく文化人にも好まれ、経済や芸能も含めた福島県の要衝にもなっている。

そんな郡山市で、まず向かった場所が、「ブルーバードアパートメント」だ。「ヘルベチカデザイン」の事務所にシェアオフィス、イベントスペース、そして、一般の人にも開かれたカフェが入っている。県内外のさまざまなディレクションやデザインの仕事を請けながら、たくさんのキーマンとのハブにもなり、新しい文化も生まれている。

「高柴デコ屋敷」は、江戸時代から約300年間続いている郷土玩具の生産地域。作り手の工房4軒などから成る日本でも珍しい集落だ。「デコ」とは和紙で作られた三春張子や、木彫りの

1. Nakadori: Central Fukushuma Prefecture

I visited Koriyama City, which is at the center of Fukushima and the third largest city in Tohoku region. My first stop was Blue Bird Apartment, which hosts shared-use office space run by Helvetica Design along with event space and a cafe open to the public. Helvetica Design handles various art direction and design work while functioning as a hub for industry leaders and cultivating new culture.

Takashiba Deko Yashiki is an unusual “village” of four workshops that hand-craft traditional toys which have been regional specialties for more than 300 years now. These include Miharu papier-mâché dolls, wooden horse figurines and other such decorative items.

The shop “in-kyo,” owned by Chie Hasegawa, sells daily goods and culinary ingredients, bringing together top-quality products from around Japan—including premium picks from Fukushima, of course.

Over in Sukagawa City, I took a look at Shigure. Artist Koto Matsuyama held an exhibition in December together with shop owner Shuu titled “m2 and m3 2021.” Visitors (→p. 068)

人形のことで、名物「三春駒《みはるごま》」は、文字通り馬がモチーフ。江戸時代、貧しかった三春藩は、唯一野生の馬がたくさん生息していたため、その野生の馬を改良して藩の産業にしたという。その時の馬の名前が、「三春駒」なのだ。首筋がピンと伸びた佇《たたず》まいがどこか愛らしい。

東京下町エリア・蔵前で名の通った「in-kyo」。２０１６年に福島県へ移転したと聞いていたが、ようやく行く機会がやってきた。店主の長谷川ちえさんがセレクトする雑貨や食材が並び、全国のいい物の中に、福島の物もちゃんとある。僕が購入したのは、「ほりこしフォーライフ」の三五八漬けの素と、「あんざい果樹園」の桃を使ったジャム。どちらも今現在、我が家の定番。

須賀川市にあるアンティークショップ「古物屋時雨」。主に小物の古道具が並ぶが、僕が訪れた時には、郡山出身のアーティスト「sanspenser」の企画展『Lie Label 2021』が開催中だった。「身の回りにある物に嘘のラベルを貼りました」という独創的な展示が興味深かった。12月には、同店の専属作家・松山弧図《こと》さんと、店主である驟《しゅう》雨《う》さんによる二人展『m^2&m^3 2021』を開催。この店の魅力は、その土地のロングライフな物に出会えることと、ここにしかない新しい物にも出会えること。「PLAY TIME CAFE」や、「流れる研究所」などの出張喫茶にも、また来てみたい。

適度な都会と豊かな自然が調和する中通り。もちろんキャンプも人気というので、アウトドアショップ「LOGGERS Gear Supply」へ。元々林業が本業だという店は、アパート一棟を丸ごと改築した店内に、チェーンソーや斧などの林業用品から、日本全国のセンスいいキャンプ道具に、専用バッグでの薪の量り売りなどアイデアも面白い。メスティン（キャンプ用のアルミ鍋）専用の炊き込みご飯シリーズ「FLIG no Solo Meshi」には、喜多方らーめん味（?）や、また東北名物の納豆麹《こうじ》漬のリデザイン商品「アウトドア納豆」など、セレクトもユニーク。

2　中通り　〜県北エリア〜

福島市は、県内一の農業地域であり、特に全国有数の収穫量を誇る桃をはじめ、日本一の生産数を築いた梨など、果樹の栽培が盛ん。「あんざい果樹園」を筆頭に果物農家も多く、約14キロメートルにわたる県道5号線は、別名「フルーツライン」とも呼ばれ、周辺には果物畑が広がっ

here can see long-lasting items unique to the region.

The Nakadori region combines urban convenience and entertainment with rich natural scenery. Camping is popular here, and campers are well-served by LOGGERS Gear Supply. Once involved in the logging industry, the shop operates out of a renovated former apartment complex, using the entire building as a shop to sell logging goods such as chainsaws and axes as well as stylish camping goods and even kindling packaged in special shop bags.

2. Nakadori: Northern Fukushima Prefecture

The “For Za Rest” music festival at Fukushima City MINKA-EN (Fukushima City Historical Architecture Park) is hosted by people such as Yoshihisa Yabuuchi from local eyeglasses shop OPTICAL YABUUCHI. His shop’s home, the popular New Yabuuchi Building in central Fukushima City, sells eyeglasses on the first floor, offers flowers at Total Plants bloom and albums at record shop LITTLE BIRD on the second floor, and features restaurant Shokudo Hitoto and the OOMACHI GALLERY on the third floor.

(→p. 071)

三春駒　4号
三春駒

Blue Bird
apartment.

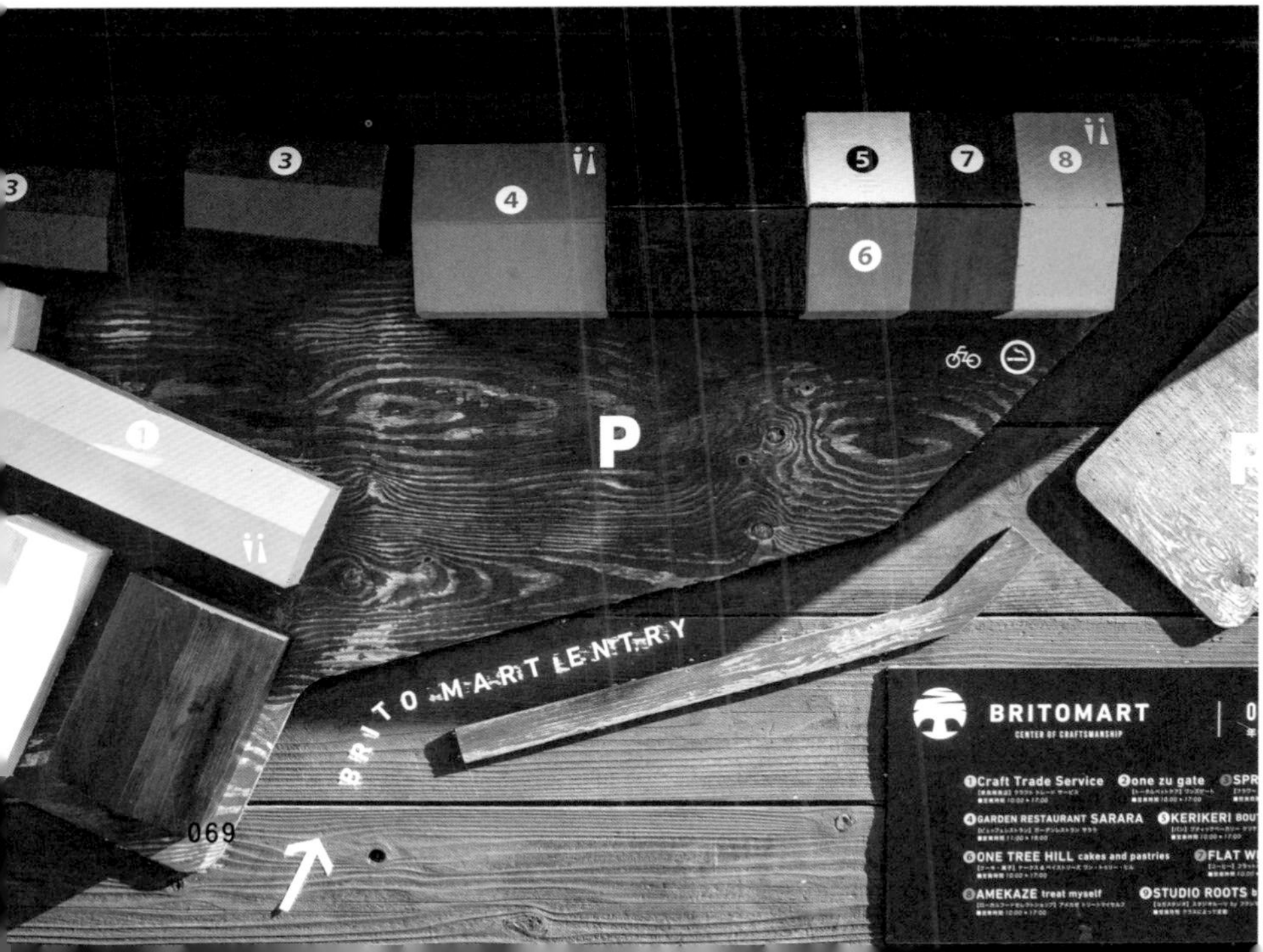
P
BRITOMART ENTRY
BRITOMART
CENTER OF CRAFTSMANSHIP
1 Craft Trade Service
2 one zu gate
4 GARDEN RESTAURANT SARARA
5 KERIKERI
6 ONE TREE HILL cakes and pastries
8 AMEKAZE treat myself
9 STUDIO ROOTS

melty and chunky
PEACH
JAM

辰美
お茶漬
辰
美

女湯
男湯
ふくしま 飯坂温泉
鯖湖湯
営業中
女湯
男湯

O P T I C A L
Y A B U U C H

welcome to FUKUSHIMA
U

元祖
ラヂウム玉子
名物
飯坂温泉
阿部留商店

ている。あんざい果樹園は、震災の際に転機を迎えたが、今でもその魅力は衰えない。「福島市民家園」で開催をしてきた音楽&文化フェス「FOR 座 REST」も、あんざい果樹園の安齋伸也さんや、老舗《しにせ》眼鏡店「OPTICAL YABUUCHI」の藪内義久さんら素敵なキーマンたちによるものだった（僕は参加したことがないのだが）。そんな魅力的な福島市で、今もまちの中心にある「ニューヤブウチビル」。1階は、眼鏡店。2階にはフラワーショップ「Total Plants bloom」と、レコードショップ「LITTLE BIRD」。3階は「食堂ヒトト」と、「OOMACHI GALLERY」。眼鏡店は、雑貨も取り扱っているので、眼鏡を買わない人でも、ふらりと入れる。福島市に行く度に、よく寄らせていただいた。ビルの並びには、1982年創業のセレクトショップ「pickandbarns」や、新進気鋭の蕎麦店「大町おかめや」など、福島を牽引《けんいん》する店が集中している。

　色々な町に行くと、さまざまな出会いに得することもあるが、他所者《よそもの》扱いされて落ち込むこともしばしば。聞いたところによると、福島の人は、懐に入れれば大丈夫……しかし、それが難しい人だっているとは思う。ゲストハウス「La Union」では、その敷居を低くする仕組みが面白く、地方都市で進む〝まちやど〟な活動があった。宿泊者に配られる一枚のオリジナルコイン。そのコインは、近隣の加盟する店舗で使え、店ごとに提供されるものが異なる。例えば、カフェならばスイーツを、蕎麦店なら蕎麦がきを、居酒屋ならコロッケを。宿でのウェルカムドリンク改め、〝まちでのウェルカムサービス〟。ようこそ福島へ！ と、まちのみんなからそう言われたような感じにもなる。

　温泉たまごの金字塔こと「ラジウム玉子」の発祥・飯坂温泉へ行く。摺上《すりかみ》川を挟んで、60棟以上の旅館が立ち並ぶ温泉街は風情がある。特筆すべきは、飯坂温泉のランドマーク「鯖湖湯《さばこゆ》」だ。松尾芭蕉も浸かったという日本最古の木造の共同浴場で、1933年に改築されたが、今も町の人にとっての〝自慢の風呂〟でもある。早朝から常連客で賑《にぎ》わっているが、初めての観光客は、まずお湯の温度に驚くだろう。50度近くもあり、（体は真っ赤になり）慣れていないとのぼせてしまうので、夕方以降が比較的入りやすいと聞いた。また、常連客には暗黙のルールも存在していて、脱衣籠や洗い場、湯船の浸かる位置まで細かく決まっているそうで、うっかり知らずに入ってしまわないように……

If you stay overnight at the La Unión guesthouse, you'll receive a special "coin" that can be used at participating shops to receive a special bonus or service that differs by location. This could be a complimentary confection at a nearby cafe, or a free buckwheat dumpling at the local soba noodle shop. Customers are welcomed not just by the guesthouse, but by the town as a whole.
Iizaka Hot Springs, built along the banks of the Surikami-gawa River, is a charming hot spring town with more than 60 traditional inns. Of particular note is Sabako-Yu, Japan's oldest wooden bathhouse said to have been visited by celebrated poet Matsuo Basho. It was last renovated in 1933 and is the pride of locals.

If you plan to overnight in Iizaka, Nakamuraya Ryokan is a great choice. Its two buildings, from the Edo and Meiji Periods respectively, are built in the traditional white-walled, wooden warehouse-building style and are Registered Tangible Cultural Properties.In any hot spring resort in Tohoku, you're bound to come across traditional wooden *kokeshi* dolls. This town's Nishida Memorial Museum boasts a (→p. 073)

飯坂温泉で宿泊するなら「なかむらや旅館」へ。江戸館と明治館の2棟からなり、白壁土蔵造りの木造3階建ての国の登録有形文化財。改築される前の鯖湖湯は、元々この旅館の正面にあり、かつては渡り廊下で繋《つな》がっていたという。今現在、鯖湖湯は移築され（といっても北へ30メートルほど）、その時に出た廃材の御影石の一部を、旅館の風呂に利用している。歴史が息づく立派な旅館。もちろん朝食には、ラジウム玉子。

東北で温泉に行くと、「伝統こけし」に出会う。「原郷のこけし群 西田記念館」は、そんな東北のこけしのコレクションが約1万本収蔵されている。こけしの起源から、作り方、そして、まるでこけしそのものが民族のように、その温泉のある地域ごとに特性が詳しく学べる。何よりも可愛《かわい》くて見てるだけ楽しくなる。僕は、中ノ沢系の柿崎文雄工人の「たこ坊主」が好み。

また、こけしといえば、「Books & Cafe コトウ」もぜひ寄りたい。本棚に紛れて各産地の古いこけしが何本も。店主の小島雄次さんに訊《き》くと、「これは飯坂温泉ですね。あ、これは土湯温泉、横縞模様が特徴なんですよね」と、こけし談義が始まるのも楽しい。シルクハットをかぶったこけしもあるんだとか。こけし初心者の僕にはこの本をと、『こけし図譜』（佐々木一澄・誠文堂新光社）をお薦めしてくれた。

二本松市にある「岳《だけ》温泉」。その昔、日本からの独立国家「ニコニコ共和国」があった場所だ。一体どういうことなのか半信半疑で観光協会へ向かうと、そこには『国会議事堂』の看板が――どうやら町おこしの一環だったそうで、1982年から2006年までの間、特に夏のシーズンに〝開国〟して、シャレの利いたイベントを開催し、人気を集めたという。しかも「コスモ」という専用通貨まであり、今でも「100コスモ」＝「100円」で、100コスモ紙幣に両替して、温泉街にある商店やファミリーマートでも使える。

岳温泉にある「お宿 花かんざし」。大正時代の建築を使った温泉旅館。もちろんここでも「コスモ」は使える。2022年春、宿の一角で福島や東北のお土産と珈琲の販売と、野外アクティビティーのガイドを行なう「丘の暮らしと山の旅」がオープンする。運営する「NATURE DESK」代表の一瀬圭介さんは、国内外で活躍する山岳カメラマンであり、プロアスリートでもある。その経験を活かし現在取り組んでいるのが、「磐梯朝日ボルケーノトレイル」。火山地

"NATURE DESK," is an internationally active photographer and a pro athlete. Calling upon this experience, he serves as a guide for the Bandai-Asahi Volcano Trail, and through his efforts he strives to preserve local hot spring culture and history in the Mount Adatara area.

3. Nakadori: Southern Fukushima Prefecture

Nanko Park, a nationally designated historical site and Japan's first-ever park, was created by Shirakawa Domain Lord Matsudaira Sadanobu. Lord Matsudaira is said to have treated project workers to a type of rice dumpling famous today as Nanko Dango dumplings, although in Shirakawa City these have now been surpassed in popularity by the *kakuni daifuku* rice cakes.

NIKU no AKIMOTO was founded more than a century ago. A typical butcher's shop at first glance, they actually sell Fukushima horse meat and even delectable Shirakawa Highland Seiryu-buta pork produced at their very own ranch.

For lodging, head to Hinokiburo-no-yado Bunke in Tenei Village. This thatched-roof building was erected (→p. 075)

帯特有の荒々しい稜線や、溶岩の流れた渓谷、そして山麓の温泉街を繋ぎ、山頂を目指す「登山」ではなく、次の目的地を目指す「山旅」を提唱している。安達太良山《あだたらやま》の「くろがね小屋」付近から8キロに及ぶ引き湯を管理する「湯守」の活動にも積極的に携わり、1200年の歴史がある岳温泉の文化継承にも取り組んでいる。

3 中通り 〜県南エリア〜

東京に近いだけに、通過しまいがちな県南エリア、白河市。1801年、白河藩主の松平定信がつくった日本最古といわれる公園、国指定史跡「南湖《なんこ》公園」。公園の築造の際に、定信が職人に振る舞ったという「南湖だんご」が有名だそうだが、今、白河市で勢いのある和菓子が「角煮大福」らしい。文字通り、甘い餡《あん》この大福の中に、豚の角煮が入っているのだが……（汗）さて、「肉の秋元本店」は、創業100余年の老舗。一見すると、どこにでもある精肉店だが、福島県ならではの馬肉はもちろんのこと、なんと言っても自社農場で生産する「白河高原清流豚」が絶品。どんな料理にしてもいいが、あえて選ぶなら「三五八漬け」。東北ならではの発酵調味料

collection of around 10,000 *kokeshi* and researches the origins and production of these dolls, delving deep into the characteristics of each hot spring town's variants.

If you like *kokeshi* , don't forget to stop by Books & Cafe Kotou, where old *kokeshi* from various regions are scattered among the bookshelves.

Dake Hot Springs in Nihonmatsu City was once home to the fictional "nation" known as the Niko-Niko Republic. When I visited the local tourism bureau to find out more, I noticed a sign proclaiming it as the "National Assembly Hall." The Smile Republic persisted from 1982 to 2006 as a town-wide project, garnering popularity for its appealing events held primarily in the summer. The Republic even minted its own currency, the "cosmo," and today 100 yen can still be exchanged for 100 cosmos.

Hanakanzashi is a traditional inn in Dake Hot Springs built during the Taisho Period (1912–26). They plan to sell Fukushima- and Tohoku-region specialty products as well as coffee here in spring 2022 while also providing guided outdoor activities for visitors. Keisuke Ichinose, who runs the

小高
パイオニア
ヴィレッジ
気づいたら時間は止まっていました。
よく分からないウイルスによって、
強制的に時間は止められ、
私は将来に対して、焦燥感に駆られていました。
さらに、また、至る所で恥を感じてしまう性分です。
マスクをとることさえも恥ずかしくなってしまった
私は、焦りに焦り、止まった時間を無理矢理進めるために
南相馬に向かう電車に乗っていました。
第一印象、典型的な田舎。
すみません、そのように思いました。
しかし生活する中で、
出会う人はみんな不思議な人ばかりでした。
そして自分を持ち、キラキラとしていました。
「類は友を呼ぶ」という現象なのでしょうか、謎です。
出会う人たちは、ほんとうに私にとって新鮮でした。
そんな私も授業でプロジェクトを起こさないといけなく
なりました。
そこで私は、もっと南相馬にいる人とお話したい、
出会った人を残したいと思い、
南相馬にいる方に触発されたのか、
無茶苦茶なプロジェクトを行いました。
南相馬と私の青春

ひのき風呂の宿

に漬け込んで焼くと、甘味も旨味《うまみ》も増し、柔らかくジューシー。ぜひご家庭でお試しを。

天栄村にある「ひのき風呂の宿 分家」に泊まる。戊辰《ぼしん》戦争後に建て直したという、築150年の茅葺《かやぶ》き屋根の曲がり家は、コンパクトなつくり。温泉の歴史は、さらに古く、6代続く家族経営は、とても居心地がよかった。囲炉裏《いろり》での炭火焼きの夕食など、価格も驚くほどに良心的。僕の家族へのお土産にと、自家製の山菜の佃煮《つくだに》と唐辛子味噌を持たせてくれた。随所に「白河だるま」や「会津木綿」などの福島の名産もちりばめられ、この土地ならではのロングライフな暮らしを体感できる。

4 浜通り ～相双《そうそう》エリア～

中通りから「浜通り」に抜けるには、阿武隈高地を越えていく。川内村の山間《あまあい》にぽつんと佇む、詩人・草野心平ゆかりの「かわうち草野心平記念館 天山文庫」に立ち寄る。藁葺《わらぶ》き屋根の立派な建物は、名誉村民となった草野心平に、川内村民が贈ったもので、そのお礼にと草野心平は、約3000冊の蔵書を寄贈。互いの絆を具現化したような図書館（現在は貸し出しは行なっていない）だ。設計は、会津武家屋敷などで知られる山本勝巳。襖《ふすま》の引き手には、「会津本郷焼」がさりげなく使われ、随所に細かな工夫も見られる。棟方志功や川端康成の書なども。お酒が好きだったという草野心平のために、地元の酒蔵から贈られた酒樽は、逆さまにして、主に児童書が詰まった「樽文庫」に。また、別棟の資料館には、実際に草野心平が、東京の新宿御苑前に開いた店「Bar 学校」の再現もあり、心をくすぐられる。いわき市の「草野心平記念文学館」も併せてどうぞ。

南相馬市小高区の「Next Commons Lab（NCL）南相馬」の活動が目覚しい。地域おこし協力隊の〝その先〟、地域の課題解決と商売が両立する〝なりわい〟を目指したプロジェクトで、その拠点となるのが、「小高パイオニアヴィレッジ」だ。シェアデスクやゲストルームがあり、南相馬市に滞在中、ずいぶんお世話になった。小高区は、震災に伴う原発事故により、その大半が避難指示区域に指定され、約5年間、無人の町だった。住民は、着の身着のまま故郷を離れ、そのまま放置されてきた住居や商店……想像を絶することだっただろう。2016年に避難指示区域が解かれ、町に戻ってきた人口は、かつ

150 years ago, after the conclusion of the Boshin War (1868–69), and the area's history as a hot spring resort goes back even further. Bunke is currently run by the sixth generation of family owners and provides a highly comfortable overnight experience. Moreover, their char-grilled dinner is surprisingly reasonable in price.

4. Hamadori: Soso Area

While traveling from Nakadori out to Hamadori, you'll cross the Abukuma Highlands. Here, in the Village of Kawauchi nestled among the mountains, you'll come across Tenzan Bunko which has ties to poet Shinpei Kusano. The handles on the sliding paper doors of this library facility are made of Aizu-hongo ware that blends in seamlessly—just one of many charming decorative touches found inside.

Over in Minamisoma City's Odaka district, Next Commons Lab (NCL) Minamisoma has made great contributions to the community through their local vitalization efforts and their "Nariwai" project aimed at solving local problems and promoting local sales. Both of these are based out (→p. 077)

ての約3分の1。しかし、この町には「復興」という言葉では、簡単に言い表せないような、どこか強い意志も感じられる。「NCL 南相馬」のメンバーは、デザイナーや醸造家、アロマセラピストに馬の調教師（?）、などなど、それぞれ〝予測不能な未来〟を楽しんでいた。

その〝予測不能な未来を楽しむ人〟の一人、富岡町出身のデザイナー西山里佳さん。彼女の故郷も同じく避難指示区域に指定された。震災当時は東京にいたが、現在は、小高区で自身のデザイン事務所「marutt」兼、「表現からつながる家『粒粒《つぶつぶ》』」を運営している。建物には、土間やウッドデッキ、ギャラリースペースがあり、目の前に広がる田んぼの景色が、とても開放的。企画から手がけた会報誌『ミナミソウマガジン』や、粒粒でのさまざまな物事をアーカイブする『TubutuBook』など、デザインでこの地域を盛り上げている。彼女も新しいまちのパイオニアだ。

5　浜通り　〜いわきエリア〜

いわき駅前の「Guest House & Lounge FARO iwaki」で1泊。「灯台（FARO）」のような場所

various magazine and book publication efforts, Nishiyama has become a leader in design for this newly rebuilt area.

5. Hamadori: Iwaki Area

I spent a night at Guest House & Lounge FARO iwaki near Iwaki Station. Named after a lighthouse, this guesthouse was opened in 2020 following renovations to the former Yamato Building it occupies. The dormitory rooms are designed using cedar and cypress grown in Fukushima Prefecture, and the sink basins are works of Joban-shiramizu ware, indicating the guesthouse's strong ties to the local region.

The Seikokan is a 200-year-old house in the Nakanosaku port area that serves as the base of operations for NPO Nakanusaku Project. Created following the 2011 tsunami, the NPO aims to preserve for future generations the old wooden architecture and townscape which were damaged greatly by the disaster. Tsukimitei, for example, has been repaired and is now operated as a cafe by NPO volunteers.

The Snake Museum of Contemporary Art is (→p. 079)

を作りたいと、3階建ての「やまとビル」を改築し、2020年にオープン。ロゴは、地元のデザイナー・高木市之助さん。ワークショップやポップアップショップ、月に一度のトークイベント「next to the door」など、ラウンジを使った多彩な取り組み。ドミトリースペースは、全室福島県産のスギやヒノキ材を使用し、洗面ボウルには、「常磐白水焼《じょうばんしらみずやき》」。地元との関わり方を大切にしている。

中之作の港町に佇む、築200年の古民家を利用した「清航館」は、NPO法人「中之作プロジェクト」の拠点だ。震災の時、津波で被害を受けた地域の貴重な建物や町並みを、後世に残し伝えるべく立ち上げたという。「月見亭」は、そこから少し丘の上、入り組んだ細い迷路のような道を、案内に従って進んでいくとある。ここも中之作プロジェクトの一環で、有志たちによって再生された古民家カフェ。他の民家の敷地に入り込んでしまいそうにもなりながら、この先にお店なんてあるの?と、少し不安な気持ちで坂を上っていくと、お店に着いた時の感動は一際大きかった。中之作の港町と、その向こうに太平洋が広がるのだ。建物の裏の畑で育てた野菜など、地元の食材をふんだんに使った食

of Odaka Pioneer Village, which has shared workspaces and guestrooms that served me well during my sojourn.

Odaka was evacuated following the 2011 earthquakes and nuclear accident and remained empty for five years thereafter. Starting in 2016, locals who had left their homes and livelihoods behind were permitted to return, although only about a third of them did so. However, those who did come back were driven by a strong desire to rebuild and revitalize, and NCL members have been making the most of the new and unknown future unfolding before them. They are a hodgepodge of pioneers including designers, brewers, aromatherapists and even horse trainers.

One of these pioneers is Rika Nishiyama, a designer originally from Tomioka-cho. Her town, like the Odaka district, was also forced to evacuate its citizens, and although she lived in Tokyo at that time, she has returned to Fukushima and now operates her combined design firm “marutt” and “tubutubu” in Odaka. The facility has a traditional earthen-floored room, a wooden deck and a gallery space, as well as a refreshing view of the surrounding paddy fields. Through her

いわき人の
死に様。
新復興論
小松理虔
本当の未来…。
柳美里
後藤正文
志賀忠重
推薦！
港のある暮らし
life
saku orito

事に、珈琲などのカフェ利用もできる。天気のいい日に訪れたい場所。

現代美術家の蔡國強《ツァイグオチアン》氏が、コンセプトデザインを手がけたことで知られる「いわき回廊美術館」。最初は、地元の有志による「いわき万本桜プロジェクト」という、神谷地区の里山に200年かけて9万9000本の桜の木を植えようという計画からで、そこに交友があった蔡氏が支援し、拡大。少し離れたところに車を停めて、美術館までのアプローチ（といっても里山の中）を進むと、所々に来館者を楽しませてくれる仕掛けがある。美術館の回廊の長さは、160メートルあり、龍が里山を昇っていくような奇抜な形状。頂上に設置された作品『廻光──龍骨』は、津波で被害のあった小名浜の海岸から掘り起こした「サケマス船」を利用している。田園風景を見下ろすように、少しずつ風化していく味わい深い作品。しかも、それらは無料で観れるというのもすごい。

小名浜の「ヘキレキ舎」の小松理虔《こまつりけん》さんに会う。元々福島のテレビ局で働いていた小松さんは、2006年に退社し、中国上海へと渡った。日本語教師をしながら、自身が体験した日常をブログなどで発信しているうちに、フリーペーパーの仕事をすることに。テレビ局での経験を活かし、メディアを作り、さまざまな関係性を培っていった。ある時、上海の町外れにアートスペースができたという。すると、ギャラリーができ、アトリエ、雑貨店と続き、ついには巨大な商業施設もできた。みるみるうちに地域が活性化したのだ。そんな〝新陳代謝〟を目の当たりにし、日本でも同じような場所をつくりたいと、2009年、地元いわきに戻った。2011年の震災直後の5月、本町銀座商店街の一角に、オルタナティブスペース「UDOK.」を設立。さまざまなイベントを企画してきた。小名浜の鮮魚店を会場にした飲み会「さかなのば」や、福島第一原子力発電所沖まで釣り船を出し、釣った魚の放射線量を測る活動「うみラボ」、〝超高齢化社会〟と向き合ういわきの今を伝えるウェブマガジン『igoku』、などなど。2012年には、地元かまぼこメーカー「貴千《きせん》」に広報担当として勤務するなど才能多彩な人。彼は、福島の課題についてこう話す。大事なのは、〝自分の復興〟。そのついでに地域が面白くなっていけばいいと。小松さんには、別途、お話を伺った。特集(p.108) へと続く。

famous for its concept design by contemporary artist Cai Guo-Qiang. It's designed with the intent of having guests enjoy the short nature-filled walk from the parking lot to the museum. The museum's outdoor corridor (*kairo*) is about 160 meters long and takes a peculiar shape like that of a dragon ascending the hill it transverses. At the top, you'll encounter the art piece *Kaiko Ryukotsu*, which is made using the remains of a boat hit by a tsunami in Onahama. This piece ages gracefully on its spot overlooking the rural landscape below.

I met with Riken Komatsu, who runs Hekirekisha in Onahama. A man of many talents, Komatsu has planned local events including dining and drinking gatherings at fresh-fish shops, has helped fishers measure radiation levels in fish near the damaged nuclear power plant, operates the online magazine *igoku* focused on the rapidly aging society of Iwaki, and in 2012 began serving as the PR rep for local *kamaboko* fishcake maker Kisen.

福島県のロングライフデザインを探して

ぶんぶくの「テーパーバケット」

渕上涼子

Looking for Long-Lasting Design
in FUKUSHIMA

Tapered Waste Basket by “Bunbuku”

By Ryoko Fuchikami

渕上 涼子　2016年、D&DEPARTMENT PROJECTに参加。『LONG LIFE DESIGN 1 47都道府県の健やかなデザイン』(2019年発行) 制作時に起稿。
Ryoko Fuchikami　participated in the D&Department Project in 2016. Contributed to the production of "Long-Life Design 1: Healthy Designs of 47 Prefectures" (published in 2019).

テーパーバケット・小
(上部径 22.5 × 高さ 27.2cm)
☎ 03-5819-2221 (ぶんぶく)
🛈 www.bunbuku.co.jp
Small tapered waste basket
(upper diameter 22.5 x height 27.2 cm)
Bunbuku

ナチュラルな木製ものや、機能的だけど味気ないプラスチック製のものとも違う、感じが良くて、飽きのこない素材感とデザイン。それが、この「テーパーバケット」の魅力だ。日本の高度経済成長期に誕生し、オフィスや学校などで50年以上も使われてきたロングセラー商品は、当時製造していたバケツの持ち手を外してゴミ箱に転用したのが始まり。もともとバケツや水ひしゃくなど、家庭用金物の製造を行なっていた「ぶんぶく」は東京都江東区で創業。現在は、プレス加工・カシメ加工・溶接・塗装まで一貫して、福島県の二本松工場に集約している。公共の場で使われる大型ゴミ箱や傘立て、灰皿などの環境備品など、実は、私たちが日常でよく目にする光景には、ぶんぶくの製品が登場している。控えめな佇《たたず》まいで、公共空間に設置しても悪目立ちしない。そうした〝ぶんぶくらしいデザイン〟が、このテーパーバケットにも表れている。ゴミ箱としてもいいが、直径と高さのバランスが整っているので、丸めたポスターや製図用紙のスタンドに、あるいは傘立てとしても使えそうだ。2015年には(大が)グッドデザイン・ロングライフデザイン賞を受賞。ゴミを捨てた時の金属音も、この製品ならではの楽しみ。

The charm of the tapered waste basket lies in its pleasant and riveting texture and design, different from the natural wooden ones or the functional but tasteless plastic ones. Bunbuku was founded in Tokyo, originally as a manufacturer of household hardware such as buckets and water ladles. They now handle the entire process from stamping, caulking, welding, to painting in their Nihonmatsu Plant in Fukushima. In fact, we can often see Bunbuku's products in our daily lives, such as large trash cans in public venues, umbrella stands, ashtrays, and other environmental fixtures. Their products are not conspicuous even when installed in public spaces due to their understated appearances – this "Bunbuku-esque" design is also evident in this tapered waste basket. Its well-balanced diameter and height mean that it can also double-up as a stand for rolled up posters and drafting papers, or as an umbrella stand. The large version won the Good Design Long Life Design Award in 2015. The metallic sound of the trash hitting the waste basket is also a unique pleasure of this product.

BUNBUKU
MADE IN JAPAN SINCE 1918
TOKYO HEADQUARTER
2-4-9 Kamezawa Sumida-ku Tokyo, 130-0014 Japan
NIHONMATSU FACTORY
315 Suehirocho Nihonmatsu Fukushima, 964-0896 Japan
www.bunbuku.co.jp
BUNBUKU
MADE IN JAPAN SINCE 1918

OPEN 9:30~17:30
P →

アイス牧場
会津のべこの乳
品名：アイスクリーム（バニラ）
無脂乳固形分11.0%・乳脂肪分14.0%
卵脂肪分0.5%　原材料名：生乳（国産）・
乳製品・全卵・ぶどう糖果糖液糖・砂糖／安
定剤（増粘多糖類）・香料　内容量：120ml
製造者：会津中央乳業株式会社　福島県
河沼郡会津坂下町大字金上字辰巳19-1
（推定値）
栄養成分表示
（100g当たり）
エネルギー 228kcal
たんぱく質 5.3g
脂質 15.5g
炭水化物 16.7g
食塩相当量 0.18g
4 905144 000410
アイス牧場
べこの乳発 ほんのりいちご

HOTELLI aalto

福島県の奇跡のような施設

常磐ハワイアンセンター

神《しん》藤《どう》秀《ひで》人《と》

A Fukushima Miracle

The Joban Hawaiian Center

By Hideto Shindo

日本で初めてのテーマパーク

日本人の多くが涙した映画『フラガール』（２００６年公開）。いわき市の「常磐《じょうばん》ハワイアンセンター（現・スパリゾートハワイアンズ）」の誕生秘話を描いた感動物語だ。今回の福島県の旅にあやかり、数年ぶりに観てみることにした。主演の松雪泰子さんをはじめ、登場する俳優さんたちの演技に、プロ顔負けのフラダンスの技術。会社や地域、人間関係など、さまざまな困難を乗り越えていくストーリーに涙を堪えるも、クライマックスのダンスシーンで、やっぱり感動して泣いた。その僕の「感動の涙」の根源は、ひとえに作品の完成度というよりも、この土地だから生まれた確かな〝いわきらしさ〟があったからだと思う。１９６６年創業の日本初のテーマパーク・常磐ハワイアンセンター。映画だけでは描ききれなかったその魅力を、実際に体験してきた。

　現在の「スパリゾートハワイアンズ」という施設の概要を説明すると、６つのプールや温泉からなるテーマパークと、３つのホテルから構成され、テーマパークへ入るためには、まず入場料が必要になる。そして、ハワイアンズといえば、「フラガール」。ファイヤーナイフダンサーなどの、名物『ポリネシアンショー』には、さらに座席の確保が必要で、毎日昼と夜の２回公演（内容は異なる）。ショーが開催されるシアターは、ハワイアンズのメイン施設でもある「ウォーターパーク」内にあって、真冬でもＴシャツ短パンで過ごせるほど暖かく、南国の雰囲気が漂う。ショーだけ観に来る人も少なくなく、僕も（コートはロッカーに預け）水着姿の観客に混ざって、最前列に席を取った。ハワイアンズのフラガールは、２０２２年1月現在40名。ショー中にソロダンスが踊れるダンサーはソロダンサーと呼ばれ、ハワイアンネームが与えられる。ちなみに、松雪泰子さんが演じた平山まどかのモデルとなったのは、カレイナニ早川さん。「カレイナニ」とは、美しい花輪の意味だ。他にも楽器のこと、衣装のこと、僕にとっての初めてのフラダンスは知らないことばかりだったが、施設内にある「フラ・ミュージアム」では、その歴史背景などの紹介、日本でフラダンスが爆発的ブームのきっかけにもなった映画のことまで詳しく展示している。そして、肝心の炭鉱町と、フラガールたちの生い立ちについても知ることができる。

Japan's First Theme Park

The resort-style theme park is particularly famous for its "Polynesian Show" featuring Hawaiian hula girls, fire-knife dancers and more. As of January 2022, the park employs 40 hula dancers, and they provided me with my first exposure to hula dance instruments and costumes—some of the most well-known aspects of Hawaiian culture. There's even a Hula Museum which introduces hula history and includes an in-depth exhibit on its explosion in popularity in Japan following the movie *Hula Girls*, as well as history of the former coal mining town located here and the training of hula dancers for the resort.

The Man Who Brought Hawaii to Tohoku

The massive Joban Coalfields once occupied an area extending from Tomioka-machi in Futaba-gun, Fukushima Prefecture to Hitachi City, Ibaraki Prefecture, and the industry it fostered helped to drive high-speed development and growth in modern Japan from the 19th century onward. However, operations were shut down around the 1960s as Japan phased out coal as a fuel source nationwide, (→p. 089)

JOBAN
Hawaiian center
常磐ハワイアンセンター
常磐ハワイアンセンター
世界一の温泉娯楽場誕生
1966
1月16日開場
■ご入場料
一般 大人 400円 小人 200円
ホテル・レストの宿泊客 大人 350円 小人 180円
山形
仙台
福島
郡山
平
湯本
高崎
宇都宮
水戸
小山
赤羽
池袋
上野
東京
●常磐線上野から急行2時間50分
準急3時間

Hotel
Hawaiians

pua
akani
ho
aloha aui

〝ハワイ〟を創った男・中村豊

日本の近代化と、高度成長を支えた「常磐炭田」。福島県双葉郡富岡町から、茨城県日立市までに及び、北海道の石狩炭田と、福岡県の筑豊《ちくほう》炭田に次ぐ、日本有数の大きな炭田だった。しかし、1960年代頃になると、日本中で炭鉱業が衰退。同炭田も閉山の危機を迎えていた。石炭の採掘会社であった「常磐炭礦」の副社長・中村豊(故)は、そうした状況の中、仲間と会社を守るために、誰もが驚く事業転換を決意したという。

当時、石炭の採掘で頭を悩ませていたのは、掘れば掘るほど溢《あふ》れてくる温泉だった。この有り余るお湯を、別の使い方に利用できないものか……そこで彼が考えついたのが、〝東北にハワイを創る〟ことだった。温泉の熱を利用し、ハワイのような南国をテーマとしたリゾート施設を、これからの会社の事業としていく。1964年のニューヨーク万国博覧会のタヒチ館の踊りに感動し、その後、縁も繋《つな》がりハワイへと立ち寄った中村。さまざまな出会いをきっかけに、常磐ハワイアンセンターの構想が生まれ、施設の目玉には、『フラダンスショー』を。しかも、ステージに立つダンサーは、東京などから連れてくるのではなく、炭鉱の空気の中で育った地元の人間に限るといい、ここでしかできない新しい常磐地区の発展のために、熱意を持ち続けた。

常磐音楽舞踊学院の設立

常磐ハワイアンセンターの創業のおよそ1年前。日本初のフラダンス、ポリネシアン民族舞踊の学校「常磐音楽舞踊学院」が設立。中村の精神に基づいて集められた一期生は、18名。全員が炭鉱関係者の子女、ほとんどが踊りの経験もない素人だったという。指導者として立ち上げから関わるカレイナニ早川さんは、初めてこの場所を訪れた時、まだ鬱蒼《うっそう》としていた土地に、「本当にハワイなんてできるのかしら」と、半信半疑だったそう。しかし、「南国情緒ある夢のパラダイスを創るんだ」という中村の強い信念と、「生き抜くためにやらなければならない」と、寝る時間も惜しまず必死に練習したという一期生の努力は、並大抵のものではなかった。温泉の地熱を利用し、ヤシの木も植栽され、いつしか施設への道も開削され、まるで〝ワイキキ通り〟のようになっていった。

hula-dancer shows as the main attraction. Moreover, the women who took the stage were all locals who had been born and raised amidst the coal dust, testament to Nakamura's commitment to local development.

Founding of the Joban Music and Dance Institute

About a year prior to the Joban Hawaiian Center's opening, Nakamura founded the Joban Music and Dance Institute as Japan's first school for hula dance and other traditional Polynesian folk dance. All of the students were young women with little to no dance experience. However, each and every one of them devoted themselves to their craft, even sacrific-ing sleep in order to further their art.

From Coal Mining to Tourism

Thanks to these efforts, the Joban area attracted widespread attention from all around the nation for their transition from the secondary industry of coal mining to the tertiary industry of tourism, all against the backdrop of ultra-rapid economic growth for Japan.

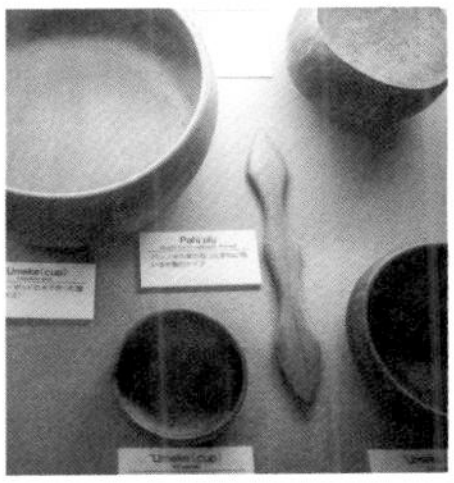

「炭鉱」から「観光」へ

開業前にキャラバンで全国各地を回り、共同生活をしているうちに、師弟関係もまるで母と娘のようにもなっていった、と話す早川さん。開業を1か月後に控えた1965年、東京の大手町サンケイホールで行なわれた「旗揚げ公演」には、昼夜それぞれ2000名を超える客が押し寄せ、入場を断るほどだった。高度成長の時代背景の中、第二次産業「炭鉱」が、お客相手の第三次産業「観光」へと事業転換したことは、社会的に大きな注目を浴びた。

「一山一家《いちざんいっか》」という炭鉱の精神が今も息づく、スパリゾートハワイアンズ。会社は一つであり、皆で助け合い、支え合い、豊さも、乏しさも、家族で分かち合うという考え方が、根底にある。この精神があったからこそ、「閉山」という局面だけでなく、震災などさまざまな苦難をも乗り越えてきたはずだ。いわき市常磐地区の〝今〟があるのは、炭鉱時代を生きた先人たちと、観光時代へと導いた開拓者たち、そして、その家族、フラガールのお陰なのだろう。みんなが〝いわきらしさ〟を受け継ぎ、次の世代へと伝えている。

which hit Joban's economy hard. Yutaka Nakamura, vice president of local coal-mining company Joban Tanko, responded by making a surprising business move to protect his employees and fellow miners.

Local coal miners had faced the constant problem of hot springs shooting forth during excavations. Nakamura had the idea of putting these waters to some sort of use; he ultimately repurposed them as a heat source in a Hawaiian-themed resort with warm temperatures just like over on the islands. After extensive networking, he finalized his vision for the Joban Hawaiian Center, which would host

〝その土地らしさ〟がつくるものたち

ふくしまもの

日本のものづくりには、長く続いていくものや、衰退してなくなってしまうものだけでなく、住民や行政の応援で復活するものや、移住者や若者の新たな視点でつくられる〝新名物〟もある。そんな福島県の風土と土地があるからこそ、必然で生まれたものたちを、本誌編集部が、デザインの視点で再定義する、〝福島県らしい〟ものづくり。

A Selection of Unique Local Products

The Products of FUKUSHIMA

Among traditional Japanese products, some have stayed around since eras long past, while others have become lost over time. Our Editorial Department aims to identify, and redefine from a design standpoint, the various Fukushima-esque products that were born inevitably from the climate, culture and traditions of Fukushima Prefecture.

ラジウム玉子
Radium egg
温泉の熱と、日本で初発見のラジウムにかけて生まれた名物。
あんぽ柿
Partially dried Japanese persimmon
硫黄で燻蒸《くんじょう》して乾燥させる、地域ならではの甘いドライフルーツ。
福島だるま
Fukushima daruma
睨みを利かせ悪や不幸を追い払う縁起物。最初から目が入っているのが特徴。
日本甲冑《にほんかつちゅう》
Japanese armor
千年以上続く伝統行事「相馬野馬追《そうまのまおい》」で輝く甲冑。実践派の精巧な作り。
萱場梨《かやばなし》から始まり、桃やりんごの産地。盆地ならではの地域性。
300年以上の歴史ある浪江町の焼物。二重《ふたえ》焼、青ひび、駒の絵などが特徴。
Miharu-goma
馬の産地としても知られた三春の郷土玩具。黒駒と白駒それぞれ異なる御利益。
なみえ焼そば
Namie yakisoba
労働者のために考案され、地元「大堀相馬焼」を使用。
仁井田本家の酒米から木桶まで一貫した土地の日本酒。
ハワイ
Hawaii
常磐炭礦から観光へ。温泉の地熱を利用したリゾート施設。
白河だるま
Shirakawa daruma
白河城主・松平定信が、城下の繁栄を願い技術を習得させただるま。

会津木綿

Aizu cotton

綿と藍の生産が盛んだったことから
野良着などに使われ、多彩な縞柄が特徴。

土湯《つちゆ》伝統こけし

Traditional Tsuchiyu kokeshi dolls

三大こけしの発祥地の一つ。温泉地で
木地挽きの工人が玩具として作った。

喜多方ラーメン

Kitakata ramen

熱塩《あつしお》の「栂峰《つがみね》渓流水」を多く含む、
平打ち熟成多加水麺。

会津絵蝋燭《ろうそく》

Aizu painted candles

漆塗りとともに始まり、漆の実から採れる
蝋が原料。産地の中でも最高級品。

しんごろう

Shingoro

もち米が無かった代わりに、普通の
お米を使った郷土料理。

会津塗

Aizu lacquerware

漆の木の栽培から材料の生産、加工、
仕上げまで地元で行なってきた漆器。

わっぱめし

Wappa-meshi

地元の檜《ひのき》や杉の木を曲げて作る容器
「曲げわっぱ」を使う。

凍《し》みもち

Frozen mochi

餅を吊《つる》して寒風に晒《さら》し、氷結、
乾燥させて作る保存食。

にしんの山椒《さんしょう》漬け

Pickled herrings with sansho

長期保存・輸送が可能なこと、そして
生臭さを取るための工夫から生まれた。

会津桐工芸

Aizu paulownia woodwork

会津は生産量だけでなく、良質な桐の
産地。中でも箪笥《たんす》と下駄が有名。

湯守

Yumori

約8キロにも及ぶ、安達太良山《あだたらやま》
からの温泉を守る職人。

檜枝岐《ひのえまた》の山人《やもうど》工芸品

Hinoemata's mountainfolk crafts

山間部に自生しているミズキやトチなどを
材料にした積雪期の手仕事。

奥会津昭和からむし織

Okuaizu-showa
karamushi textiles

からむし（苧麻《ちょま》）という植物の繊維を素
材とした昭和村で作られる織物。

会津本郷焼

Aizu-hongo ware

陶器と、大久保陶石を原料とした磁器が
あり、東北最古の窯ともいわれる。

裁ち蕎麦

Tachi-soba

布を裁つように切る名物蕎麦。つなぎ
が手に入らないことから誕生。

こづゆ

Kozuyu

内陸の会津地方の郷土料理で、入手が
可能な海産物の"乾物"が材料。

ねっか

Nekka

食米と酒米の田んぼの二毛作。
香り高い米焼酎。

奥会津編み組細工

Okuaizu braidwork

山間部で採取されるヒロロや山ブドウなどの
植物を素材とする編み組細工。

歌舞伎

Kabuki

江戸で歌舞伎を観た檜枝岐村の
農民が、見よう見まねで伝えた。

赤べこ

Akabeko

およそ400年前の会津の大地震から、
敬い親しまれる赤牛を模した縁起物。

三五八漬け

3-5-8 pickles

塩・麴《こうじ》・米の割合が3：5：8の
「漬け床」を使った漬物料理。

Illustration : Kifumi Tsujii

福島県の〝民藝《みんげい》〟

「土」

高《たか》木《き》崇《たか》雄《お》（工《こう》藝《げい》風《ふう》向《こう》）

Mingei (Arts and Crafts) of FUKUSHIMA

Earth

By Takao Takaki (Foucault)

高木 崇雄　「工藝風向」店主。高知生れ、福岡育ち。京都大学経済学部卒業。2004年「工藝風向」設立。九州大学大学院・芸術工学府博士課程単位取得退学。専門は柳宗悦と民藝運動を中心とした日本近代工芸史。日本民藝協会常任理事・『民藝』編集長。著書に『わかりやすい民藝』（D&DEPARTMENT PROJECT）、共著に『工芸批評』（新潮社 青花の会）など。

Takao Takaki　Owner of "Foucault". Born in Kochi and raised in Fukuoka. Graduated from Faculty of Economics, Kyoto University. Established "Foucault" in 2004. Conducted research on history of modern technical art with Muneyoshi Yanagi and folk art movement as the subjects. Completed the PhD program in Graduate School of Design, Kyushu University. Secretariat of Fukuoka Mingei Kyokai. The permanent director of Japan Mingei Kyokai. Editorial board member of Shinchosha "Seika no Kai."

福島から遠く離れた福岡に住む僕にとって、もっとも近い〝民藝〟は、同じ九州という島の中、大分県別府市で作陶を行なう、亀田《かめた》大介さん・亀田文さんの仕事だ。

もちろん、会津塗・三春張子《みはるはりこ》・会津本郷焼・絵蝋燭《えろうそく》・磐城和紙《いわきわし》など、かつて柳宗悦《やなぎむねよし》が『手仕事の日本』で取り上げ、今も福島県内で続けられている仕事はさまざまにある。また、東京美術学校（現・東京藝術大学）において富本憲吉に学び、栃木県益子の濱田庄司《はまだしょうじ》に弟子入りし、会津に窯を築いた瀧田項一《たきたこういち》（故）の仕事、特に「日本民藝館」に所蔵されている、会津で手がけた白磁の器は、お手本としたであろう、李朝（朝鮮王朝時代）の白磁とも十分に肩を並べうるほどに力強く、美しい。さらには瀧田が福島会津、栃木烏山で育てた弟子たちが、新作民藝運動における白磁の分野を広く担ってきたことを考えると、その名を挙げないわけにはいかない。

とはいえ、そのような優れた仕事・人を差し置いても僕は、亀田さんの仕事を取り上げることなしに福島県の〝民藝〟について考えることはできないと思う。なぜならば、江戸時代から続く産地である、「大堀相馬焼」の状況、ひいては「土」という問題に向き合うことなく、〝民藝〟を考えるわけにはいかないからだ。

亀田大介さんは1975年に福島に生まれ、大堀相馬焼「松助窯《しょうすけ》」の4代目として家業に携わってきた。ところが、2011年3月の地震、引き続いて生じた東京電力福島第一原子力発電所の事故により、大堀地区を含む浪江町全体が避難区域となり、20軒以上あった大堀相馬焼の窯元は、すべて避難を強いられることになった。その後、浪江町の一部は避難指示の解除がされたものの、未《いま》だ大堀地区は帰還困難区域として指定され、立ち入りは制限されたままであり、多くの窯元は県の内外各地に移住を余儀なくされている。やはり亀田さんも大堀を離れることを強いられ、2013年からは福島から遠く、大分別府で作陶を再開している。僕は震災の直後に、「一人問屋」を冠して全国を飛び回るクラフトバイヤー・日野明子さんから、お二人を紹介され、日野明子さんが全国で出会った仕事を紹介する会を当店で行なった際には、亀田さんの仕事を出品いただいたこともある。そののち、別府の工房を訪ねた際には、制限のかけられた帰宅の機会に大堀の工房から持ち出した、古

Many traditional *mingei* still flourish in Fukushima, like Aizu lacquerware, Miharu dolls, Aizu-hongo ware, painted candles, and Iwaki *washi* paper, all of which appeared in Muneyoshi Yanagi's seminal Teshigoto no Nihon. The works of Koichi Takita, who studied under Kenkichi Tomimoto at the Tokyo Fine Arts School (now Tokyo University of the Arts) and apprenticed under Shoji Hamada of Mashiko, Tochigi, are a prime example. In particular, the white porcelain creations he produced in Aizu, now housed in the Japan Folk Crafts Museum, have a power and beauty rivalling those of the Korean Joseon dynasty that surely served as his inspiration. And Takita's significance is even greater when you consider that his own students have become the standard bearers of white porcelain within the new *mingei* movement.

That said, these artists and their superb creations aside, I can't think of *mingei* in Fukushima without mentioning the works of the Kametas. That's because I can't think of *mingei* without grappling with the current state of Obori-soma ware, produced in Fukushima since the Edo period, and with the problem of earth.

(→p. 095)

and bowls I've seen are of considerable quality." *1

Truly, the pieces that Kameta showed me were both unforgettable and of considerable quality. Yet the earth that these "unforgettable" objects are made of, and the Toyama stone from which the iconic blue glaze is derived, are now too radioactive to use. In the last few years, as the government has gradually rolled back restrictions, a variety of efforts have been launched in Namie to help the industry recover, including communal kilns and exhibition spaces and activities aimed at attracting artists who will carry on the traditions. But restoring the earth and the glaze, and the community that the artists built over the years—in short, the entire craftsmanship ecosystem—will take time.

When artists can no longer use the earth, they can no longer produce unique local pottery. And this isn't just an issue for Obori-soma ware. "The beauty of pottery is not solely a human creation. Nature is what preserves it," Yanagi once wrote. *2

It's time that we faced the obvious: our pottery, and our very way of life, cannot be separated from the earth.

い相馬焼の仕事を数多く見せていただいた。

大堀相馬焼について柳は、「相馬の地は馬の産で名があり、野馬追《のまおい》の祭や三春駒《みはるごま》など、馬に因《ちな》んだものが多いのであります。慣れた図《ず》柄《がら》ですから焼物の上にも上手《じょうず》に描きます」「この窯は昔はなかなかよい雑器を焼きまして、その青土瓶や絵土瓶などは忘れ難いものであります」「浪江《なみえ》近くに一基の窯があって、海鼠釉《なまこぐすり》を用います。鉢だとか擂鉢《すりばち》だとか片口だとかに、しっかりした品物を見かけます」などと記している。[*1]

まさに柳が語った通り、亀田さんから見せられた駒絵（馬の絵）や青磁の器は「忘れ難い」もの、「しっかりした品物」であった。けれど、この「忘れ難い」青土瓶のもととなる土、大堀相馬焼の特徴となる青磁釉の主原料である砥山石《とやまいし》は、放射能汚染によって今や使うことができない。この数年、政府の原子力災害対策本部が警戒区域の見直しを進めるにつれ、大堀相馬焼の復興に向けて、土の研究や作り手の拠点となる共同窯・展示販売所の設置、技術の継承を目的とした作り手の誘致や映像などを用いた技術保存など、さまざまな取り組みが浪江町を中心に行なわれているが、作り手たちが長い時間をかけて作り上げてきたコミュニティーや、土や釉薬といった素材、いわば「ものづくりの生態系」を回復するにはまだまだ時間が必要だろう。

土が使えなくなってしまうことで、土地独自の焼物ができなくなる。それは、大堀相馬焼だけの問題ではない。現在亀田さんが暮らす、同じ大分日田の小鹿田焼《おんたやき》でも、土の確保と質の安定は近年ずっと大きな課題となっているし、さらに南、沖縄では「やちむん」作りに求められる「白土」は、狭い島内における住宅開発やその原因でもある基地問題とも絡み、採掘できる箇所が減ってしまい、ベトナムからの輸入を試みている、という例もある。

「陶磁器の美は人だけが産むのではない。自然がその美を守るのである」と、柳はかつて記している。[*2]

では僕らは、どのようにして、陶磁器の美を守ってくれる自然を保てば良いのだろうか。土から離れて、焼物は、僕らの暮らしは成立しないという当たり前のことと向き合う時期を、僕らは迎えている。

＊1 『手仕事の日本』柳宗悦全集 11巻 p.046
＊2 『陶磁器の美』柳宗悦全集 12巻 p.010

Born in 1975 in Fukushima, Daisuke Kameta grew up as the 4th generation of a family of Obori-soma potters. After the March 2011 Tohoku earthquake and the subsequent Fukushima nuclear disaster, however, the entire town of Namie, including the Obori district, became an evacuation zone, and the owners of the more than 20 Obori-Soma ware kilns were forced to leave. Although the evacuation order for Namie was later partially lifted, travel to the Obori district is still restricted, and many of the kiln owners have had no choice but to move elsewhere. Kameta was among them, and in 2013 he resumed his work in faraway Beppu. When I visited his workshop there, he showed me many of the old Soma ware pieces he took back with him from the few trips he was allowed back to Obori.

On the subject of Obori-soma ware, Yanagi wrote: “Soma is known for its horses, and because horses are a familiar sight, they are expertly depicted on the pottery...Long ago, the wares produced in these kilns were quite good, and the teapots are unforgettable...There is a kiln near Namie where they use so-called sea slug glaze. Some of the pots, mortars,

あ
もらって下さい
い
う
え
お
か
き
WC
く
け
こ
さ
し
す
せ
そ
た
ち
つ
て
と
な
に
※イメージは実物と多少異なりま
ぬ
ね
の

福島県の街にあるフライヤー

ふくしままっぷ

その土地の個性を真剣に広く伝えようと、ローカルから発信されるフライヤーやパンフレットたち。広告満載の大都市圏の雑誌とは違う、キリッとした編集やメッセージを、それらから感じ取って、その土地を旅しましょう。福島県からは、福島県クリエイティブディレクター箭内道彦氏監修、アートディレクター寄藤文平氏デザインの、イラストも文字も全部手描きの総合情報誌『ふくしままっぷ』をご紹介。

発行元	福島県広報課	監修	箭内道彦（福島県クリエイティブディレクター）
発行日	初版 2017年11月21日 改訂版 2023年4月4日	デザイン	寄藤文平
価格	無料	お問い合わせ	福島県広報課(024-521-7014)
配付場所	福島県庁、コラッセふくしま、他	ウェブサイト	www.pref.fukushima.lg.jp
企画・制作	福島県広報課		

Fliers Found in Cities in FUKUSHIMA

Fukushima Map

Flyers and pamphlets from the local areas earnestly and extensively convey the character of the land. Let's travel around the region and feel in person the succinct editing and messages that are different from the advertising-filled metropolitan magazines. From Fukushima Prefecture comes the “Fukushima Map”, an entirely hand-drawn comprehensive and informative magazine, supervised by Michihiko Yanai, Creative Director of Fukushima Prefecture, and designed by Bunpei Yorifuji, Art Director.

Publisher: PR Division, Fukushima Prefectural Government
Publication Date: Nov 21, 2017 (1st printing). Apr 4, 2023 (Revised Edition)
Planning and Production: PR Division, Fukushima Prefectural Government
Supervision: Michihiko Yanai
Design: Bunpei Yorifuji

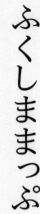

福島県の〝らしさ〟をつくる人

「特撮」のヒーロー 円谷英二

神藤《しんどう》秀人《ひでと》

The man behind the "uniqueness" of FUKUSHIMA

Eiji Tsuburaya – Hero of *Tokusatsu* (special effects)

By Hideto Shindo

写真協力：西村祐次（M1号）

シュワッチ！

必殺技は、スペシウム光線——胸の前で、腕を十字にクロスさせるお馴染みのポーズ。男の子ならば、一度は必ず通ってきたテレビ番組『ウルトラマン』シリーズ。怪獣や宇宙人によって起こされる事件や、超常現象の解決に当たる「科学特捜隊」と、それに協力する「光の国」からやってきたウルトラマンの活躍を描いた特撮ドラマ。シリーズ一貫して、赤と銀のツートンカラーのキャラクターデザイン（最近では色数が増えたウルトラマンも存在）。1966年に放送が始まり、シリーズ化した今もなお、たくさんの子どもたちに夢を与えてきたことだろう。また、それだけでなく、地球環境や政治経済、差別問題や動物保護まで、僕たちの置かれる「社会への問い」も少なからずあった。そんな国民的ヒーローの生みの親であり、「特撮の父」ともいわれた映画監督・円谷英二（故）は、福島県須賀川市出身。ウルトラマンファンの一人でもあった僕にとっては、「特撮（特殊撮影）」という言葉さえ意味もわからないまま、ただテレビ画面に映る見たことのないダイナミックな映像に釘づけだった。今でこそハリウッドに代表されるコンピューターグラフィック（CG）加工は当たり前だが、この円谷英二が切り開いた「特撮」とはいったい何なのか。その技術的なところだけでなく、日本ならではの背景から探ってみよう。

円谷英二という人物

意外と知られていないのが、『ウルトラマン』が世に出たのは、円谷英二が晩年の頃だということ。彼の業績は、実はそれまでに語るべきことが多くある。そして、彼を支えた仲間たち。それらについては、須賀川市にある「円谷英二ミュージアム」（須賀川市民交流センター「tette」内）で紹介している。

円谷英二は、1901年、福島県須賀川町（現・須賀川市）に生まれた。幼い頃、日本で初めて動力つき飛行機による公式飛行が成功したことに感銘を受け、「いつか本物の飛行機で大空を飛んでみたい」と、飛行家（操縦士）に憧れ、模型や発動機などを製作するほどだったという。1916年、家族の反対を押し切って「日本飛行学校」の第1期生として入学するも、教官の事故死で、同校は活動停止。その後、東京神田の電機学校（現・東京電機大学）に入学し、「自動

Shuwatch!

He crosses his arms in front of his chest as he unleashes his special attack, the Spacium Beam! All boys would have seen the "*Ultraman*" TV series. First broadcasted in 1966, the series has probably given dreams to many children, and also raised a number of questions about our society. The creator of *Ultraman*, late film director, Eiji Tsuburaya, also known as the "Father of *Tokusatsu*", was born in Sukagawa, Fukushima. We hear of computer graphics (CG) now in Hollywood but what were the special effects that Eiji Tsuburaya created?

Eiji Tsuburaya

Born in Sukagawa-machi (now Sukagawa City), Fukushima Prefecture in 1901, Eiji Tsuburaya was impressed as a child by the sensational success of Japanese aviators and wanted to be one (pilot); he even built models and engines and said "I want to fly in a real plane one day". After meeting director Yoshiro Edamasa in 1919, he decided to enter the film industry and become a cameraman. He brought with him a variety of ideas on sets, such as burning smoke to create a sense of realism and using miniatures to create (→p. 100)

スケート」（足踏みギアの付いた三輪車）など、既に並外れた能力を発揮して玩具や商品の発明で生計を立てていた。１９１９年、映画会社の枝正義郎との出会いから、カメラマンを目指し映画界に入ることに。撮影現場では、臨場感を出すためにスモークを焚《た》いたり、奥行きを出すためにミニチュアを使うなど、さまざまなアイデアをもたらした。日本ではまだ定着していなかった場面転換のための「アイリス」（画面が丸く開いたり、閉じたりする映像表現）や「フェード」を使い、自ら作成した「ホリゾント」（舞台の背景に用いられる幕）を撮影に取り入れるなど、映画技術の向上を図った。しかし、当時は同業者たちには理解もされなかったという。

　１９３３年、アメリカ映画『キング・コング』の日本公開。この特撮に衝撃を受け、独自にフィルムを取り寄せ、分析し、研究に没頭した。それがのちの大ヒット特撮映画シリーズ『ゴジラ』へと繋《つな》がっていくことになる。

戦争と映画

　１９３４年、彼の特殊技術が高く評価され、「J.O.スタヂオ」（「東宝」の前身）に入社し、監督第１作となる、連合艦隊の実習風景の記録映画『赤道越えて』（１９３６年）を撮影。その後、日独合作映画『新しき土』（１９３７年）では、日本で初めて「スクリーン・プロセス」の技術を使用。海外からも注目されるようになった。

　１９４１年、太平洋戦争に突入。同社は、日本軍の依頼で戦争映画を中心とした「戦意高揚映画」を制作することになっていった。そして、特撮の需要が高まり、翌年、渾身の特撮技術を使った『ハワイ・マレー沖海戦』が公開、大ヒットした。映画界だけでなく、日本中の全ての人たちに希望を与え、特撮の重要性を知らしめたのだ。

巨大怪獣「ゴジラ」登場

　１９４５年、日本は終戦を迎える。だが円谷英二は、戦時中に「国策映画」に加担したとの理由で、公職追放となった。『透明人間現わる』や『幽霊列車』（いずれも１９４９年）などは、当時、業務委託での仕事だった。１９５２年、公職追放が解かれ、東宝へと復帰。

　１９５４年、ついに日本の怪獣映画の元祖とも言える『ゴジラ』シリーズ第１作が公開。観

depth.

Stunned by the special effects of the American film, "*King Kong*", that was released in Japan in 1933, Eiji Tsuburaya ordered a copy of the original film, analyzed it, and devoted himself to research. This led to the special effects of the subsequent series of the blockbuster film, "*Godzilla*".

War and films

Highly revered for his special techniques, he joined J.O. Studio (predecessor of Toho) in 1934 and shot his first film, "*Across the Equator*" (1936) in which he sketches a picture about the life aboard a navy training vessel. In "*The New Earth*" (1937), which was a joint project between Japan and Germany, he used the "screen process" technique for the first time in Japan. It was this film that made him draw attention from abroad. During the Pacific War, the company began to produce propaganda films at the request of the military. The demand for special effects rose. "*The War at Sea from Hawaii to Malaya*" was released in 1942 and became a huge hit due to its heavy use of special effects. It gave (→p. 103)

央画に再現！眞珠湾撃
本營海軍報道部企畫
軍省　後援
報局國民映画參加作品
演出・山本嘉次郎
撮影・三村明
特殊技術・圓谷英二
東宝映画總出演
ハワイ
マレー沖海
東宝映画
！大切なモノを運ぶために急がぬ旅行は

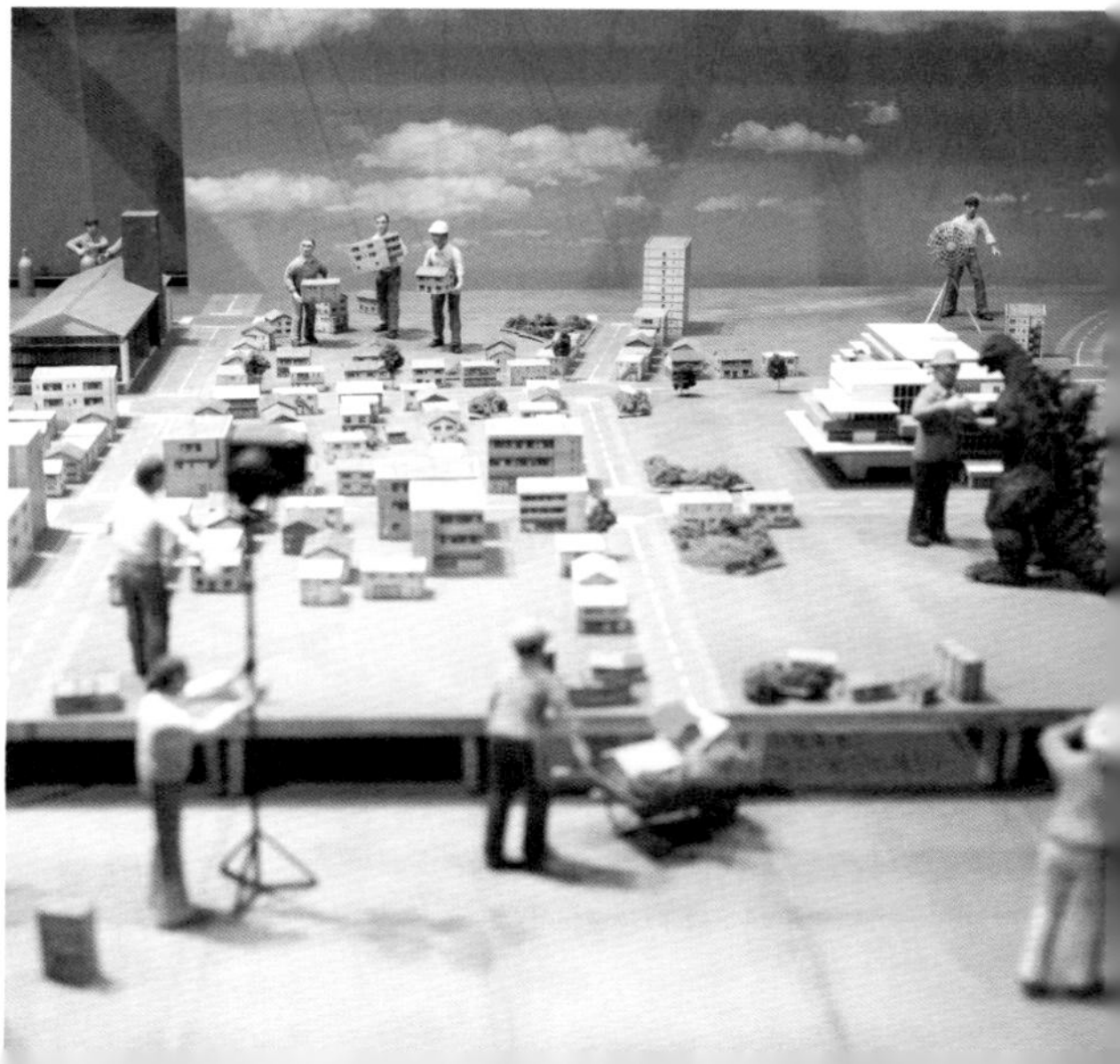

客動員数961万人。映画のキャッチコピーは、「ゴジラか、科学兵器か、驚異と戦慄の一大攻防戦！」「放射能を吐く大怪獣の暴威は日本全土を恐怖のドン底に叩き込んだ！」——「核兵器反対」というテーマを持ち、思い描いていた理想の作品たちを、新たな技術を駆使しながら、次々と大ヒットさせていく。『空の大怪獣ラドン』（1956年）、『モスラ』（1961年）など、僕たちの生まれる前の作品だというのに、未だに人気を誇っている。ちなみに、この頃「特技監督」というポジションが日本で初めて彼のために与えられた。

アニメ『新世紀エヴァンゲリオン』の庵野秀明総監督による『シン・ゴジラ』（2016年）など、これまでさまざまな『ゴジラ』が多くのクリエイターによってリメイクされ、日本の映画史上欠かせないキャラクターにも成長してきた。

「特撮」とは何か？

「特撮」とは、もともと特殊撮影、あるいはトリック撮影と呼ばれていた「技術」のことだったが、今では特撮とは、もはや作品のジャンルにもなった。海外でも『スター・ウォーズ』（1977

techniques and trick shots, but is now also considered a separate film genre. In other countries, series such as "*Star Wars*" (since 1977) and "*Jurassic Park*" (since 1993) have also been labeled as special effects films. In the 1990s, visual effects (VFX) – special effects to generate impossible and unreal images – became widespread using digital technology with computer graphics. Relative to the evolution of digital imaging technology, the use of special effects has declined… and the meaning of special effects is also changing.

In 2012, the Museum of Contemporary Art, Tokyo held a special exhibition: "Director, Hideaki Anno's 'TOKUSATSU' Special Effects Museum" in response to calls for the preservation of this unique Japanese culture. In 2013, the Agency for Cultural Affairs kickstarted the "Consortium as a Hub for Media Arts Information" initiative. In 2015, they began collaboration with Sukagawa City to preserve special effects-related materials. In 2017, the NPO, Anime Tokusatsu Archive Centre (ATAC), was established to promote the preservation and the passing down of special effects as Japanese culture.

The ATAC supervises the "Sukagawa Tokusatsu (→p. 105)

© 円谷プロ

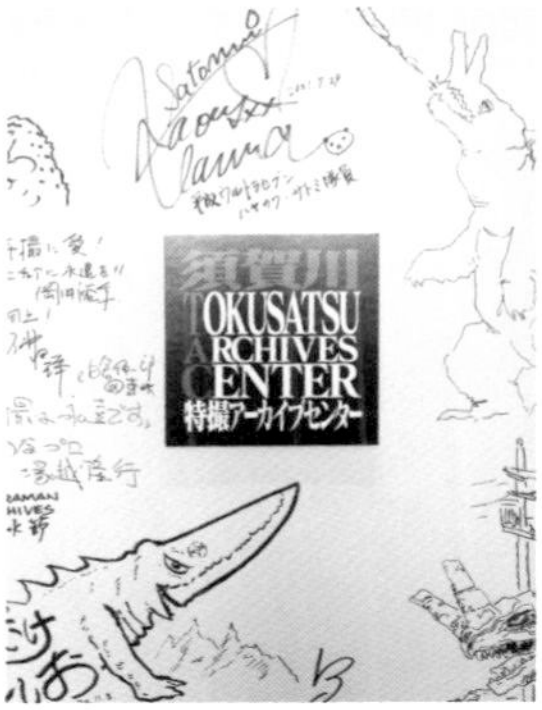

年〜）や『ジュラシック・パーク』（1993年〜）などのシリーズも特撮映画に数えられるが、1990年代、CGによるデジタル技術を活用し、実際には見ることができないあり得ない画像の特殊効果「VFX（ビジュアル・エフェクツ）」が普及。そんなデジタル映像技術の進化に比例して、これまでの「特撮技術」による撮影が減少……特撮の意味も変わりつつある。そこで、日本独特の文化として保護を求める声が上がり、2012年、東京都現代美術館の企画展『館長 庵野秀明 特撮博物館』が開催され、2013年、文化庁の「メディア芸術情報拠点・コンソーシアム構築事業」の取り組みが開始。2015年、須賀川市と特撮関係資料の保存に関する連携開始。2017年、「特定非営利活動法人アニメ特撮アーカイブ機構：ATAC（Anime Tokusatsu Archive Centre）」が発足。「特撮」を日本の文化として後世に残し、継承していくことを目的にしている。これまで文化庁の支援対象は、漫画・アニメ・ゲームだけであったところに、「特撮を同等の扱いで国の文書に明記できたことが重要だった」と、ATAC理事長の庵野氏は語っている。

ATACは、「須賀川特撮アーカイブセンター」

hope to the film industry and everyone in Japan, and made them aware of the importance of special effects.

Godzilla – the giant monster

In 1945, the war was coming to an end in Japan. However, Eiji Tsuburaya was banned from holding public office due to his involvement in making national propaganda films during the war. In 1952, the ban on him holding public office was lifted and he returned to Toho. In 1954, the first film in the *Godzilla* series was finally released to a total of 9.61 million viewers and ushered the beginning of the monster movie genre in Japan. Using new techniques, he went on to create a string of blockbuster hits about nuclear weapons opposition, to create his ideal films. Various Godzilla characters have been remade by many creators, such as "*Shin Godzilla*" (2016) by Hideaki Anno, who directed "*Neon Genesis Evangelion*".

What are special effects?

The term "special effects" originally referred to special effects

を監修し、資料の収集・保存、修復および調査研究にも協力している。センターには、特撮に関する雑誌や書籍を収集した図書室があり、ファンだけでなく専門家にとっても利用価値が高い。例えば「ホビージャパン」が出版した『特撮の空』などは、特撮に必要不可欠な「背景」を支え続けてきた絵師・島倉二千六《ふちむ》氏を特集したもの。他にも、「ウルトラマン」や「ウルトラセブン」、よく壊される東京のシンボル「東京タワー」など実際に撮影で使用したミニチュアなどが窓ガラス越しに見学できる収蔵庫。特撮を6つの仕事からわかりやすく説明したパネル。中でも、企画展『特撮博物館』のために制作された短編映画『巨神兵東京に現わる』の上映は必見。監督は、樋口真嗣氏。「CGは使わない」という中で、巨神兵、街並み、雲、人間、犬、閃光、炎、などなど映像に登場するそのほとんどを培われた経験と技術を生かし、創意工夫して、見事に作り上げている。その映像にも増して、制作チームの団結力にも目を見張るものがあり、本編の後のメイキング映像も素晴らしかった。僕にとってこれまでの特撮の概念が、ビルの爆破シーンのように、破壊された感じだった。これこそ、特撮の神髄。

来たぞ、我らの「ウルトラマン」

1966年、特撮テレビドラマ『ウルトラQ』が放送開始。航空パイロットとその助手の男性二人と、新聞社の女性カメラマン一人が、毎回遭遇する不可思議な出来事を描いた作品で、今でもDVDや動画配信サービなどを利用して見てみれば、そのストーリーに引き込まれることは間違いない。お金に執着する子どもが、怪獣になってしまう「カネゴンの繭」や、謎の人間消滅事件を追う「2020年の挑戦」など、これまで映画でしか見られなかった怪獣が、テレビでも登場したことにより、怪獣ブーム到来。ちなみに、ウルトラマンをはじめ、主な怪獣たちのデザインを手がけたのは青森県出身の成田亨（故）。同年、ついに『ウルトラマン』がスタート。飛行機事故で消息を絶った主人公が、ヒーローになって生還するという設定で、最高視聴率は、40パーセントを超えた。また、関連商品の売り上げが製作費の補填もするほどで、「ソフトビニール人形」は、今でもウルトラマンシリーズのロングセラー商品。もちろん、僕も、子どもの頃には何体か持っていて、遊んだ記憶もある。

1970年、ウルトラマンを世に送り出した

The show was about mysterious events encountered by a pilot, his right-hand man, and the female press photographer that accompanied them. With the appearance of the monsters – previously only seen in films – on TV as well, came the monster boom. In the same year, "*Ultraman*" was finally released. At its peak, the series about the protagonist who disappeared in a plane crash but came back alive as a hero, garnered a viewership rating of over 40 percent. Vinyl figures also continue to be the bestsellers in the *Ultraman* series; sales of related merchandise even covered the production costs.

His achievements have inspired those in the film industry and all creators. And above all, he has motivated children – many have aspired to be biologists after learning about "*Godzilla*" or astronauts after watching "*Ultraman*". The "Hero of *Tokusatsu*" is no longer an imaginary television character, but a living presence in the hearts of Japanese people. The imaging technology of special effects that continues to breathe life into them is an irreplaceable part of Japan's culture that she can be proud of, and a part of her "uniqueness" that should be preserved.

後、円谷英二はこの世を去った。しかし未だに、ウルトラマンは、日本中の子どもたちに愛され続けている。須賀川市では、ウルトラマンの故郷「M78星雲 光の国」の姉妹都市として連携したまちづくりが行なわれていて、街中には、たくさんのウルトラマンや怪獣たちのモニュメントが点在しているので、探して見て回るのもいいだろう。さらに彼の実家は、ウルトラマンのオフィシャルショップ「SHOT M78」として、営業もしているので、ぜひ他の施設と併せて訪ねてみるのもお薦め。僕も、久々にソフビ人形を何体か購入してしまった。

常に、夢を追い続けた円谷英二。彼の業績は、映像関係者だけでなく、全てのクリエイターに刺激をもたらしてきた。そして、何よりも子どもたちに、勇気を与え続けてきた。『ゴジラ』を知って、生物学者を目指し、『ウルトラマン』を見て、宇宙飛行士に憧れた子どもたちも多いだろう。〝特撮ヒーロー〟は、もはや映画やテレビの中の空想の登場人（生）物ではなく、僕たち日本人の心の片隅に、必ず存在している。そして、彼らに息吹をもたらし続ける映像技術「特撮」は、日本が誇るかけがえのない文化であり、残すべき日本の〝らしさ〟でもある。

Archive Center" and helps to collect, preserve, restore and research materials. In the repository, one can see through the window glass the actual models of the Tokyo Tower, a symbol of Tokyo that is often destroyed, used in the filming of "*Ultraman*" and "*Ultraseven*". There is also a panel display explaining special effects in an easy-to-understand way from the perspectives of six different jobs.

Here comes our Ultraman

In 1966, the special effects TV drama "*Ultra Q*" began airing.

© 円谷プロ

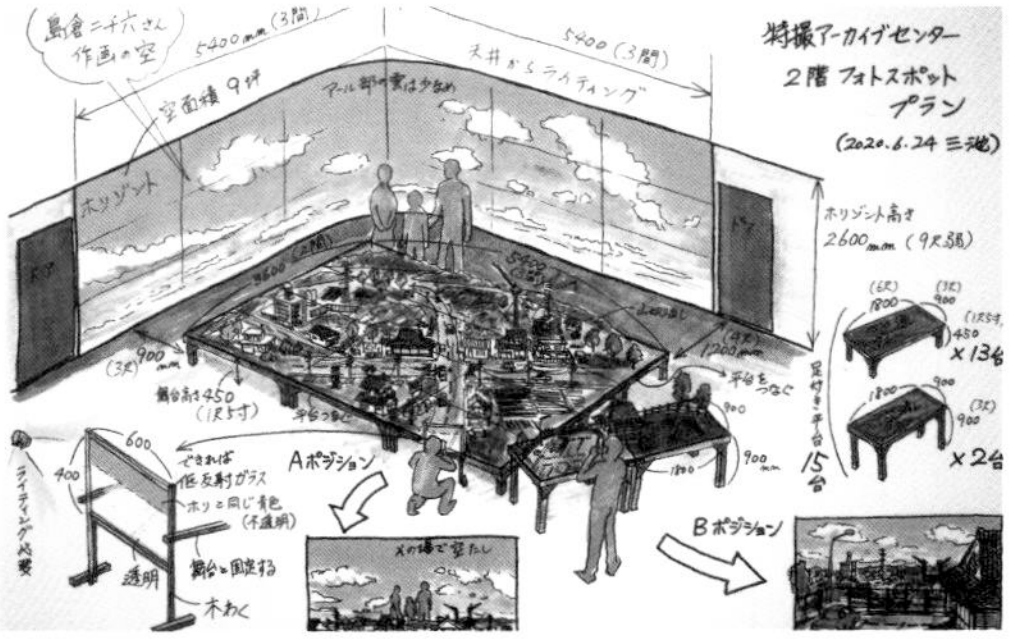

© 円谷プロ

福島のうまい！

編集長が取材抜きでも食べに行く店

朝ラーに馬刺し、円盤餃子になみえ焼そばまで、数々の名物料理は、面積の広い福島県ならでは。「浜通り」「中通り」「会津」の地域ごとに、それぞれ選出。長年続く名店に加え、新進気鋭の店まで個性派揃い。もはや、〝うまい〟を超越した、〝福島のエモい！〟

Favorite Dishes From FUKUSHIMA

The large Fukushima Prefecture has many local specialties, ranging from *basashi*, morning ramen, *enban-gyoza* (potstickers in a circle), to *Namie Yakisoba*. We carefully selected ten delicious specialties from the regions of Hamadori, Nakadori and Aizu, to present to you a creative and attractive menu.

1 FAVORITE 円盤餃子（焼き）半分

Enban-gyoza(grilled) – half portion

どこも普通20個からですが、ここは一人なら10個も注文可。ちゃんと“円盤”で、ちゃんとうまい！ 660円

餃子の店 山女《やまめ》 福島県福島市早稲町《わせちょう》5-23
☎024-523-1772 月～金曜 17:30–21:30（L.O.）
土曜 17:00–21:30（L.O.）日曜休　※餃子がなくなり次第終了
***Gyoza* Store – Yamame** Wase-cho 5-23, Fukushima,Fukushima
Mondays to Fridays 17:30-21:30（L.O.）
Saturdays 17:00-21:30（L.O.） Closed on Sundays
*Service ends when all gyozas are sold

2 FAVORITE 伝統のカニピラフ

Special Crab Pilaf

独特な世界観を持つレストランの名物メニュー。食べ終わる頃には、殻剥《む》きもマスター。 1,958円（Mサイズ）

シーフードレストラン メヒコ いわきフラミンゴ館
福島県いわき市鹿島町走熊四反田《はしりくましたんだ》3 ☎0246-29-4407
11:00–22:00（L.O. 21:00） 無休 www.mehico.com
Seafood Restaurant Mexico Iwaki Flamingo Kan
Shitanda 3 Hashirikuma, Kashima-machi, Iwaki, Fukushima
11:00–22:00（L.O. 21:00） Open all year

3 FAVORITE 馬ハラミのたたき

Horse belly tataki

馬刺しで有名な会津地方だが、炭火で炙《あぶ》る“たたき”も絶品。若松泊の時の行きつけでした。 1,080円

地酒処 天竜 福島県会津若松市大町2-5-15 ☎0242-25-1484
17:00–23:00（22:30 L. O.） 日曜休（日・月連休の場合は月曜休）
Local sake bar – Tenryu Omachi 2-5-15, Aizuwakamatsu, Fukushima
17:00–23:00（22:30 L. O.） Closed on Sundays
（Closed on Mondays if Sunday and Monday are consecutive holidays）

4 FAVORITE おまかせ焼鳥 5本

5-pcs yakitori omakase

養鶏場も営む焼き鳥店。「いわき潮美鶏《しおみどり》」の各部位、ぜひ食べ比べてみてください。 750円

炭火串焼 クウカイ 福島県いわき市平白銀町《しろがねまち》1-5 ☎0246-22-2928
17:00–22:30 日曜休
Charcoal-grilled skewers – Kuukai Shiroganemachi 1-5 Taira, Iwaki, Fukushima
17:00–22:30 Closed on Sundays

5 FAVORITE 会津特産「ニシンの山椒《さんしょう》漬け」ピザ

Aizu specialty: Herring pizza with pickled Japanese peppers

郷土料理「ニシンの山椒漬け」を現代風にアレンジ。はじめての味が、今ではもはや虜に。 900円

KURA. 福島県耶麻郡西会津町野沢原町乙2211-1 ☎0241-45-2204
ランチ 11:00–14:30（L.O.14:00） 水曜休 kura445.wixsite.com/iizawatei
KURA. Nozawahara-machi Otsu 2211-1, Nishiaizu-machi, Yama-gun, Fukushima
Lunch 11:00–14:30（L.O.14:00） Closed on Wednesdays

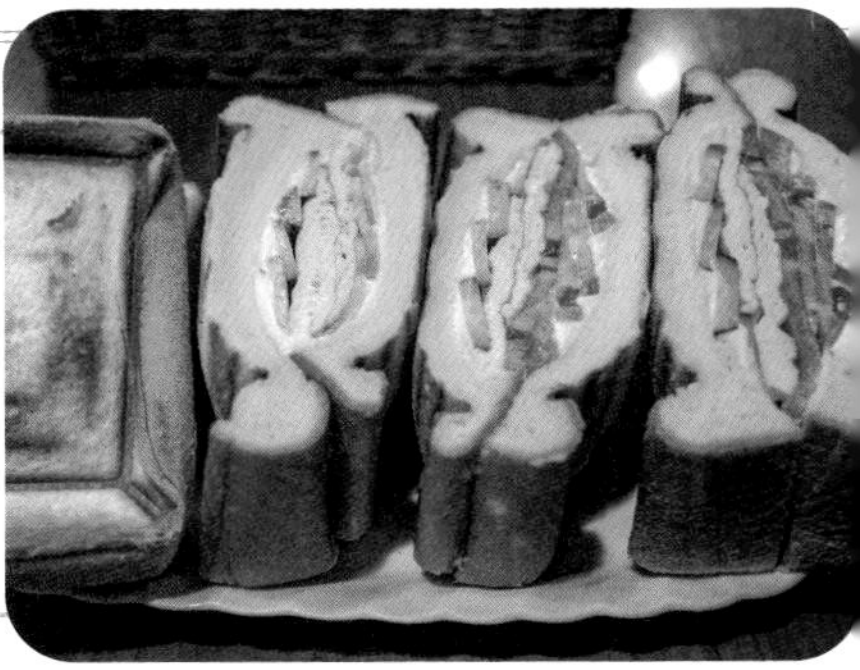

6 ミックスグリルサンドイッチ

FAVORITE

Mixed Grill Sandwich

トラベル誌史上、最も大きいホットサンドですが、
見た目も味も、店の雰囲気も最高です。 935円

ブレイク 平店　福島県いわき市平田町《たいらたまち》68-1
0246-22-3054　8:00–19:00　無休
Break–Taira Branch　Tamachi 68-1 Taira, Iwaki,Fukushima
8:00–19:00　Open all year

7 西瓜《すいか》のカクテル

FAVORITE

Watermelon cocktail

郡山の夜といえばここ！　1987年の創業時からある、
ほぼ“スイカな”濃厚名物カクテル。 1,100円

フルーツレストランバー アイカ　福島県郡山市駅前2-7-14
024-923-9201　17:00–24:00（L.O. 23:20）火曜休
fruit-aika.jupiter.bindcloud.jp　Fruit Restaurant Bar Aika
Ekimae 2-7-14, Koriyama, Fukushima
17:00–24:00（L.O. 23:20）　Closed on Tuesdays

8 白河メンチ

FAVORITE

Shirakawa Menchi

「白河高原清流豚」を使った三五八漬や角煮大福など
創意的ですが、まずは王道メンチカツを。 150円

肉の秋元本店　福島県白河市大信増見《たいしんますみ》北田82
0248-46-2350　9:00–19:00　1月1日、2日のみ休
www.nikunoakimoto.jp　NIKU no AKIMOTO
Kitada 82 Taishinmasumi, Shirakawa, Fukushima
9:00–19:00　Closed only on January 1 and 2

9 なみえ焼そば

FAVORITE

Namie Yakisoba

太麺で、具はもやしと豚バラのみの潔さ。食べ進めていくうちに、
「大堀相馬焼」の全体像が…… 700円

杉乃家　福島県二本松市本町《もとまち》2-3-1（二本松市市民交流センター内1F）
（交流センターから繋いでもらうが、基本は掲載なし）
ランチ 11:00–15:00　ディナー 17:00–20:00　月・火曜休
Suginoya　Moto-machi 2-3-1, Nihommatsu, Fukushima
（Nihonmatsu City Citizen Exchange Center 1F）
Lunch 11:00–15:00　Dinner 17:00–20:00　Closed on Mondays and Tuesdays

10 肉そば

FAVORITE

Nikusoba

ホテルの朝食をすっぽかして、初の「朝ラー」。
スープがキラキラしていて、極美味でした。 1,000円

坂内食堂　福島県喜多方市細田7230　0241-22-0351
7:00–18:00　水曜休
Bannai Shokudo　Hosoda 7230, Kitakata, Fukushima
7:00–18:00　Closed on Wednesdays

の著者に聞く

復興、デザイン、福島

小松理《り》虔《けん》（ヘキレキ舎）

An Essay by the Author of *Shin Fukkoron*

Revitalization, Design and Fukushima

By Riken Komatsu（Hekirekisha）

福島の優れたデザインを紹介していく本書において、僕がこれから書こうとしていることは、いささか〝異色〟なものになるかもしれない。何しろ僕はデザイナーでもアートディレクターでもない、「ローカルアクティビスト」を自称し、主に地域での「活動」を長年行なってきた人間だからだ。ある時は、福島第一原子力発電所の沖で魚を釣り、放射線量を測った。またある時は、地元の魚屋で福島の魚と地酒とを楽しむイベントを開催したりもした。僕が関わってきたことの多くは、一見すると「デザイン」という分野と深い関わりがあるわけではない。けれどもそんな僕の文章が、福島のデザインを紹介する本書に収録されようとしていること（そのようなオファーが来たこと）それ自体に、福島とデザインを考える上で、何か重要な論点が隠されているようにも思う。本稿が、福島とデザイン、そして復興について考える小さな場になれば、書き手として、アクティビストとしてこれ以上に嬉《うれ》しいことはない。

本題に入る前に、改めて自己紹介をしておこう。僕は、福島県の南東部に位置するいわき市の港町、小名浜という所に拠点を構えている。主な仕事は、ローカルメディアの制作や、地元の中小企業の情報発信、商品開発やイベント企画などである。一言で言えば、地方の広告代理店的な個人事務所、とでも言えばいいだろうか。また、それらと並行して執筆活動も行なっており、震災復興についてまとめた『新復興論』（２０１８年・ゲンロン）や、『地方を生きる』（２０２１年・ちくまプリマー新書）など、地域やローカルについての著作も何冊か書き残すことができた。言うなれば、表の稼業として広告代理店的に働き、その裏で執筆業に勤《いそ》しむ。そんな〝二足のわらじ〟で生計を立ててきた。

福島の魅力をポジティブに伝えようとすれば、表の稼業で十分だ。魅力をできるだけ膨らませ、人々の行動を促し、産品を買ってもらったり、移住を促したり

The Ocean and Me

From 2014 to 2018, I worked with local volunteers to catch fish in the sea near the Fukushima Daiichi Nuclear Power Station and measure their radiation levels, then posted the results in my blog Ocean Lab. At the time, data on radiation in local fish was only provided by official sources such as the prefectural government and the power company, so we weren't sure the information could really be trusted. Back then, I didn't even know what words like "sievert" and "becquerel" meant when I heard them on TV. It seems like the so-called experts were trying to calm us down, yet they weren't providing us with sufficient background knowledge.

Our team decided to charter a fishing boat, go out to catch fish near the power plant, and check radiation levels for ourselves. We made more than 30 trips over four years and probably caught more than 1,000 fish in total, then measured radioactive substance levels in over 200 of these with help from local aquarium Aquamarine Fukushima. Through the experience, we came to realize that many types of fish which people were scared to eat due to contamination (→p. 111)

するためには、現地で活動する人たちや、そこで生産されるものの魅力を最大限膨らませることが必要だ。広告の手法が、そこでは役立つ。

けれども、魅力はいつも課題とともに発見される。福島の美味《おい》しい水産品をアピールしようと取材すれば、福島の漁業が抱える深刻な課題や、原発事故の深い爪痕について考えずにはいられない。沿岸部の美しい砂浜や、新しいサイクリングロードをドローンで撮影しようと思えば、長く延びる防潮堤や、かつての姿とはまるで変わってしまった高台の住宅地の風景に思いを馳《は》せてしまう。元々の魅力と震災後の課題が同時に存在し、美しいものと震災の傷痕とが、紙一重に折り重なっていることが、福島の魅力なのだ。

デザインもまた、深刻な課題や失われた風景のそばにある。形が整えられただけのデザインがあるわけではなく、時にそれはある種の「不格好さ」を纏《まと》っていることもある。「スタイリッシュ」という言葉では測定不可能な謎の魅力に溢《あふ》れたものも見つかる。まだ整理し切れていない「デザイン未満」のようなものも、そこかしこにあるはずだ。それらが現在進行形のまま野ざらしになっていることも、この地の魅力だと僕は思う。

海との関わり

2014年の秋から2018年頃にかけて、僕は、地元の有志と共に福島第一原発の沖で魚を釣り、放射線量を測定して結果をブログで公表する「うみラボ」という活動を続けてきた。当時、福島県沖で獲れる魚の線量といえば、県や東電などが発表するデータしかなく、そのデータが本当に信頼できるものなのか、そのデータが何を意味するのかすら、よくわからないような状態だった。ただでさえ「シーベルト」や「ベクレル」といった意味不明の（当時は、だが）単語がメディ

thought I'd never eat that delicious fish again. The seafood market had been torn to shreds by the tsunami, the port was in shambles, and my heart was in much the same shape. And that nuclear accident was truly horrible, which is why I made it a goal to learn more about the radioactive contamination that followed.

Rather than fueling our anger at the contamination and radioactive incident, my team and I developed a great love for Fukushima's seas through our activities. Of course we were angry about the power plant, but our investigations provided a chance to learn and think about the sea in new ways. And the more I came to understand the ocean, the fishing industry and the energy industry, the angrier I became—out of shame over my past ignorance. I had been telling myself that "my ocean" had been taken from me, when in reality I hadn't actually known anything about that ocean to begin with. So I decided to harness those feelings of anger and shame to fuel my continued pursuit of work related to the sea.

(→p. 112)

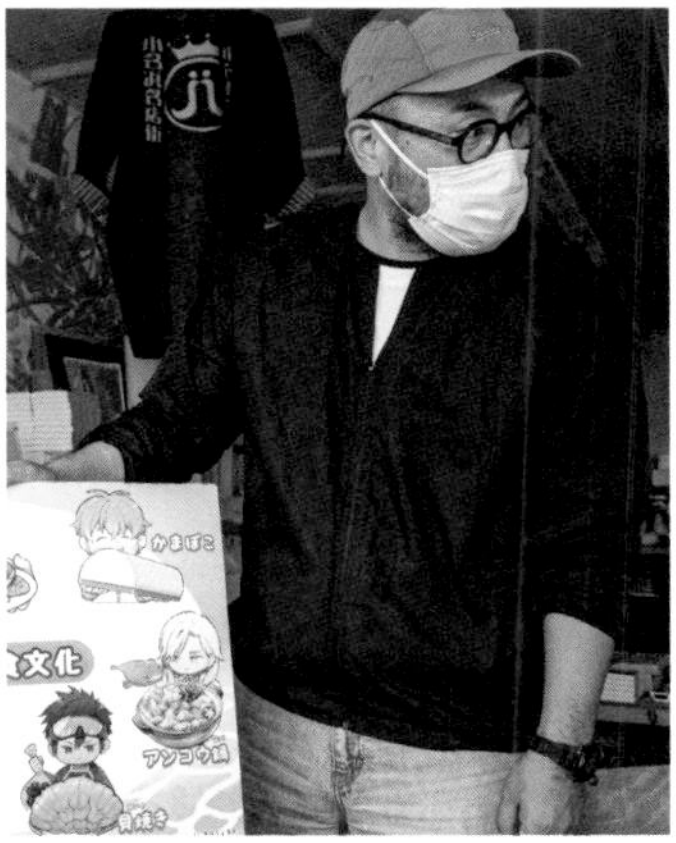

アに躍った時期である。有識者がいくら「正しく怖がる」なんて言ったところで、状況を正しく理解できる環境は、あまり整ってはいなかった。

そこで、仲間たちで釣り船をチャーターし、原発近傍にまで足を運び、実際に魚を釣り、線量を測ってみることにしたのだ。４年ほどの活動で30回あまりの調査を行ない、正確に数えたわけではないが、調査全体で釣った魚は、１０００尾を超えるだろう。水族館「アクアマリンふくしま」の協力で、放射性物質を計測した検体は、２００を超える。素人たちによる、いわばＤＩＹの活動だったが、次第に科学的思考が身に付き、汚染が心配な魚種と、安心して食べられる魚種がわかってきた。汚染の状況は、同じ魚種でも年齢によって違ったり、生息域によって大きく違ったりすることも見えてきた。メディアに躍る数字にも驚かされなくなり、脊髄反射することなく冷静に対処できるようになった。

いや、それ以上に、魚そのものについての理解が深まった。福島県沖で食べる魚といえば、サンマやカツオ、ヒラメくらいしか知らなかった僕が、アイナメやクロソイ、メバルやホウボウといった魅力的な魚がいることを学んだ。測定のために魚を釣るほど、釣りそのものが上手になった。漁場や漁法にも詳しくなり、船長からは調査の度、その魚をどうやって食べれば一番美味しいかをレクチャーし

were actually quite safe. In fact, the same types of fish showed greatly varying results based on factors such as age and location. This made the scary stats touted by the mass media a lot less intimidating.

Moreover, the experience taught me a lot about fish in general. I knew about common fish in Fukushima's seas like Pacific saury, bonito and flounder, but I didn't know there were also fat greenling, Korean rockfish, dark-banded rockfish and spiny red gurnard in our waters. I improved my fishing skills greatly, learning the best spots and techniques, and before long I was hooked.

When the nuclear power plant disaster occurred, it felt like my ocean had been stolen from me. Every time I went down to the shore, tears came to my eyes—I

てもらった。いつの間にか、僕たちは、この常磐の海の〝虜《とりこ》〟になってしまっていたのだ。

原発事故後、僕は、地元の海を奪われたと感じた。もう二度と、福島の海の恵みを食べられないとすら思った。港に行けば勝手に涙が溢れてきたし、津波にやられてボロボロの魚市場を見て、傷つけられたのは港ばかりではなく、僕の心そのものなんだと感じたものだ。原発事故が憎かった。だからこそ、その憎き放射能を調べに行ったのだ。

ところが僕たちは、放射能への怒りを膨らませるのではなく、福島の海の魅力に気づかされていった。もちろん、原発事故そのものを「赦《ゆる》す」という話ではないし、いまでも赦す赦さないの話ではないと思っている。だが原発事故への怒りと同じくらい、調査を通じて僕は驚かされた。学ばされ、考えさせられた。そして、福島の海のこと、漁業のこと、エネルギーのことを何も知らなかった自分にも怒りが湧いた。恥ずかしくなった。福島の海を奪われたと思っていたのに、その海のことをほとんど何も知らなかったのだから。次第に僕は、原発事故に対する怒りがあるからこそ、この怒りを、悔しさを忘れないでいよう。そのためにも、この海と関わり続けよう、考え続けようと思うようになった。

共歓の場づくりと復興

福島沖で魚を釣るようになり、僕は、魚そのものに興味が湧くようになった。買い物のスタイルも大きく変わって、それまではスーパーの鮮魚店で魚を買っていたのが、地元の鮮魚店で買うようになった。その魚をどうやって食べればうまいのか、魚屋の大将はよく知っている。魚を食べるうち、どの商品も、大将たちの〝目利き〟によって厳選されたものだと気づかされた。情報量、技術、どれもがす

Sharing Joy and Rebuilding Myself

The more I fished, the greater my interest in fish grew. I switched from buying seafood at the supermarket to purchasing from local fresh-fish shops. Their owners knew the best ways to eat each fish, and as I spent time with them, I realized just how much knowledge and skill they possessed. This, in turn, made me think more about the real attraction of places like seafood shops.

Shop owners will tell you the best fish that day every time you visit, and sometimes even throw in a side dish or two to take home with you. One of my visits actually brought me quite a shock, but in a good way: I went down to my usual shop to buy some bonito, but owner refused to sell it to me. When bonito are caught in fishing nets, they will sometimes slam up against each other, and the heat generated actually sears their flesh, damaging final product quality. Unfortunately, only this subpar type of catch had been brought into the shop that day. The owner could have kept silent and just sold it to me, but instead they refused on principle to sell fish of such quality to a customer. (→p. 115)

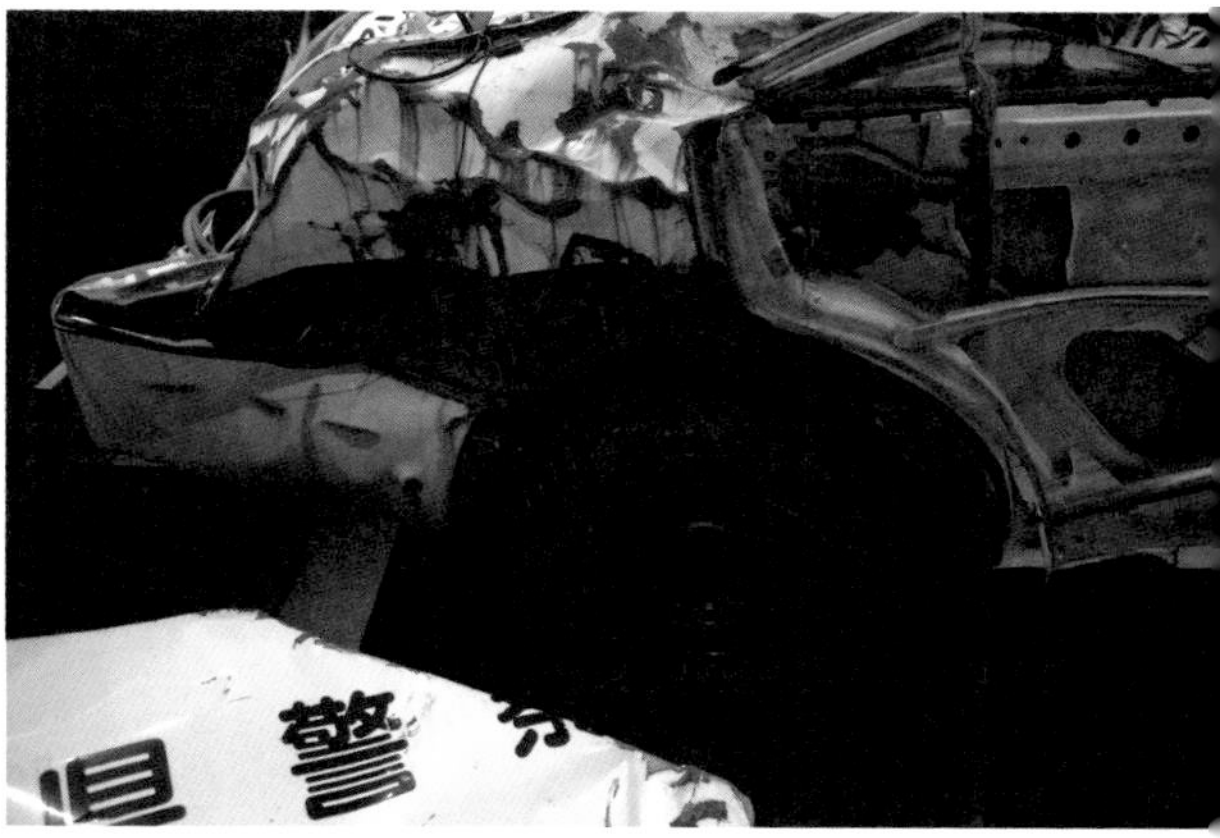
県
警

東日本 巨大地震
死者・不明多数
ふくしまは負けない
ふくしまは負けない
退避誘導
命の灯消さぬ

ごかった。次第に僕は魚屋という店の持つ「場の力」について考えるようになった。

　魚屋に行けば、スーパーとは違って毎回お薦めの魚を教えてもらえる。季節季節の干物をお薦めしてもらえることもあれば、おまけにお惣菜《そうざい》を付けてもらえることもある。一番衝撃的だったことは、ある夏の日カツオを買いに行った時、若女将《おかみ》から「今日はリケンさんに出せるカツオはない」と断られたことだ。

　カツオは、特に巻き網漁船で漁獲された場合、体がぶつかり合って擦れ、その熱で身が焼けてしまうことがある。いわきでは身が焼けてしまったカツオを「ゴリ」と呼ぶが、その日に仕入れたカツオは「ゴリ」ばかりだから売れないというわけだ。黙っていれば、僕は喜んで買っていったかもしれないのに、スーパーだったら陳列棚に並んでいたかもしれないのに、わざわざ「売れない」と断りを入れる、その魚屋としてのプライドに、僕は衝撃を受け、むしろ信頼が一気に高まった。そして、この鮮魚店という場所は、地域の財産だと感じるようになり、この価値を多くの人たちに届けたいと思うようになった。

　そこで生まれたのが「さかなのば」というイベントだ。中身はとても単純で、古

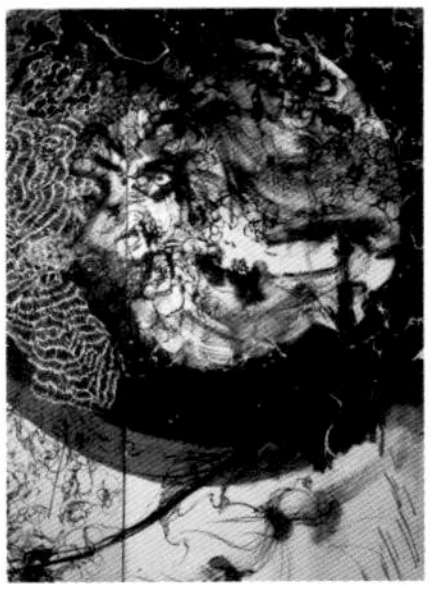

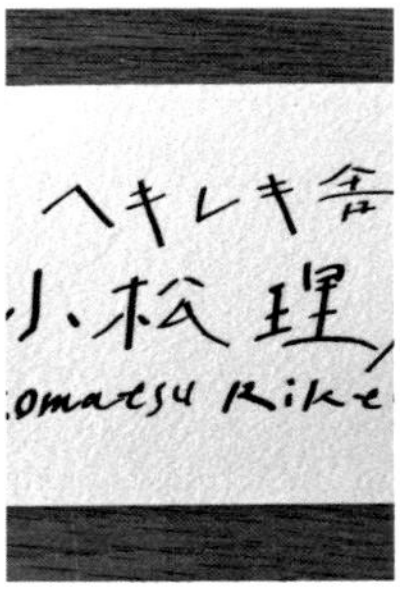

have accomplished this on my own: It was made possible through the help of my friends in the Ocean Lab project, the boat captains who took us out to fish, the seafood shop owners who encouraged us, the local producers and cooks, and the customers who visited seafood shops and gave their compliments. And, of course, my wife and daughter, who praised the seafood dishes I cooked them. Through good food, I had found a means of sharing joy with others, and thus rebuilt myself as a person.

The events in Fukushima traumatized me, and I thought I would never recover. If I had tried to tackle it all on my own, I probably (→p. 117)

き良き鮮魚店で福島の魚を味わう。大将や女将のウンチクを聞き、美酒を共に歓《よろ》び合う。それだけだ。ところが、このイベントを継続してやってみると、全ての回で、満員のお客さんが来てくれた。酒が入るからみな饒舌《じょうぜつ》だ。最初は世間話でも、次第に、復興について、漁業の未来について、ポツポツと言葉が吐き出されていく。

　僕も、多くの人たちと魚について語った。地域について語った。僕らが失ったものや、得たものについても語った。魚がうまいと褒められた。酒が最高だと絶賛された。また来るね、今度は友人を連れてくるよと声を掛け合い、再会を誓い合った。そうしていつの間にか、あの時に「奪われた」と思っていたものが、僕の身の回りに、いつの間にか再生していたことに思い至った。

　もう二度と福島の魚は食えないと思っていた僕が、今や、誰より福島の魚を満喫している。楽しんでいるではないか。もちろん、自分一人でそれができるようになったわけではない。うみラボを企画してくれた友人たち、船を出してくれた船長、応援してくれた魚屋の若女将や、水産加工に関わる業者さん、地域の食材を手がける生産者、料理人、そして、店を訪れ、うまいうまいと声を上げてくれるお客さん、僕の魚料理を喜んでくる妻や娘。つまり、食を通じた「他者との共歓の場」を通じて、僕自身が〝復興〟したのだ。

　一度は傷つけられ、二度と立ち上がることができないと絶望するほどの傷を受けた。自分一人だけだったら、失ったものばかりに気を取られ、塞《ふさ》ぎ込んだままだったかもしれない。けれど、誰かと「美味しい」という感情を共有し、自分でも気づかなかった魅力に気づかされ、それらを共に歓び合うことを通じて、ああ、あの出来事にもこんな意味があったんじゃないか、失ったものは大きかったけれど、こんなふうに得たものもあったんだな。そんなふうに、自分なりに物語を立ち上げることができた。そうして僕たちは復興してきたのではないか。

Although shocking at first, this actually bolstered my trust in that shop greatly. I began to understand how such shops are true assets to Fukushima, and wanted others to see this as well.

This inspired me to create the "Sakana no Ba" event series, in which participants visit charming old seafood shops to try the local fish, listen to the wisdom of shop owners, and enjoy tasty *sake*. After holding several of these gatherings, I found that we were filled to capacity every time. With a little *sake* as social lubricant participants became quite talkative, touching on subjects such as Fukushima's rebuilding and the future of the fishing industry.

I talked with a vast range of different people about the Fukushima region. Some would comment on how great the fish or sake was, others would promise to come again, and some even brought friends to subsequent gatherings. Bit by bit, I began to stop thinking about what had been taken from us by the disaster, and instead noticing the rebuilding and revitalization that was underway.

I once thought I would never eat Fukushima fish again; now, it's one of the most rewarding parts of my life. I couldn't

We can all rebuild and revitalize ourselves by gathering together and getting to know one another better.

This act of finding ways to share joy with other people is what I call "community design," and efforts toward local and personal revitalization are experiments in community design. The result is not any specific new or stylish product. In fact, one might say that Fukushima, when compared with other prefectures, lacks any particularly well-known design to call its own (something to work on in the future). However, because the prefecture has survived a major disaster and suffered deep wounds as a result, it's home to a lot of experiments in sharing joy through community design.

Therefore, one might say that Fukushima's community itself is its own unique design. Rather than seeking out the next big product here, I hope that each and every one of you will come and experience that sense of community, which has always existed in Fukushima, for yourself. Products can, through interactions of people, take on greater roles and provide experiences you could never have imagined, and this will cause Fukushima design to truly shine.

復興とデザイン

そうなのだ。復興は一人ではなし得ない。そこにはいつだって他者が、他者との共歓の場が必要だ。つまり復興とは、他者が交わる「コミュニティー」を通じて成し遂げられるものなのだと僕は思う。共通の経験を有する被災者同士のコミュニティーは、共感を生み、傷を癒す。一方、外からの関わりは、地域の新たな魅力の創出に繋《つな》がり、傷を受けた人の自信を回復させ、自立への力を育む。内からも、そして外からも人が集い、出会い、交差することで、僕たちは復興していくのだ。

そういう「他者との共歓の場づくり」のことを、僕はコミュニティーデザインと呼ぶのだと思う。つまり言い換えれば、復興とはコミュニティーデザインの試みに他ならない。そこに優れたプロダクトとして目立つ商品があるわけではない。スタイリッシュな商品が数多く生まれたわけでもない。確かに、福島県には、他県に比べてわかりやすくデザインされた商品は少ないかもしれない（これはこれで反省点だが）。けれど、震災によって深い傷を受けた地域だからこそ、そこかしこで、共歓のコミュニティーデザインが試みられてきた。

だから、こう言い換えることもできるだろう。福島で最も優れたデザインとは、このコミュニティーであると。だから、福島に生まれた、もとからあったコミュニティーに出会ってほしい。新しい名物ではなく、そこにあり続けている、僕たちの暮らしにこそ、触れてほしい。人を介することで商品は花開き、プロダクトは本来の役割以上の体験を提供してくれる。そうして、福島のデザインは花開くのだ。

あなたが酒を飲みに、魚を食べに、そして友人に会いに来る、まさにその場にも共歓の場は生まれる。あなたが足を運ぶところに、次なる復興もデザインもまた生まれていく。ぜひ本書を手にし、福島を気軽に旅してもらいたい。

小松 理虔　いわき市小名浜で活動する自称「ローカルアクティビスト」。オルタナティブスペース「UDOK.」主宰。2011年の東日本大震災及び福島第一原発事故をきっかけに、地域の食や医療、福祉など、さまざまな分野の企画や情報発信に携わる。著書には、『新復興論』などがある。

Riken Komatsu　He is a self-proclaimed "local activist" in Onahama, Iwaki City, and runs "UDOK", an alternative space. After the Great East Japan Earthquake and the Fukushima Daiichi Nuclear Power Plant accident in 2011, he has been involved in planning and disseminating information in various fields, including local cuisine, health care, and welfare. He has also authored several books, including "*Shinfukkoron*" (literally means a "new theory on restoration") published by Genron.

would have focused solely on my losses and retreated into myself, never to reemerge. However, by sharing culinary experiences with others, I became interested in things I had never even thought about previously, and I was able to share joy with others. Perhaps that was what the Fukushima disaster ultimately meant to me on a personal level—I had lost some truly irreplaceable things, but I had also gained something new, and that helped me to begin a new chapter in my life. Perhaps this is how Fukushima as a whole has started to get back on its feet.

Revitalization and Design

Revitalization is impossible on one's own; it's only achievable when one seeks out ways to share joy with others. In other words, revitalization is something achieved together with other people as a community, because shared experiences with other disaster victims can lead to mutual sympathy and healing of wounds. At the same time, connecting with others from the outside promotes the creation of new value and happiness, which regenerates the damaged confidence of victims and helps them to stand on their own two feet again.

ひろいひろい大空にはだんだんがある。

空気天。
透明天。
青天。
玄天。
玄玄天。
即ち深い八方天。

自分は独り。
地上から。
無限の天を見上げるのだが。

（層積雲が動いてきて。
（そしてまた北方に消えていつた。

無限のその。
玄玄の天は見えない。
見えるのは単純な。
Nippon Blueだ。

詩集『幻景』より「玄玄天」草野心平――
『草野心平 詩集』 岩波文庫（1991）より

編集部が行く

編集部日記Ⅱ

会津（山通り）編

神藤《しんどう》秀人《ひでと》

Editorial Diary 2: Editorial Team on the Go

By Hideto Shindo

6　会津（山通り）～会津エリア～

中通りから奥羽山脈を越えると、トンネルの向こうは〝白銀の世界〟。なんてことは、まんざらでもなく、同じ県なのに、もはや季節だって違うよう。そんな広い福島県で、最も人気の観光地といえば、やはり「会津」という人も少なくない。日本最大の内戦「戊辰《ぼしん》戦争」（1868年～1869年）。その局面の一つ、会津戦争では、新政府軍と戦った「白虎隊」が今でも慕われている。難攻不落の名城と知られる「若松城（鶴ヶ城）」を含む市内の町並みを望む「飯盛山《いいもりやま》」には、今でも自刃した隊士たちの墓があり、僕も登ってお参りをした。その山に建つ「会津さざえ堂（円通三匝堂《えんつうさんそうどう》）」が面白い。独特な二重螺旋《らせん》のスロープに沿って、西国三十三所の観音像が（以前は）安置されており、参拝者は、一周お参りすることで、三十三観音参りができるという合理的なお堂だ。声がするのに誰ともすれ違わない、なんて不思議な体験は、実は、上りと下りが別の通路になっていて、ぐるぐると一方通行の構造によるもの。たくさんの参拝者がすれ違うことなく安全にお参りができるという建築様式。会津に行った際には、ぜひ、歴史的なアトラクションを体験してほしい。

会津には、工芸や郷土料理、地酒など昔から続くものづくりも豊富で、特に、福島県に5つある「経済産業大臣指定伝統的工芸品」のうち、4つの工芸品は会津のもの。その一つが、「会津塗」だ。日本中に漆器や漆の産地はあるけれど、いったい他と何が違うのか。聞くところによると、例えば、浄法寺《じょうぼうじ》（岩手県）は、漆の生産。輪島（石川県）は、塗りの技術。山中（同じく石川県）は、挽物《ひきもの》……といったように、各産地、得意分野がある。そもそも会津は、そのどれもに長けており、一つの地域で完結できてしまう特徴があったという。プロダクトとしての個性は、「花塗」という技法に、「金虫喰塗《きんむしくい》」や「会津絵」などの加飾が目立っていて、地元の飲食店や老舗《しにせ》旅館などでは、現役で使っているところも多く、今は新品を買うというよりも、会津塗の〝文化を楽しむ場〟のよう。

現代の暮らしの中に〝本物の会津塗〟を取り入れるのは、なかなか難しいことかもしれないが、「美工堂」に行くと、別な切り口からの〝新しい会津塗〟に出会える。椀一周の厚みを1～3ミリと変えて挽く職人の技術力を要した「Rim」。その時々の食材次第で、口をつけると

6. Aizu (Yamadori): Aizu Area

The Battle of Aizu, part of Japan's largest civil war (the Boshin War, 1868–69), is still an important part of history to locals. During the conflict, the newly formed government attacked Wakamatsu Castle, known back then as an impenetrable fortress, and did battle with the White Tiger Corps of young warriors. I climbed into the mountains to see the graves of these brave warriors, near the fascinating Sazaedo Temple fitted with a unique pair of interior double-helix ramps. Kannon statues are installed inside, and Buddhist faithful believe that one trip through the structure counts as visiting 33 different temples.

Aizu is home to many crafting traditions, including Aizu-*nuri* lacquerware. Lacquered goods like this are often considered too outdated for contemporary lifestyles, but Bikodo takes an innovative approach to the genre.

I also visited Urushi Rocks, which aims to preserve lacquering traditions, and sat down to talk with shop owner Wataru Kainuma at the restaurant Kontsh—located in an old house once serving as a lacquerware wholesaler. (→p. 122)

ころを変えて楽しむというもの。アウトドアでも使えるというコンセプトで作られた拭き漆の「NODATE」。お酒はもちろん、珈琲や抹茶にも。「軽くて丈夫」という漆の汎用性を、これでもか！というほどに生かした製品が並ぶ。

漆の繋《つな》ぎ手・伝え手として活動する「漆とロック」。代表の貝沼航さんとは、元漆器問屋の古民家レストラン「Kontsh」で、一緒にランチをした。その際に使っていた「めぐる」という漆のお椀。実は、その〝活動〟が面白い。めぐるは、年1回の受注期間内の予約生産のみ。少な過ぎず多過ぎず、「適量生産」を目指している。年間300組の椀（3個セット）が、無理なく優良な材料を確保でき、作り手へも負担がかかり過ぎず、品質を保つことができるというのだ。注文すると、まず季節ごとの制作の過程がハガキで届くのが嬉《うれ》しい。冬にはトチの木が「木取り」され、春には漆の天日精製、夏には下地を施し、秋には上塗りをして仕上げる。途中、制作の現場に訪問するツアーもあったりして、我が子のように成長を見守っていく。手元に届いたら、最後に購入者自身で「枯らし」という工程を行ない、いよいよ年末からが使い時。みんなで日本のものづくりの現場を応援する新しい〝買い物〟だ。

会津には、織物も伝わる。1627年に会津藩主により現在の愛媛県から織師を招いたことに始まった「会津木綿」。その特徴は、綿100パーセントの平織で、色とりどりのストライプ柄。そんな会津木綿の織元は、多い時で30社近くあったそうだが、今では、3社のみが会津木綿を支えている。アパレル会社「ヤンマ産業」による会津木綿を使ったブランド「YAMMA」の生地でも知られる、1899年創業の「原山織物工場」。現在は、ヤンマ産業のデザイナー・山崎ナナ氏と共に立ち上げた「はらっぱ」としても活動中。東北の農作業着・猿袴《さっぱかま》など、現代人にも使いやすいように改良して制作している。そして、2013年創業の新進気鋭の「IIE」。廃園した幼稚園を再利用し、工場兼事務所を構え、使用する豊田式の織機は、廃工場から譲り受け自分たちで修復し蘇《よみがえ》らせた。地元のホテルのためにユニホームやブランケットなどをプロデュースしたり、「いわきオーガニックコットンワッフル」と会津木綿をコラボした膝掛けを作るなど、新参者ならではのアイデアが面白い。衰退してきた伝統を、独自にリブランディングしている。

会津のお土産で欠かせないのが、「赤べこ」。会

During our meal together, we used his "Meguru" lacquerware, which is only made by reservation and during a specific order period once per year in pursuit of optimal production volumes that are neither too large or small.

Customers can take workshop tours and check on how their orders are proceeding, and at the end of the year they receive their finished products. It's a new type of shopping experience in which customers support the crafters of traditional goods.

Textiles is another industry with history in Aizu. In 1627, artisans from what is today's Ehime visited Aizu Domain and established the Aizu Cotton tradition. There were once nearly 30 workshops producing Aizu Cotton here; today, there are just three left. One of these is Harayama textile factory, dating back to 1899 and known for their provision of Aizu Cotton to an apparel company Yamma Industry. Yamma designer Nana Yamazaki currently runs her "HARAPPA" brand of products together with the factory, which includes Tohoku-style work clothes design with contemporary users in mind.

One of Aizu's most iconic products is the

(→p. 125)

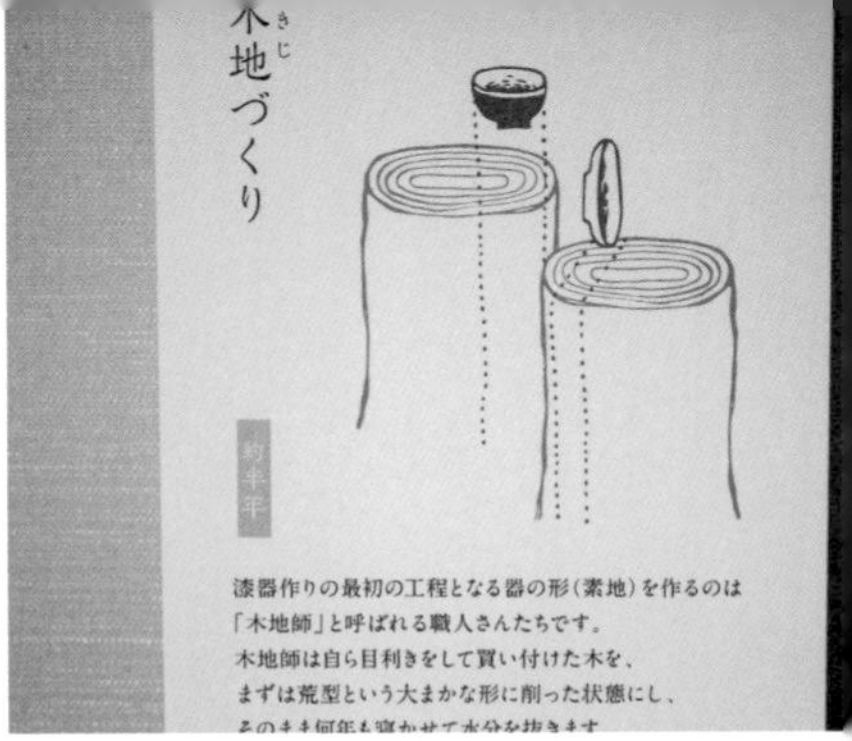
木地《きじ》づくり
漆器作りの最初の工程となる器の形（素地）を作るのは
「木地師」と呼ばれる職人さんたちです。
木地師は自ら目利きをして買い付けた木を、
まずは荒型という大まかな形に削った状態にし、

重

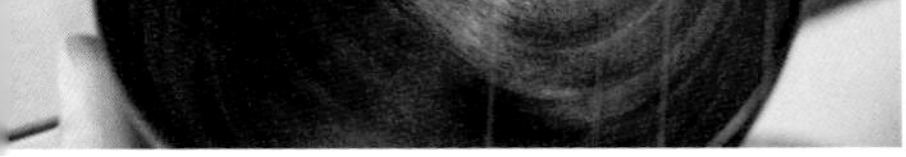

めぐる

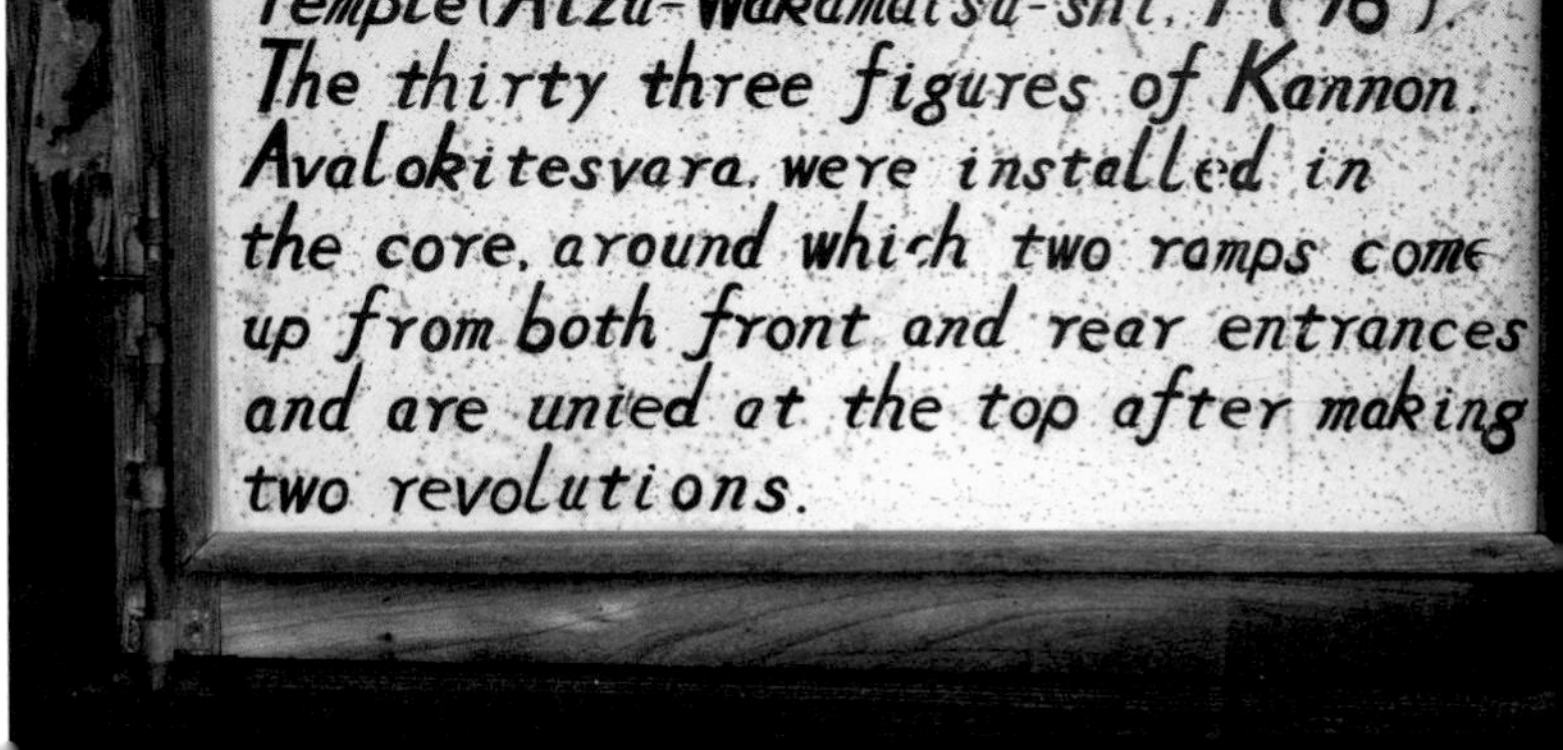
SAZAEDŌ (Sansō-dō)
Sansō-dō, former Seisō-ji Buddhist Temple (Aizu-Wakamatsu-shi, 1796).
The thirty three figures of Kannon Avalokitesvara were installed in the core, around which two ramps come up from both front and rear entrances and are unied at the top after making two revolutions.

津では、牛のことを「べこ」と言い、その起源は、柳津町が有力。1611年に会津地方を襲った大地震。大被害を受けた柳津町では、シンボルであったお堂の再建のために、仏様のお導きか、どこからともなく力強そうな赤毛の牛の群れが現れて、木材などの運搬を助けたという。「赤べこ」は、その赤毛の牛がモチーフで、福を運ぶ縁起物として親しまれるようになったそう。今では、赤べこもさまざまな種類があって、干支《えと》の寅《とら》べこなんてものもあった。そんな赤べこを買うなら、七日町で週末だけ限定で営業している「野沢民芸商店」がいい。独特の構造と和紙の質感がユニークな赤べこ。僕は、無地のものをお土産にした。

また、地場産業の一つとして仏壇・仏具・位《い》牌《はい》の製造販売を行なう1900年創業の「アルテマイスター（株式会社保志）」の直営店「スペース・アルテマイスター」。オリジナルの製品に加え、企画展も開催していて、僕が行った12月には、地元のギフトをセレクトしたり、蔵を利用したスペースでは、同社の制作活動グループ「あるてくり（アルテマイスター・クリエイターズ）」による作品展も行なっていた。「おくのくら」（土日のみ営業）ではお茶もできるので、ぜひ立ち寄ってみてほしい。

会津の伝統的工芸品の2つ目「会津本郷焼」。郷土料理「にしんの山椒《さんしょう》漬け」の専用調理器具「にしん鉢」に代表される焼物。有名なのは「宗《むな》像窯《かたがま》」で、1958年にはベルギー・ブリュッセル万国博覧会でグランプリを受賞した実績があり、今でも、山椒の新芽が出る5月頃になると、買い求めに来る人も多いそう。花器やワインクーラーとしてもよい。独特の釉薬《ゆうやく》の表情は、冬の会津の山の風景のよう。

福島県は、知る人ぞ知る東北きっての酒どころ。2022年1月現在、「全国新酒鑑評会」で、8年連続で金賞数日本一と、最多記録を更新中だという。「植木屋商店」では、主に会津の地酒を取り揃えており、僕もお土産にと、よく利用させていただいた。会津にゆかりあるアーティストがカップのデザインをしているカップ酒のシリーズや、植木屋特注「やまヨ印彌右衛門」の縁逆さラベル（神藤の好み）など、オリジナルの商品もデザイン的で美《おい》味しい。

7 会津 〜奥会津エリア〜

会津は会津でも、さらに山奥の会津〝奥会津〟

If you're in the mood for *sake*, drop in at Uekiya Shoten, which primarily sells local brews. I personally stop by often to pick up souvenirs. They even sell *sake* in cups designed by Aizu artists, and offer a good selection of one-of-a-kind products with appealing designs.

7. Aizu: Oku-aizu Area

Within Aizu, there's an area deep in the mountains known as Oku-aizu—"deep Aizu." This snow-carpeted land is home to a handicraft genre known as Oku-aizu *amikumi-zaiku*, comprising woven baskets, bags and everyday-use implements with roots going back to the Jomon Period.

Mishima Town Local Crafts Museum sells a wide range of these traditional products crafted by skilled artisans at fair prices. While in Okuaizu, make sure to visit "marumi," the workshop and gallery of Koji Mitsui. He is a young *amikumi-zaiku* artist who makes not only traditional product types in this genre, but also creative items such as chairs, flasks and lighters.

During your time in the mountains, I recommend (→p. 127)

へ。12月に入ると、あたりは雪で真っ白。版画家の斎藤清(故)の晩年の作品シリーズ『会津の冬』の世界が広がっている。初めてのホワイトアウトを経験するも、「本当の会津にようこそ!」なんて揶揄《やゆ》する人も多く、その景色こそが〝らしさ〟でもあった。赤べこの起源・柳津町には、「やないづ町立 斎藤清美術館」があり、年間フリーパスを買ったほど大好きな場所だった。

豪雪地帯だからこそ生まれ、伝承される技「奥会津編み組細工」。会津の伝統的工芸品の3つ目になる。縄文時代まで遡《さかのぼ》る工芸品は、冬の間、囲炉裏端《いろりばた》で代々伝えられてきた暮らしの民具だ。素材はというと、福島で特徴的なマタタビやヒロロをはじめ、胡桃《くるみ》や山葡萄《やまぶどう》など。最近だと、都内のライフスタイルショップでもよく目にするようになったが、まずその価格に驚くかもしれない。しかし、ここ「三島町生活工芸館」に来ると、この技術は価格相応の価値があると納得できる。ずらりと並んだ商品は、そのどれもが見事な作り。工人(作り手)一人一人の個性もあって、お気に入りの物を選ぶ楽しさもある。2階は資料室にもなっていて、桐ダンスや桐下駄など、福島県が桐材の日本一の生産地だということも、ここで知った。

編み組細工の若き工人・三井康二さんの工房兼ギャラリー「marumi」も合わせて行きたい。

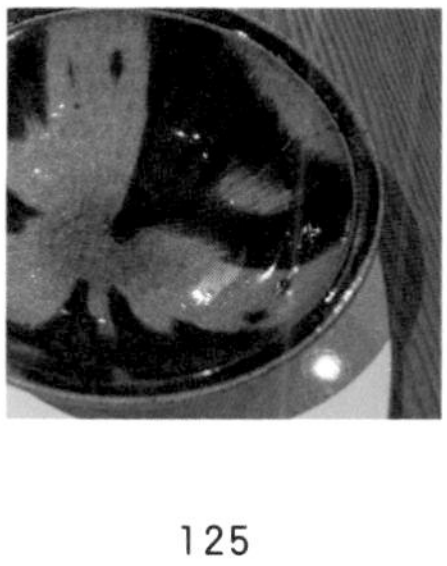

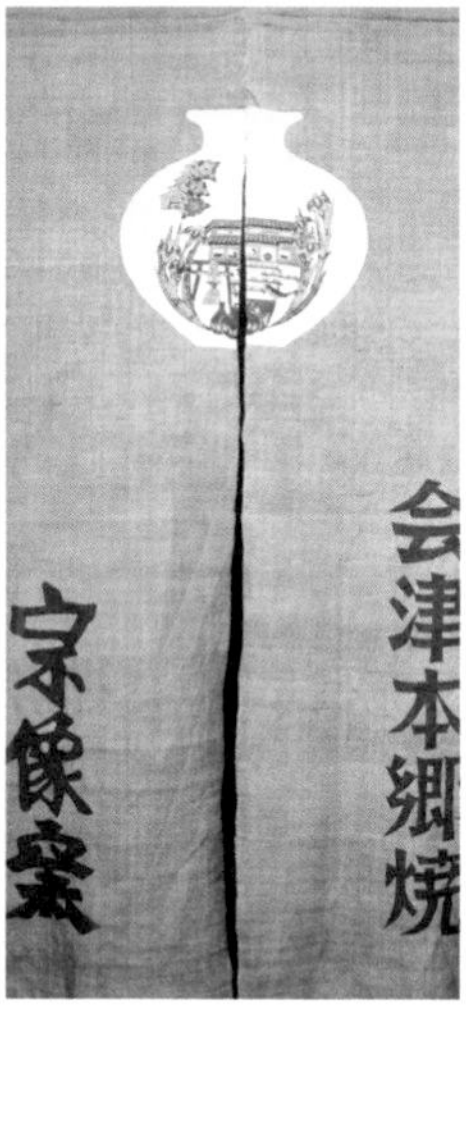

akabeko, a red cow toy/decoration. If you want your own *akabeko* to take home, I recommend Nozawa Mingei Shoten.

Space Alte Meister, a shop run by a Buddhist implement manufacturer founded in 1900 that sells their products and holds interesting exhibitions.

Another major product of Aizu is Aizu-hongo ware, a type of pottery most famous for its herring-*bachi* dishes used in local herring cuisine. Munakata-gama, a shop whose work won the top prize at the 1958 Brussels World's Fair, is a famous potter in this genre to which numerous customers flock.

高い所の作品を
ご覧になりたい方は
スタッフまでお気軽に
お声がけ下さい

新しい
生活様式

ソコカシコ

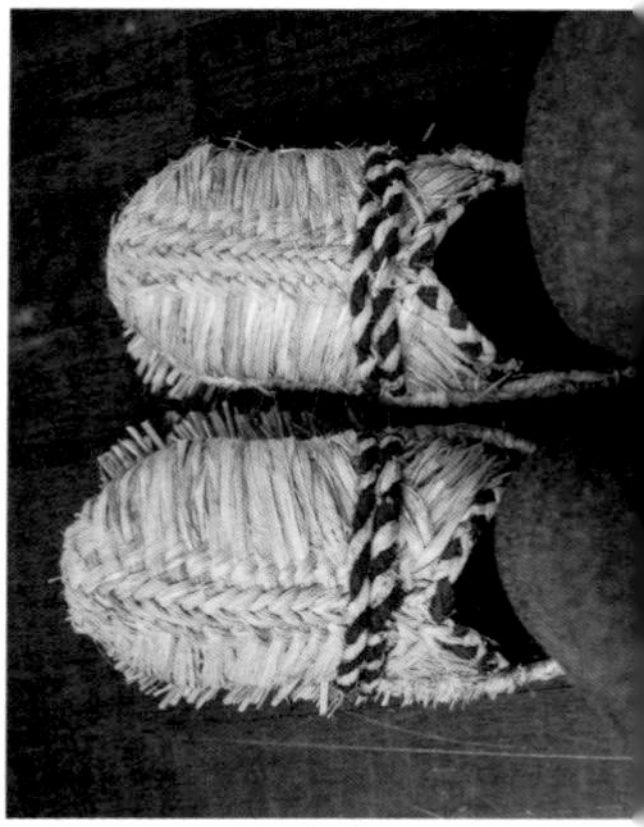

山梨から移住してきた三井さんは、地元の工人からアドバイスを受け、一人で切り盛りしている。訊《き》けば何でも教えてくれて、目の前で実演もしてくれた。三井さんが面白いのは、通常の編み組細工ももちろん作るが、古道具なども好きだそうで、椅子やフラスコ、ライターなどを細工したりと創造性豊か。僕は、あれこれ悩んだが、山葡萄の皮をざっくり編んだワイルドな鍋敷きを購入した。

　奥会津に入ると車移動も気が気でない。特に雪が積もると、除雪機が稼働しているとはいえ、無理な移動は避けたいところ。一日あっても回りきれない奥会津の旅の拠点には、ゲストハウス「ソコカシコ」がお薦めだ。室内には「編み組細工」や「会津木綿」がちりばめられ、藁《わら》や山葡萄などの手漉《てす》き和紙の襖《ふすま》や壁紙に囲まれた再生空間。この建物は、『森のはこ舟』というアートプロジェクトの一環で生まれたそうで、しかも、なんと縄文遺跡の上に建っているという。オーナーの三澤真也さんは、「この土地の其処彼処《そこかしこ》に息づく暮らしの豊かさを、共有し、紡いでいきたい」と話す。三澤さんの地元食材を使った創意ある手料理もお薦めの〝アートハウス〟。ちなみに僕が、会津の伝統的工芸品の４つ目「奥会津昭和からむし織」を知るきっかけにもなった場所だ。

　米どころ只見町《ただみまち》では、広大な田んぼがあるが、高齢化により維持管理ができないという課題があった。しかし、「この田園風景を守りたい」と農家たちは、切に願う。そして、２０１５年に新設された「特産品焼酎製造免許」。経済産業省が、その市町村の特産品と認める米や麦などを主原料に使い、いくつかの条件を満たせば、新規の免許取得ができるというもの。つまり、地域を盛り上げるための制度だ。そこに目をつけた４人の米農家と１人の醸造家は、一念発起、２０１６年に「合同会社ねっか」を立ち上げ、すぐさま米焼酎蒸留所を完成させ、翌年免許取得。これまでの食米に加え、酒米という収穫時期の異なる米づくりが行なわれ、収穫後の冬場に今度は、米焼酎を造るという画期的なサイクル。米農家の強い想いから解決策を見出し、今では福島県を代表する酒蔵になり、米農家になった。香り高い「ねっか」は、ロックやお湯割りもいいが、ハイボール「ねっかＨＩ」もお薦め。ちなみに、〝ねっか〟とは、南会津南郷地域で使用する方言で、「ねっかさすけねぇー」など、「まったく」「全然」「差し支えない」の意味。

staying at Guesthouse Sokokashiko, whose interior design uses *amikumi-zaiku*, Aizu Cotton and other local crafting materials. The renovated interior of this “art house” even uses straw, handmade paper and other materials in screens and wallpaper, and their creative cuisine is delectable.

The Tadami-machi area, replete with sprawling rice paddies, faces problems with field upkeep due to its aging population. However, local farmers want to keep their stunning scenery alive. Local company Nekka, founded in 2016 based on a strong resolve to overcome this dilemma, has built their own distillery for making rice-based *shochu* liquor. Adopting a truly innovative production cycle, they grow culinary-use rice for part of the year, *sake*-brewing rice during another season, and make *shochu* in the winter. Nekka has overcome local challenges as rice farmers and became famous enough as a brewery to draw greater attention to Fukushima Prefecture as a whole.

福島県のロングライフな祭り

ハヤマごもり

坂本大三郎（山伏《やまぶし》）

亡くなった者が、集落の近くにある低山「ハヤマ」にこもり、長い年月をかけて、遠くの高山「ミヤマ」に登る「ハヤマ信仰」が東北各地に残されています。福島県では年に一度、このハヤマにこもる祭りが行なわれています。

福島市「金沢《かねざわ》の羽山《はやま》ごもり」、郡山市「横沢の麓山《はやま》まつり」、二本松市「木幡《こはた》の幡祭り」が、それに類する祭りとして挙げられそうです。祭りごとに、そこで語られている由来や目的は異なりますが、共通する点としては、山を聖なる場所だと考えているところ、通過儀礼の側面を持っているところであると思います。

山形県出身の歌人、斎藤茂吉が15歳になった時、湯殿山詣でをしたように、初山詣《まい》りは多くの場所でみられますが、ハヤマごもりの習俗も、その一つだと考えられます。横沢の麓山まつりでおこもりを行なう中心は、これから大人になる年齢の小中学生であり、木幡の幡祭りでは、修験道の擬死再生の儀礼である、母胎に見立てた岩の隙間を通り抜ける「胎内くぐり」が行なわれます。金沢の羽山ごも

in which the secluded pass through a crack in the rocks to symbolize being born from a mother's womb. The Kanazawa festival, too, features a variety of rituals that new initiates must undergo. The rituals have much in common with those of the Shugendo ascetics of Yamagata's mountains, a sign that these traditions were once widespread throughout the region.

To mark their passage into adulthood, youths head to communal lodges or holy places to perform special rituals and to learn the ancient myths and secrets of their communities. No matter where you go, in every society, the customs associated with entering the adult world are among the oldest and—it goes without saying—the most treasured.

The anthropologist Claude Levi-Strauss once said that the greatest tragedy that can befall the human race is to forget where we came from. Over the years, we humans have spread from our birthplace in Africa and scattered ourselves to every corner of the globe. How fortunate we are that these festivals—rooted in the land, shaped by our natural environments and our social landscapes, passed down through years as part of our daily lives—are still so close to us today.

坂本 大三郎　現代の感性と客観性を併せ持つ山伏。東北出羽三山《でわさんざん》での山伏修行で、山伏の在り方や山間部に残る生活技術に魅せられ山形県に移住。山は人智を超えた「わからないもの」の象徴だと考え、そこにある奥深い文化や風習を、わかりやすい言葉と魅力的な絵で伝える。イラストレーター、文筆家としても活躍。

Daizaburo Sakamoto　*Yamabushi* (mountain priest) with a modern sensitivity and objectivity. During training as *Yamabushi* in Dewasanzan, Tohoku, he was attracted by the way of life of mountain priests and the art of living that remains in mountainous regions, and so he decided to relocate to Yamagata. Based on his belief that mountains are the symbol of "things we don't know" that surpass human intellect, he conveys the profound culture and customs in mountainous regions through easy to understand language and attractive illustrations. He is also active as an illustrator and writer.

りでも、新入りに対してさまざまな儀礼が課されます。このような文化は、山形県の出羽三山に伝わる山伏の修行で行なわれる儀礼とも多くの共通点があり、かつて広い範囲で伝承されてきた文化であることがわかります。

子どもから大人になるため、共同体の特別な施設である若者宿や、聖なる場所に赴いて、そこで特別な儀式を行ない、神話や共同体の秘密を伝授され、大人の世界に加入するという習俗は、世界各地の古い由来を持つ文化の中で行なわれており、改めて言うまでもなく、とても貴重なものです。

人類学者のレヴィ＝ストロースが、人類に降りかかる大きな災いとして「自分たちの由来を忘れてしまうこと」を挙げました。アフリカを旅立った人類が、長い年月をかけ各地に散らばっていき、土地に根づき、その場所の自然環境や社会情勢に影響されながら、生活の中で伝えられてきた祭りが、今でも自分たちの近くに残されているというのは、とても幸運なことなのではないでしょうか。

Long Lasting Festival in FUKUSHIMA

Hayama-gomori

By Daizaburo Sakamoto (*Yamabushi*)

There's an old belief in the Tohoku region that, when people die, their spirits seclude themselves in the low hills near their former homes and, over many years, climb their way up into the distant mountains. In Fukushima, people reenact this belief once a year in the hayama-gomori festivals.

Fukushima City's Kanazawa Hayama-gomori, Koriyama's Yokozawa Hayama-matsuri, and Nihonmatsu's Kohata Hata-matsuri are all part of this tradition. Each has its own unique origin story and purpose, but what they seem to have in common is their reverence for mountains as sacred places, and their focus on rites of passage.

In the Yokozawa festival, the mountain seclusion centers on adolescents' transition to adults, while in the Kohata festival, it's a ritual of death and rebirth from the Shugendo tradition,

その土地のデザイン

福島もよう

日本じゅうを旅していると、その土地にしかない、〝その土地ならではのデザイン〟が落ちています。それは、紙、布、陶磁器、ガラス、金属、木工、絵画、文字、芸能、祭り、食、生き物、自然――さまざまな〝模様〟。もし、あなたが福島県でデザインの仕事をするならば、何をヒントにしますか？　そんな、福島県のデザインを探してみました。

Designs of the land

FUKUSHIMA patterns

As you travel around Japan, you will come across designs unique to the land that can only be found there. Patterns like paper, cloth, pottery, glass, metals, woodwork, paintings, calligraphy, performing arts, festivals, food, animals and nature. If you are a designer in Fukushima, where can you get hints? We searched for Fukushima designs that can serve as hints.

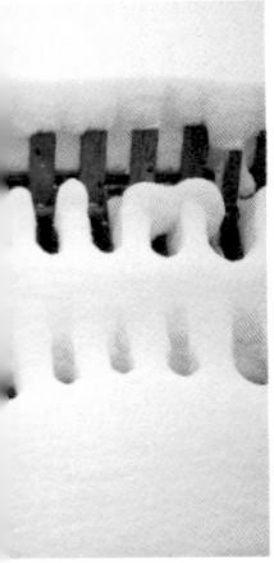
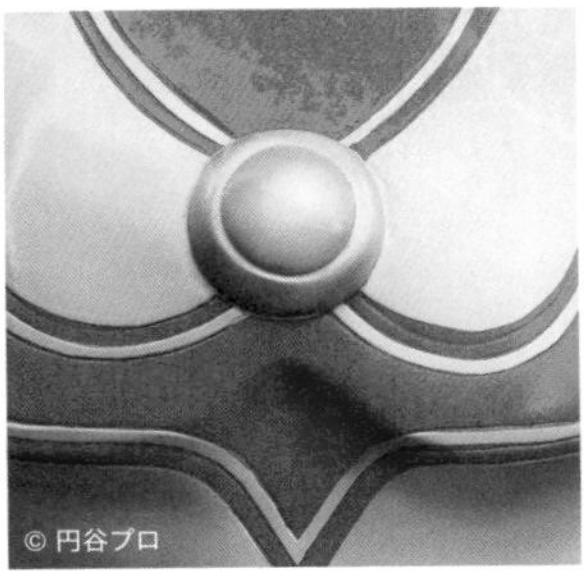
© 円谷プロ

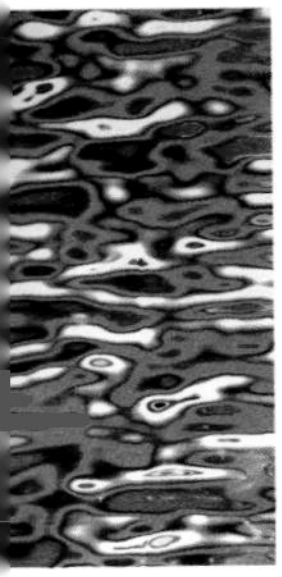

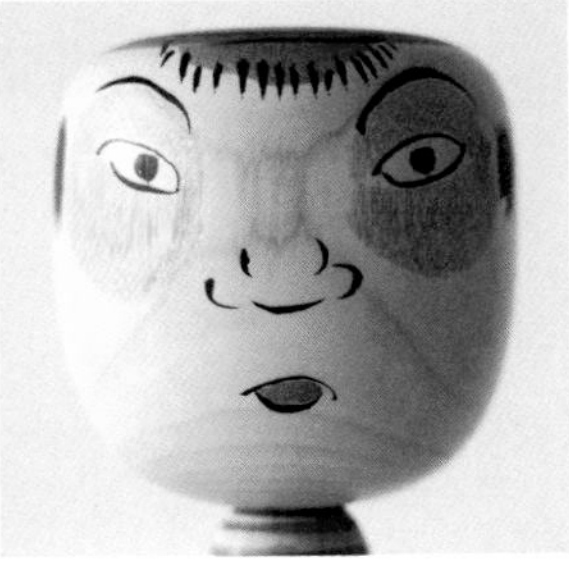

島県警
大内
アイス牧場
会津のべこの乳
容量:120ml　製造者:カップに記載
ho
aloha
ロミオ
Romio
フィルムをはがし
お召し上がりください。

福島県の味

福島定食

相《あい》馬《ま》夕《ゆう》輝《き》
（d47食堂ディレクター）

※下から、時計回りに

【凍《し》み餅《もち》のじゅうねん味噌】
ごんぼっぱ入りの凍み餅に、えごまの味噌が甘辛く美味《おい》しい。

【いかにんじん】
細切りにしたスルメイカと、人参《にんじん》を醤油漬けにした、少ししょっぱい郷土料理の定番。

【にしんの山椒《さんしょう》漬け】
身欠きにしんを山椒と一緒に酢漬けにする。福島の酒の肴《さかな》には欠かせない。

【三五八《さごはち》漬け】
一晩漬け込むだけで、旨味も塩味も加わり、体に優しい野菜の一夜漬けができる。

【こづゆ】
福島のハレの料理の代表格。昔は山菜から出汁を取ったらしいが、今は干し貝柱から。

※中央
【おたねにんじん入りブレンド茶】
会津の「清水薬草店」がブレンドするおたねんじんのブレンドティー。飲んですぐに体がぽかぽか温まる。

料理　植本寿奈《すな》(d47 食堂)
写真　山﨑悠次

会津地方に伝わる山の乾物料理

福島は「会津」「中通り」「浜通り」と、東西に大きく3つの区分がある。最も内陸に位置する「会津」地方は、阿賀野川が日本海から会津に繋《つな》がることから、新潟との交易が生まれ、にしん、スルメイカ、貝柱、棒たらなどの海産物の乾物が手に入った。地域内で自給できる山菜と、それらの乾物を組み合わせて、身欠きにしんを酢漬けした「にしんの山椒《さんしょう》漬け」、スルメイカを細切りにし人参《にんじん》と醤油で和《あ》えた「いかにんじん」、干し貝柱から出汁を取った「こづゆ」や「ざくざく」、「棒たらの煮物」といった山の郷土料理を生み出す。どれもハレの日には欠かせない料理で「魚はないが煮肴はある」と、乾物料理が魚の役割を担ったそうだ。大内宿の民宿「本家 扇屋」や、昭和村の農家民宿「とまり木」にて、それらの料理をふんだんに味わわせていただいた。「とまり木」では、「きくらげの胡桃《くるみ》和え」「栗ごはん」など、山菜や胡桃や栗の山の幸もいただき、そのどれもが絶品で、保存食を上手く活用して、凍えた体にたっぷりと栄養を補う食事と言えた。卓上には、いつも食べきれないほどの料理が並んだ。これぞ、おかぁ

FUKUSHIMA's "Home Grown" Meal

By Yuki Aima (Director, d47 SHOKUDO)

Above photo, clockwise from the bottom:
Frozen mochi with perilla seed miso: Delicious frozen mochi with *gomboppa* (herb) and the miso.; **Squid and carrots side dish:** A local delicacy made from julienned squid and carrots pickled in soy sauce.; **Pickled herrings with *sansho*:** Dried and sliced herrings are pickled together with *sansho*.; **3-5-8 pickles:** Healthy pickles that are full of umami and savory flavors.; **Kozuyu:** A dish to be eaten on celebrative occasions in Fukushima. The broth for *kozuyu* used to be made from wild vegetables; dried scallops are used nowadays.; **Tea blend with Asian ginseng:** A tea blend with Asian ginseng created by "Shimizu Herbal Store".;

Dishes made of dried foods from the mountains
The residents have created local mountain dishes by combining the mountain vegetables in the region and the (→p. 135)

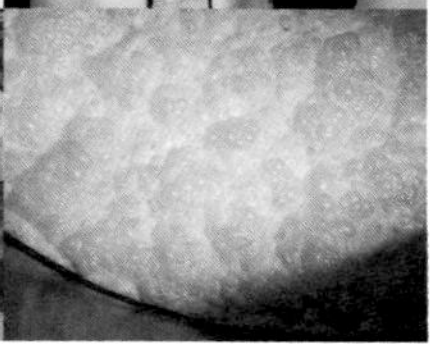

のおもてなしの神髄だ。また、会津藩がこの地に薬草園をつくり「おたねにんじん（朝鮮人参）」が栽培されてきたおかげで、今でも栽培が続いており、おたねにんじんの乾物やブレンドティーが作られている。中には、収穫時に天ぷらにして食べる方もいるそうだ。体を胃腸からぽっと温めてくれる。

子どもも大人もみんな喜ぶ「凍《し》み餅《もち》」

福島県の中心地（福島市や郡山市）を含む盆地一帯を「中通り」と呼び、阿武隈《あぶくま》山系と奥羽《おうう》中央分水山地の間に位置する。平地が広く、米作が昔から盛んで、自然栽培の酒米で日本酒を造る「仁井田本家」など、多くの酒蔵も点在する。県南で山間部に入った石川郡では、冬でも比較的積雪が少なく乾燥した気候があり、「凍み餅」の生産が盛ん。「ふるさと工房おざわふぁ〜む」で凍み餅をいただく機会を得た。もち米、うるち米粉に加えて、繊維がしっかりとしていて、餅のつなぎの効果がある「ごんぼっぱ」（多年草の「雄山火口」）が中に練り込まれている。水を含ませ、干して、凍らせ、を繰り返し、軽石のような凍み餅が出来上がる。訊《き》けば、天明・天保の

this area. Ishikawa-gun, a mountainous area in the southern part of the prefecture, has relatively little snowfall and a dry climate even in winter, and produces the popular "frozen mochi". I got to try the frozen mochi at Furusato Kobo Ozawa Farm. The fibrous "*gomboppa*" (a perennial herb) is kneaded into a mixture of glutinous rice and regular rice flour to hold the mochi together before adding water. It is then dried and frozen repeatedly to produce frozen mochi. After rehydration in water, a quick grill of the mochi dipped in perilla seed miso leaves a fragrant and crispy mouthfeel, so delicious that one may not be able to stop eating.

Fukushima, the land of hospitality

The "3-5-8" is made by combining salt, rice, and *koji* in the ratio of 3:5:8. Ishibashi Kojiya produces a 3-5-8 paste that is aged for about a year. It is easy to make "3-5-8 pickles" by marinating meat, fish, or vegetables in this paste overnight. It is an all-purpose condiment full of umami and saltiness. The frigid winters and the harsh environment of the mountains is the reason why locals have learned to stockpile food.

相馬 夕輝　滋賀県出身。D&DEPARTMENTディレクター。47都道府県に、ロングライフデザインを発掘し、発信する。食部門のディレクターを務め、日本各地に長く続く郷土食の魅力を伝え、生産者を支援していく活動も展開。また、d47食堂の定食開発をシェフとともに担当し、日々各地を巡る。
Yuki Aima　Native of Shiga prefecture. Representative Director of D&DEPARTMENT INC. He established D&DEPARTMENT which uncovers long life designs in the 47 prefectures of Japan and transmits information of such designs. He is also serving as director of the Food Department, and develops activities to convey the appeal of regional cuisine that has a long tradition in all parts of Japan and to support producers. He is also in charge of set meal development in the d47 SHOKUDO together with chefs, and frequently travels to various regions.

飢饉の際に生まれた生活の知恵で、常温で10年以上も保存ができるのだという。水に戻して、さっと焼いて、「じゅうねん味噌（えごま味噌）」をつけると、香ばしく、歯切れがよく、何個でも口に運んでしまうほど美味《おい》しい。昔から、子どもも大人もみんなが嬉しい、農家のおやつだった。

おもてなしの福島

塩、米、糀《こうじ》を、3：5：8の割合でつくる「三五八」。「石橋糀屋」では、1年程度熟成させる「練り三五八」を製造。肉や魚、野菜などを一晩漬け込むと簡単に「三五八漬け」が出来上がる。旨味も塩味も含まれる万能調味料となる。冬の寒さや、山々の厳しい環境があるからこそ、食料を備蓄する生活の知恵が根づく。そして、それがどれも、身も心も、人を優しく温かく迎えるおもてなしの気持ちに溢《あふ》れている料理に変化していたのが福島県だったと思うのだ。さあさ、福島を「いっぺくわしえ〜（たくさん召し上がれ）」。

dried seafoods, such as dried herrings pickled with *sansho* pepper, a squid and carrots side dish where julienned squid and carrots are tossed together in soy sauce, "*kozuyu*" where the broth is made with dried scallops, and stew made with dried cod. I was able to relish many of these dishes at Honke Ogiya, a guest house in Ouchi-juku, and Tomarigi, a farmhouse in Showa Village. At Tomarigi, we were treated to mountain vegetables, walnuts and chestnuts, such as wood ear mushrooms in walnut dressing and rice cooked with chestnuts – they were all excellent dishes that effectively used preserved foods to nourish our frozen bodies. There was always more food on the table than I could eat. The establishment of a medicinal herb garden and the cultivation of Asian ginseng in the Aizu Domain continue till today, which is also now turned into dried Asian ginseng and tea blends.

"Frozen mochi" – a hit with both kids and adults

The area of the basin spanning the center of Fukushima Prefecture is called Nakadori. Rice farming has been a staple in this large, flat basin, and there are many sake breweries in

AIZU NO USHI

福島県のCD

1982年にオープンした福島を代表するセレクトショップ「pickandbarns」のスタッフ・田中栄さんが選ぶ、"福島らしいCD"。

MINAKO II

吉田美奈子
（ソニー・ミュージックダイレクト
3,300円）

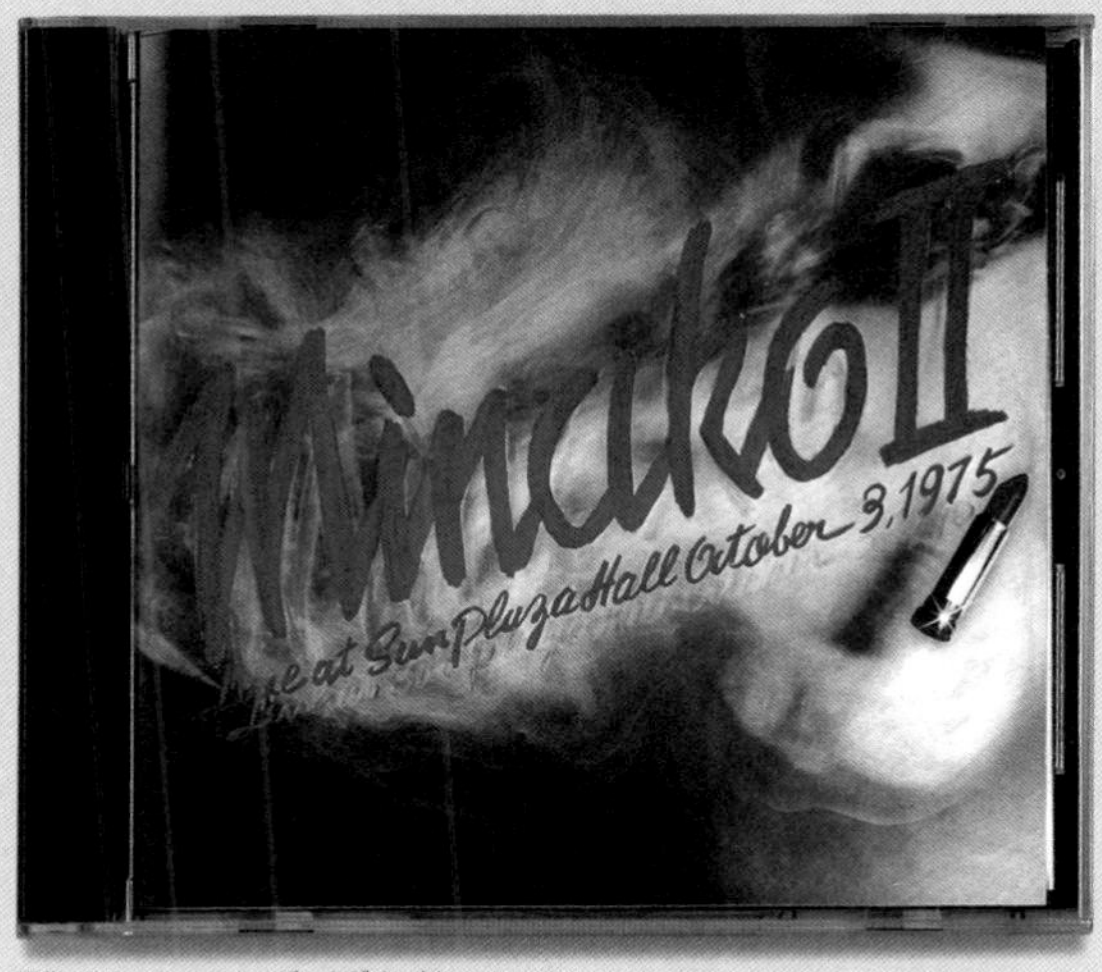

提供：㈱ソニー・ミュージックダイレクト

Once you get started, 山下達郎、大貫妙子、矢野顕子ら錚々《そうそう》たる顔ぶれをサポートメンバーに迎え、発表された吉田美奈子1975年のライブアルバム『MINAKO II』。震災から11年。混乱した東北の地へ、日本全国はもとより、世界各地から救助の手が差し伸べられた。自らの足でまた立つべく、それぞれの暮らしの中で生きる灯火《ともしび》を燃やし続けた福島の人たち。自らを鼓舞し奮い立たせるのは、その街で暮らす私たちにしか成し得ないこと。かき鳴らすギター、声量たっぷり伸びやかに歌う吉田美奈子の声とコーラス、うねるベースに高鳴るホーン隊。それに合わせ豪快な手《て》捌《さば》きを見せるのは、ドラムス村上秀一だ。『Once you get started, 一度はじめたら、もう元には戻れないのよ。さぁ、踊りなさい。』彼女の歌を支える名プレイヤーたちの演奏が、あの時の福島の姿と重なる。一度一緒に踊れば、もう君は福島の友達。Once you get started !!!

CDs of FUKUSHIMA

Sakae Tanaka, a staff member of "pickandbarns", a leading specialty store in Fukushima that opened in 1982, selects "CDs that are uniquely Fukushima".

MINAKO II

Minako Yoshida（Sony Music Direct, ¥3,300）

Once you get started,

People from all over the world extended their helping hands to the Tohoku region that was plunged in chaos. The Fukushima locals have stood on their own feet again to keep the flame of their lives burning. Yoshida's powerful singing is backed by the chorus, guitar strumming, the bass swelling and the horns blaring. "Once you get started, when you get down ain't no turnin' back no" – the performance of each player supporting her song overlaps with the image of the then Fukushima. Once you get down, you're a friend of Fukushima!

Men

Blue Bird
LUNCH MENU
TAKE OUT OK

福島県の本

「表現からつながる家『粒粒 -つぶつぶ-』」を拠点に活動するデザイナー西山里佳さんが、自身の故郷を思い、“福島らしい一冊”を厳選。

町の形見

柳《ゆう》美《み》里《り》
（河出書房新社　2,200円）

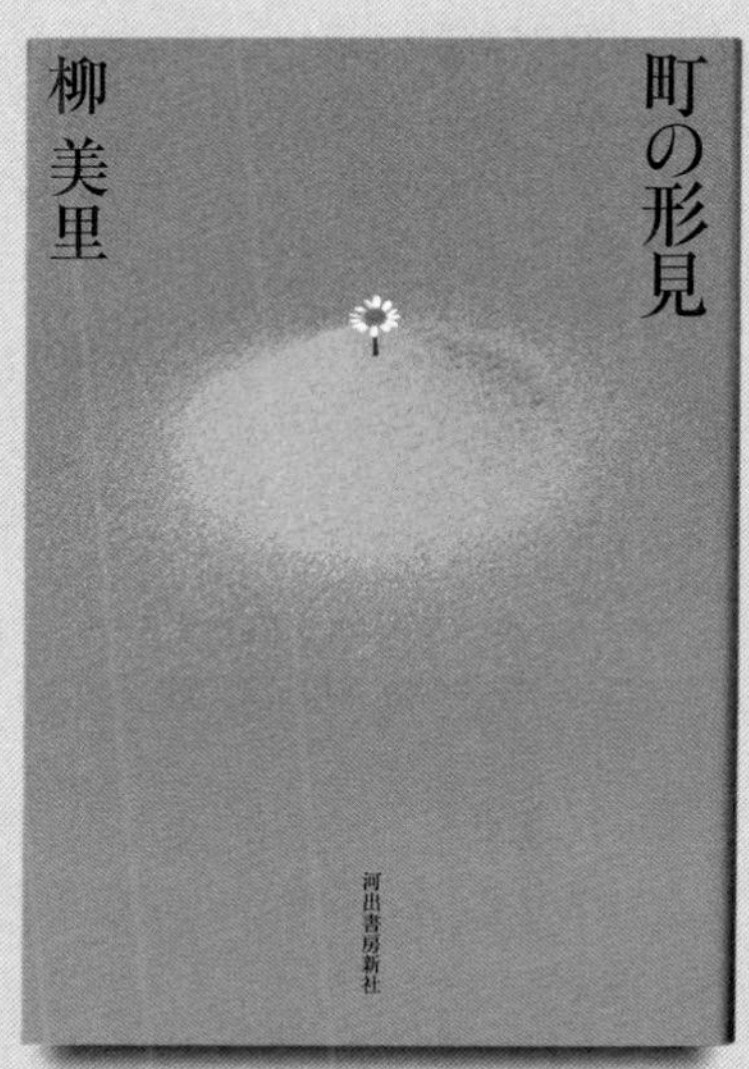

戯曲として残る日常　私の実家は、原発から近い富岡町夜《よ》ノ森《もり》にあり、つい4日前にバリケードが撤去されたので、行ってみることにした。母校から、帰り道を辿《たど》るように車を走らせ、部活帰りに寄り道した店や、友達と駄弁《だべ》った交差点をゆっくりと通った。当時の情景や出来事を思い出しながら——家がなくなったその場所はがらんとして、意外と狭かった。近所も更地が多いので、以前の景色が思い出せない。悲しいのか寂しいのか、言葉では表現できない。泣けそうでいて、何に向けて泣くのか見つからない。「表現」からこぼれ落ちる感情、風景を誰かが拾い上げてくれたらいいのに。誰かと共有できたなら、残せたなら。『町の形見』に登場する方々が本当に羨《うらや》ましい。些細な記憶、震災当日のことを、「戯曲」という形でお客さんに共有され、残されていく。当たり前過ぎて去っていく尊い日常が、柳美里さんによって浮き出された。福島の暮らしの中の震災を観劇する一冊。

Books of FUKUSHIMA

Rika Nishiyama, a designer who works in the “Home with imagination ‘tubutubu’”, presents a careful selection of “uniquely Fukushima” works that reflect her hometown.

Memento of a Town

Miri Yu（Kawade Shobo Shinsha, ¥2,200）

The Dramatic Everyday

I went to see the vacant lot near the nuclear power plant in Tomioka Town. As I drove back, I slowly passed by the stores I'd visited and the intersection where I chatted with my friends. There were many other vacant lots; I couldn't recall the scenery of the past. I was neither sad nor lonely; I felt like crying, but I wasn't sure what to cry over. Miri Yu shares the trivial memories, the day of the earthquake, as a drama that brings out and leaves behind the precious everyday life that has become too commonplace and disappeared.

編集部が本音でお薦めしたい

福島県のおみやげ

©円谷プロ

1. 中ノ沢こけし（柿崎文雄作）　こんな顔のこけしは見たことがない！「たこ坊主」ともいわれ、酔っ払った表情が絶妙。 ※参考商品　**柿崎文雄工房**　⚲ 福島県耶麻郡猪苗代町大字蚕養字西大森甲1843-19　☎0242-64-2507　Nakanosawa ***Kokeshi*** Dolls　*Reference product　**Fumio Kakizaki Workshop**　⚲Kou Nishi-omori 1843-19, Kogai, Inawashiro-machi, Yama-gun, Fukushima

2. ウルトラマンシリーズ ソフトビニール人形　せっかくならば、円谷英二の実家で購入したい。一人一体は持っていた懐かしのソフビ人形。 各660円　**SHOT M78 大束屋**　⚲福島県須賀川市中町14　☎0248-73-2488　Ultraman Series Soft Vinyl Doll　**SHOT M78 Otsuka-Ya**　⚲Nakamachi 14, Sukagawa, Fukushima

3. にいだしぜんしゅ 純米原酒　酒米も水も桶《おけ》も発酵も、全てその土地のもので仕込んだ正真正銘の郡山の“自然酒”。 720ml　1,540円　**仁井田本家**　⚲ 福島県郡山市田村町金沢《かねざわ》高屋敷139　☎024-955-2222　Niida Organic Sake ***Junmai Genshu***　720ml　¥1,540　**Niida Honke**　⚲Kanezawa Takayashiki 139 Tamura-machi, Koriyama, Fukushima

4. りんごジュース　ジュースというより、「あんざい果樹園」というライフスタイルをお裾分けしていただく感じ。 1ℓ 900円　**あんざい果樹園**　⚲福島県福島市町庭坂《まちにわさか》原ノ内14　☎024-591-1064　Apple juice　1ℓ ¥900　**Anzai Orchard**　⚲Haranouchi 14 Machiniwasaka, Fukushima, Fukushima

5. むぎせんべい　南部せんべいがもととなり、今では福島の銘菓に。パキパキと音を鳴らして食べるのがいい。 6袋 12枚入り　594円　**太陽堂 むぎせんべい本舗**　⚲福島県福島市陣場町9-30　☎024-531-3077　Mugi Senbei　6 bags of 12 pcs　¥594　**Taiyodo-*Mugi Senbei* Honpo**　⚲Jinba-cho 9-30, Fukushima, Fukushima

6. めぐる 日月（三つ組椀）　注文してから手元に届くまで、制作の過程がハガキで届く、年に一度の受注生産の漆器。※参考商品　写真は拭き漆黒　**漆とロック**　⚲福島県若松市本町5-49　☎042-85-6803（要予約）　Meguru-Nichigetsu（three-bowl set）　*Reference product　Photo is of jet-black lacquered bowls　**Urushi Rocks**　⚲Hon-machi 5-49, Aizuwakamatsu, Fukushima

7. 三五八　万能過ぎる東北の発酵調味料を使いやすいサイズに。我が家では塩の代わりに大活躍です。 大袋 500g　648円　**ほりこしフォーライフ**　ℹhorikoshi-forlife.stores.jp　3-5-8 condiment　Big bag of 500g ¥648　**Horikoshi for Life**

8. アウトドア納豆　納豆と麹《こうじ》、発酵食品同士を組み合わせ、さらにそれをキャンプ飯に。という“デザイン納豆”。 180g　870円　**発酵デパートメント**　ℹhakko-department.com　Outdoor ***natto***　180g　¥870　**Hakko Department**

9. ねっかHI　手軽に奥会津の米焼酎ハイボール。ラベルは、漫画の装丁などを手がけるシマダヒデアキ氏。 330ml　385円　**合同会社ねっか**　⚲福島県南会津郡只見《ただみ》町《まち》梁取《やなとり》沖998　☎0241-72-8872　Nekka HI　330ml　¥385　**Nekka LLC**　⚲Yanatorioki 998, Tadami-machi, Minamiaizu-gun, Fukushima

10. 奥会津編み組細工　工人ごとに異なるセンスを、ずらりと並んだ商品群からお気に入りを選ぶ楽しさも◎。 ※参考商品　籠（三島町生活工芸館）／鍋敷き（marumi）　**三島町生活工芸館**　⚲福島県大沼郡三島町名《な》入《いり》諏訪《すわ》ノ《の》上《うえ》395　☎0241-48-5502　**marumi**　⚲福島県大沼郡三島町桑原荒屋敷1351　☎090-7414-3173（要予約）　Okuaizu Braidwork　※ Reference product　**Mishima Town Local Crafts Museum**　⚲Suwanoue 395 Nairi, Mishima-machi, Onuma-gun, Fukushima　**marumi**　⚲Arayashiki 1351 Kuwanohara, Mishima-machi, Onuma-gun, Fukushima

Photo : Yuji Yamazaki

11. ヴィーガンスイーツ　“デトックス”のきっかけをくれた店から、グルテンフリーのお菓子たちをお土産に。レモンココナッツサブレ 2枚入り 350円／ナッツ＆カカオクッキー 350円　**Branch**　📍福島県郡山市富久山町《ふくやままち》南小泉江ノ上《えのうえ》142-1　☎024-953-8705　Vegan sweets　Lemon coconut short bread biscuits(2pcs) ¥350 / Nuts & cocoa cookies ¥350　**Branch**　📍Enoue 142-1, Minamikoizumi, Fukuyama-machi, Koriyama, Fukushima

12. 無地べこ　福島土産の定番・赤べこのシンプルバージョン。素材や構造の楽しさに加え、存在感もある。 2号 各1,650円　**野沢民芸商店**　📍福島県会津若松市七日町9-1　☎0241-45-3129（平日の午後のみ対応可）　Plain Cow Doll　No.2　¥1,650 each　**Nozawa *Mingei* Store**　📍Nanoka-machi 9-1, Aizuwakamatsu, Fukushima

13. オブロスコーヒーの豆　“花のような”繊細さをイメージしたパッケージとは裏腹に、太くて強い芯がある珈琲。100g 1,250円～　**OBROS COFFEE**　📍福島県郡山市細沼町1-30　☎024-926-0471　Coffee beans　100g From ¥1,250　**OBROS COFFEE**　📍Hosonuma-machi 1-30, Koriyama, Fukushima

14. ラヂウム玉子　100年以上続く、赤・青・黄のパッケージが可愛い温泉たまご。もう“生”には戻れない。 白・10個箱入り 750円　赤・10個箱入り 850円　**阿部留商店**　📍福島県福島市飯坂町湯野《ゆの》橋本5　☎024-542-2680　Radium eggs　¥750 for 10 white eggs/box ¥850 for 10 red eggs/box　**Abetome Shoten**　📍Yuno-Hashimoto 5, Iizaka-machi, Fukushima, Fukushima

15. からむしを績む　僕を「からむし織」と繋《つな》ぎ合わせてくれた運命的な本。昭和村の暮らしを知るきっかけに。 普及版 3,800円／特装版 33,000円　**渡し舟**　ℹ watashifune@outlook.jp　完全予約制　***Spinning Karamushi***　Popular edition ¥3,800 / Special edition ¥33,000　**Watashifune**　📍Showa-mura, Onuma-gun, Fukushima

16. 会津べこの乳 アイス牧場 アイスクリーム　懐かしさの中に、つい手に取ってしまう可愛《かわい》らしさがある「べこの乳」。濃厚な味わい。120ml　各435円　**会津のべこの乳 アイス牧場**　📍福島県河沼郡会《あい》津坂下町《づばんげまち》金上辰巳《かながみたつみ》19-1　☎0242-83-2324　Ice-cream　120ml　¥435 each　**Aizu no Beko no Chichi – Ice Cream Dairy**　📍Kanagami Tatsumi 19-1, Aizubange-machi, Kawanuma-gun, Fukushima

17. YSK × 西会津 ナチュラルソープ　メイクアップアーティストと西会津町コラボの無農薬米ぬか石鹸。美しいパッケージから良さも伝わる。40g 2,420円　**西会津国際芸術村・西会津商店**　📍福島県耶麻《やま》郡西会津町新郷笹川上ノ原道上《しんごうささがわかみのはらみちうえ》5752　☎0241-47-3200　YSK × Nishiaizu Natural Soap　40g ¥2,420　**Nishiaizu International Art Village, Nishiaizu Store**　📍Kaminohara-michiue 5752, Shingosasagawa, Nishiaizu-machi, Yama-gun, Fukushima

18. 福島おもしろカルタ　イラストレーター・豊永盛人氏による、沖縄版に次ぐ「おもしろカルタ」。楽しく、勉強になる。 1,980円　**ギャラリー観**　ℹ shop.gallery-kan.com　Fukushima Funny ***Karuta*** (playing cards)　¥1,980　**Gallery Kan**

19. 会津の野良着 山袴　いろいろ穿《は》き比べてみたけど、僕は、無地をチョイス。まさに「会津木綿」の現代版野良着。会津木綿 生成り 18,700円　**美工堂**　📍福島県会津若松市西栄町6-30　☎0242-27-3200　Aizu Farm Clothes “Mountain ***Hakama***”　Unbleached Aizu cotton　¥18,700　**Bikodo**　📍Nishisakae-machi 6-30, Aizuwakamatsu, Fukushima

アイス牧場
16
17
YSK
NATURAL
100%
PURE & NATURAL
19
福島おもしろ
あ
あやまっちまったなー
18

須賀川
TOKUSATSU
ARCHIVES
CENTER
特撮アーカイブセンター
収蔵庫内
収蔵品図解
前方設置分
見学スペースから見て前方に設置している収蔵品についての図解です。
戦艦大和艦橋部分 1/175スケール
戦艦大和
男たちの大和 YAMATO (2005)
戦艦三笠
日本海大海戦 (1969)
巨神兵
(2012) 製作・ミューロン
〈巨神兵東京に現わる〉
操演用全身パペット
万能戦艦 轟天
海底軍艦 (1963)
ロングショット用 3Rモデル
スカイホエール
マットアロー1号
マットアロー2号
コンクルーダー
バギー
マイティジャック号
ウルトラホーク1号 (1967)
ジェットビートル
ウルトラマン (1966) に登場!!
特撮の名脇役たち
高圧鉄塔
ガスタンク
電柱
シルバー仮面 (1971)
プロップガン
ZATガン
マットシュート
ウルトラマン80 (1980)
UGM ライザーガン
MJオートマチックハイパワー8
マイティジャック (1968)
マイティジャックの

d design travel 編集長が語る、パートナー企業のこと

LIST OF PARTNERS

006

めぐる／漆とロック 株式会社　漆器「めぐる」は、〝適量・適速生産〟をコンセプトに、毎年300セット限定の受注生産。冬の3か月間の受注期間を経て、春から秋まで職人が丁寧に作り、〝とつきとおか〟をかけて手元に届きます。待っている間は、毎月のメールや季節のハガキ・動画などで、器が育つ様子を知ることができ、我が子のように成長を見守っていくという。三つ組椀「水平」と「日月」は、応量器のようにスタッキングできるデザイン。一組あれば、一汁一菜が自然に美しく整います。

meguru-urushi.com

082

株式会社ぶんぶく　亜鉛鉄器の製造業として、竹内四郎氏が1918年に創業し、水ひしゃく、バケツなどの製造をスタート。高度経済成長期、鉄板の加工から塗装まで一貫して製造できる体制を整え、スチール製の家庭用品のパイオニアとしてさまざまに商品展開をしてきました。D&DEPARTMENTの定番商品「テーパーバケット」も、実はこの時期からのロングライフデザイン。特集コーナーに合わせたビジュアルは、D&DESIGN。ゴミ箱としてゴミを捨てた時の「コンッ」という音も、もはや〝ぶんぶくらしさ〟があります。

www.bunbuku.co.jp

097

ふくしままっぷ／福島県広報課　福島県の〝デザインフリーペーパー〟といえば、間違いなくこれ。無料では贅沢過ぎる装丁は、福島県クリエイティブディレクター箭内道彦氏と、アートディレクター寄藤文平氏。イラストも文字も全部手描きの総合情報誌です。食や自然、工芸品、福島ゆかりの人物までもが全部入り！　よくよく見てみると、取材したあの店やあの人も、しっかり登場（しかもそっくり）。本誌「福島号」以上に、永久保存版です。

www.pref.fukushima.lg.jp

193

ヘルベチカデザイン株式会社　この度、「福島号」が発刊できたのは、間違いなく彼らのおかげ。郡山市のデザイン事務所・ヘルベチカデザインが運営する、コミュニティービル「ブルーバードアパートメント」には、喫茶室やシェアオフィスもあって、編集部のデスクも、ご親切にセットしていただきました。取材中は、トラベル誌恒例の『ワークショップ（公開編集会議）』の会場にもなり、まさに「福島号」の制作になくてはならなかった〝デザインベースキャンプ〟。ヘルベチカデザインの皆さん、本当にありがとうございました！

helvetica-design.co.jp

Back Cover

BRUNO／ダイアテック株式会社　京都に本社を構える、自転車の製造・卸会社。スイス人のブルーノ・ダルシー氏と共同開発した小径車「BRUNO」に乗って旅をする編集部「お気に入りの一本道」を連載中。今号は、雪も降る福島県ということもあり、会津地方に聳える日本百名山の一つ、「磐梯山」の麓の一本道を駆け抜けました。ちょうど雪が降り始めた季節で、タイミングもぴったし。さらに、「e-tool」（電動アシスト）に至っては、山の坂道だって楽々走行。もちろん荷物だってたくさん運べてしまいます。

www.brunobike.jp

D&DEPARTMENT ORIGINAL GOODS

産地の個性でオリジナルグッズをつくっています。

1

2

3

4

5

6

7

8

1. Long Life Plastic Project 2021 プラスチックマグカップ / 4,950円　プラスチックを一生ものとして、みんなで大切に使うプロジェクトの第一弾。 **2. TABLE LIGHT** / 71,500円〜　D&DEPARTMENTの各店、ゆかりのある土地の素材を活用したテーブルライト。 **3. BAG FROM LIFESTOCK・TOTE** / 3,080円〜　生地産地に保管されていた生地見本などを再利用したバッグ。 **4. d 302 SHORT PANTS** / 16,500円　両脇に前から後ろまで、ぐるっと覆うように付いた大きなポケットが特徴のワークパンツ。 **5. d 406 LONG SLEEVE T SHIRT** / 8,800円　中肉の程よい厚みの生地を使用し、スウェットとニットの間のような、着心地の良いカットソー。 **6. オリジナル靴箱・婦人** / 1,650円　靴箱の型で作ったボックスにD&DEPARTMENTのロゴを箔押し。2022年の限定色は「ブルーグリーン」。 **7. 松野屋ヘビーキャンバスツールトート ブラック S** / 14,300円　D&DEPARTMENTの別注カラー。使い込むほど味が出る丈夫な帆布生地で収納力も抜群。 **8. BALCONY TABLE** / 66,000円　バルコニーにいる気分で使えるようにとつくった2人掛けのテーブル。

お問い合わせは、店頭または www.d-department.com

デザイナーのゆっくりをききたい

連載 48

ふつう

「『借景』ふつうの原理」

深澤直人

私は結局「デザイン」とは、借景を探す、あるいは見出《みいだ》すということではないか、ということに最近改めて気づいた。「借景」とは、文字通り借りてきた景色である。建物や敷地を手に入れる場合、そこから見える景色は借りてきたものである。「景を借りる」の意味がある。しかし、私の捉える「借景」とはやや広義で、自らが佇《たたず》んだ場と状況に立ち現れる景観のことであり、その状況下で美しいと感じられる全ての見えの調和を指しているようにも思う。デザインされた全てのものは景観の分子であり、空間を構成する要素である。

近年の都市開発に際して、山の開発や高層建築による景観の変化が、借景の破壊であるということで紛争が生じることもしばしばある。庭園の風景を維持するために、周りの山林を購入するという例もある。私は、1992年に八ヶ岳に1000坪の山林を買った。その場が「馬坂下《うまさかした》」という名であるなど、渓流に下るジグザクな急坂道の底にぽっかり空いた土地。その沢をまたぐ道から、下流に向かって広がる奥深い森は、恩賜林と呼ばれる保護された森で、道もなく建物が建つことはなかった。まさに大きな借りてきた森である。8年のカリフォルニア

Futsuu **(Normal): Borrowed scenery: Fundamentally normal**

Recently, I was reminded that design means finding ways to "borrow" the scenery around you. If you start with a building or a piece of land, you make use of the scenery you can see from that place. I take a rather broader view, however. For me, it means taking in the entirety of the place you're in and bringing all that feels beautiful into harmony. Every designed object is a particle of the scenery, an element of the space it occupies.

Urban developers often argue over whether rural development and high-rise construction spell the end of borrowing scenery in design. Sometimes people even buy the surrounding land to preserve the view in a garden. I myself bought 33,000 m2 of wooded land in 1992, an open area at the bottom of a winding mountain road. From where the road crossed a stream, you could see a vast forest, a forest with no roads and no buildings. The fact that I could spend weekends immersed in nature kept any desire to return to Tokyo in check. I built a little cottage like something out of a fairy tale. Later, when I came to need a base in Tokyo for (→p. 151)

の生活が、私をこの場所に誘《さそ》ったのではないかと思っている。週末は、自然の中に入ることが当たり前のようになっていたことが、当時の私を東京に戻す気持ちを拒んだ。その土地に、童話に出てきそうな小屋を建てた。その後、東京に仕事のベースが必要になったこともあり、3軒のマンションに移り住んだ。場所を決めた理由は、全てに窓から緑が見えるというものだった。その度に自分でインテリアをデザインした。そのうち、いつも借景を探しているのではないかと自覚するようになってきた。そして、だんだんその生活の空間に見合うものをデザインする気持ちが強まっていった。ものから始まり空間になり、環境のデザインに領域は広がっていった。

最近、自分のアトリエを建てたことも、その大きな理由かもしれない。そのアトリエの中の全てのものは、自分のデザインによるものだ。そのものたちが見える瞬間に立ち現れる景観に破綻のないことは、自分が自分でデザインしたものを再確認するような意味もあった。カトラリーや食器や鍋から、バスタブや蛇口やベッドや椅子やテーブルやキッチンや照明までもが、暮らしの景観となる。何も置かれていない棚も、大切な要素となった。

childhood. I guess sometimes wishes do come true.

When you're staying at a resort hotel, no matter how beautiful the room is, you're going to care about the view from the window, too. It's precisely that beauty that makes you notice even the slightest flaws. When you're choosing where to sit at a café or restaurant, you naturally look to borrow the scenery. Even who's sitting next to you matters. Scenery doesn't have to be natural to be beautiful. Buildings, farms, people and the things they do—we borrow from all of these to create our ideal designs.

Sadly, the idea of borrowing scenery has lost ground in recent years. But I think it could be an effective way to raise environmental awareness. The fact is that homogeneity in our standards of living has lowered our standards of beauty. An awareness that we all share the scenery, however, could raise those standards. When people experience beauty, they become more aware of it. It's a mistake to think you need money to enjoy a beautiful life. Beauty is a public good, something we all borrow from each other, and we need to treat it that way.

アトリエの前には桜並木の小川が流れていて、この場所を決めた大きな要因だった。土地の三方が空いていることや、GLが道路から見て目の高さにあることが大切だった。車を置かないことや、塀や垣根で建物を囲まないことは決めていた。一本の大きな木を植えることも決めていた。東京の住宅街で、この条件を探すことはほぼ不可能に近い。この場所を決めたのも偶然だった。「誘われた」感じがした。ヨーロッパの仕事が増え、アーティストやデザイナーが自分のアトリエを持ち、生涯そこでものを作り続けることを知って自分もそうなりたいと思った。その気持ちを抱きながら、近所を散歩していたらこの土地に巡り合った。「思えば叶《かな》う」という感じだろうか。幼少の時から幸せの原風景として、この家のようなイメージがはっきりあった。そういう絵を何度も描いていた記憶がある。

例えばあなたが、リゾートホテルの部屋に通されたとして、窓からの景色がその美しい場に見合うものかどうかを気にするだろう。美しいからこそ、些細な破綻が気になってくる。あなたが入ったカフェやレストランで、どの席に座るかということも、借景を見出そうとしている自然な思いだと思う。隣にいる人の存在すら気

my work, I moved into 3 different apartments, all chosen for their views of greenery from the window. Each time, I designed the interior myself, and I became aware that I was looking for scenery to borrow from. Bit by bit, my desire to design things in harmony with that living space grew stronger. It started with things, and has grown to include spaces and environments.

Perhaps one big reason for this is that I recently built my own studio. All the things in it are of my own design. In ensuring that these objects collectively manifested a flawless view, I was also reaffirming my own design. Everything—the cutlery, the bathtub, the kitchen lights—is part of the scenery of daily life. Even empty shelves are a key element.

There were several factors in choosing the studio's location: the tree-lined stream in front of it, the empty land on three sides, the eye-level ground line. I'd decided I didn't want cars, hedges, or fences around the building, and that I wanted to plant a single, large tree. Finding a place like this in Tokyo's residential areas is next to impossible; it was sheer accident that I came upon it. As I saw how artists and designers in Europe spent their whole lives creating in their own studios, I wanted to do the same. With that in mind, I went for a walk through the neighborhood and there it was: the very image of the ideal house I'd pictured since earliest

にするだろう。天然の景色だけが、美しいわけではない。海も山も空も、そこに存在する建物も人も田畑も、そして人の営みも含んだ全てが、幸せの借景となる。

地球には途切れることのないメンテナンスが必要だと思う。今起こっている感染症の危機によって地球環境を守る人々の意識が高まっている。もともと近年では、景色は借りてきたものという概念は乏しくなってきてしまった。だから今、「借景」という概念は、地球環境の意識の高まりに対して有効だと思う。景観をシェアしているという意識は、我々が美しく住まうということに対するスタンダードを上げる。経済的に豊かであるということと、美しく住まえるということは同じではないが、均質な暮らしの尺度が決まり切った定番を生み出したがために、人間の美意識に対するスタンダードを下げてしまっているのも事実だ。美しさの経験価値は、人々の美意識を上げる。文化度も高める。環境という概念には、人も物も含まれる。お金がないと美しい暮らしは手に入らない、というのは間違いだと思う。美のレギュレーションを上げよう。美は人間の共有財産である。美しい景色を貸し借りしよう。

深澤 直人　プロダクトデザイナー。世界を代表するブランドのデザインや、国内の大手メーカーのコンサルティング等を多数手がける。2018年「イサム・ノグチ賞」など、国内外での受賞歴多数。著書に、『Naoto Fukasawa EMBODIMENT』(PHAIDON出版)、『ふつう』(D&DEPARTMENT出版)など。2012年より、「日本民藝館」館長。

Naoto Fukasawa　Product designer. Fukasawa has designed products for major brands in Europe, America and Asia. He has also worked as a consultant for major domestic manufacturers. Winner of numerous awards given by domestic and international institutions, including 2018 Isamu Noguchi Award. He has written books, 'Naoto Fukasawa EMBODIMENT' (PHAIDON). Since 2012, he is the Director of Nihon Mingei-kan (The Japan Folk Crafts Museum).

D&DEPARTMENT PROJECT
FRIENDS

47 REASONS TO TRAVEL IN JAPAN

002

青森

AOMORI

羽仁もと子記念館
青森県八戸市沢里古宮35-3
0178-24-2232
www.r20.7-dj.com/~hanimoto

暮らし中心の社会を見据えた女性ジャーナリスト　青森県八戸市出身の羽仁もと子（1873 ～ 1957）は、日本で初めての女性ジャーナリストとして活躍した。雑誌『婦人之友』を創刊し、雑誌を通じて、今では当たり前になっている「家計簿」を当時の日本に広めるなど、暮らしから社会を見直した人物だ。1921年に、フランク・ロイド・ライト建築の「自由学園」を東京都に設立。2021年4月には、自由学園の理念をまとめた書籍『本物をまなぶ学校 自由学園』が発売され、没後の今も、その思想が受け継がれている。八戸市にある「羽仁もと子記念館」は、彼女の多岐にわたる資料がコレクションされており、その功績に触れることができる貴重な施設だ。高台の上に建ち、自由学園同様の整然とした建築様式（遠藤楽設計）からは、その志を肌で感じ取ることができる。（岩井 巽／東北スタンダード）

001

北海道

HOKKAIDO

Seesaw Books
北海道札幌市北区北18条西4-1-7
（UNTAPPED HOSTEL 裏）
seesawbooks.com

文化と公共の境界線を溶かす書店　北海道大学に近い、南北線北18条駅から徒歩1分の路地裏に、小さな新刊書店がオープン。こんな時代に新刊書店を開業しただけでも気になるが、「Seesaw Books」は上階が生活困窮者のためのシェルターになっている。オーナーは、ゲストハウスを営む神輝哉さん。新型コロナウイルスの影響で海外旅行者の動きが止まり、ゲストハウスは開店休業状態。そこで空き部屋を、生活困窮者に提供することを決めたという。受け入れた困窮者と関わりながら「新しい福祉」の必要性を強く感じ、クラウドファンディングを立ち上げ、予想以上の共感を得て約800万円が集まった。すぐ近くの「UNTAPPED HOSTEL」に泊まり、1階の「ごはんや はるや」でご飯を食べ、「Seesaw Books」で旅のお供の一冊を見つけてほしい。（D&DEPARTMENT HOKKAIDO ／佐々木 信）

004
宮城
MIYAGI

福よし
宮城県気仙沼市魚町2-5-5
0226-24-0284

森と海から生まれるかき串焼　2021年 NHK 朝の連続テレビ小説『おかえりモネ』の舞台となった気仙沼。主人公の実家が牡蠣《かき》養殖業の設定となっていた。森の養分が海の生物多様性を守ることに気づき、山に植樹を続ける気仙沼の牡蠣養殖。地元でお薦めの美味《おい》しい牡蠣の食べ方がある。「福よし」のかき串焼だ。「日本一の焼き魚」と賞される、囲炉裏《いろり》で焼く「かき串の炭火焼」は表面がカリッとして、中までしっかり火が通っていながらジューシー。大振りの気仙沼産牡蠣が持つ潮の香りを活性化し、一つの料理として昇華させている。「シンプルに焼くこと」に向き合った、店主の村上健一さんの創意工夫が生んだ逸品。店内は村上さんが気仙沼の山で採ったアケビの蔓《つる》や、ホヤの殻で作ったランプシェードで照らされ、外にはライトアップされた気仙沼湾の夜景が見える。目に見える光景もごちそうの一つ。（熊谷太郎／ La Jomon）

003
岩手
IWATE

こども本の森　遠野
岩手県遠野市中央通り1-16
0198-63-3003
kodomohonnomori-tono.com/

大人も迷い込みたい「本の森」　遠野市中央通りにワクワクする施設ができた。この地で1900年（明治33年）に建てられた呉服屋「三田屋《さんたや》」の梁《はり》や建具を再利用し、その外観を再現した建物。町に馴染み静かに佇《たたず》んでいるが、扉を開けると景色は一変。高さ4.2メートルの本棚に、「きれいなもの」「世界を見渡す」などテーマに沿った約1万3000冊の本が並ぶ空間が現れる。本の選書は幅允孝《はばよしたか》氏。「遠野と東北」の棚には、妖怪や震災に関する絵本や漫画など、東北を深める本も揃う。棚には本の一節が展示され、空間にいるだけで、かつて読んだ本を思い出したり、物語を想像させてくれる。椅子やテーブルのほか、畳敷きの部屋もあり、好きな本を好きな場所で、自由に楽しめる。設計は安藤忠雄氏。子どもの創造力・想像力を育むことを願い、つくられた施設だが、大人だってこの「本の森」に迷い込んでいたい。
（佐藤春菜／編集者）

005

秋田

AKITA

御成座
秋田県大館市御成町1-11-22
0186-59-4974
onariza.oodate.or.jp

町に残し続けたい映画館　秋田県大館市の映画館「御成《おなり》座」がオープンしたのは1950年代。洋画を専門に上映し、多くの地元民に親しまれたものの、火災で焼失。再開するも経営困難のため2005年に閉館してしまう。それから9年後の2014年、建設業を営む現オーナー切替さん一家が、事務所兼自宅として借用すると、地元民が映画館の再開と勘違い。その期待と希望に満ちた勘違いが広まりに広まって、ついに再開までに至った。2019年には新たな存続の危機に見舞われたものの、地域の人たちの、映画館を残し続けたいという願いで、クラウドファンディングにより資金を募り、その危機を乗り越えた。御成座の存続を願う人々と、切替さんの奮闘なくして今の「御成座」はない。『ニュー・シネマ・パラダイス』さながらの小さな映写室から、今日も「御成座」では映画が上映されている。（須藤 早耶加／ライター）

006

山形

YAMAGATA

Oriori
oriori-japan.com

織物の新たな形　使われずに眠っている日本の織物を、モダンな商品へと生まれ変わらせた「Oriori」。実店舗を持たず、ポップアップショップを開きながら各地域を巡り、時に国境を越えて、日本の伝統織物の美しさを伝える。ドーナツ型のアクセサリーも人気商品の一つ。米沢織の残糸や、着物に仕立て上げる前の生地を指す「反物」の横糸を、一本一本解いたものから作られるため、一つとして同じ色が生まれない。SDGsブローチへの展開から客層も広がり、「Oriori」で変身を遂げた織物は新たな持ち手の元へ旅立っていく。代表の藤川かん奈さんは「着物を継承することは難しいと感じていたが、海外で目にした反応に大きな希望を感じた。Orioriの商品を手にしてくださる方たちには、ものを最後まで使うことの美しさや喜びを知ってほしい」と話す。

（荒井優希／東北芸術工科大学学生）

007

福島
FUKUSHIMA

FLIG no Solo Meshi
☎024-954-7990
（株式会社ワイアードブレインズ）
flig.jp/product/

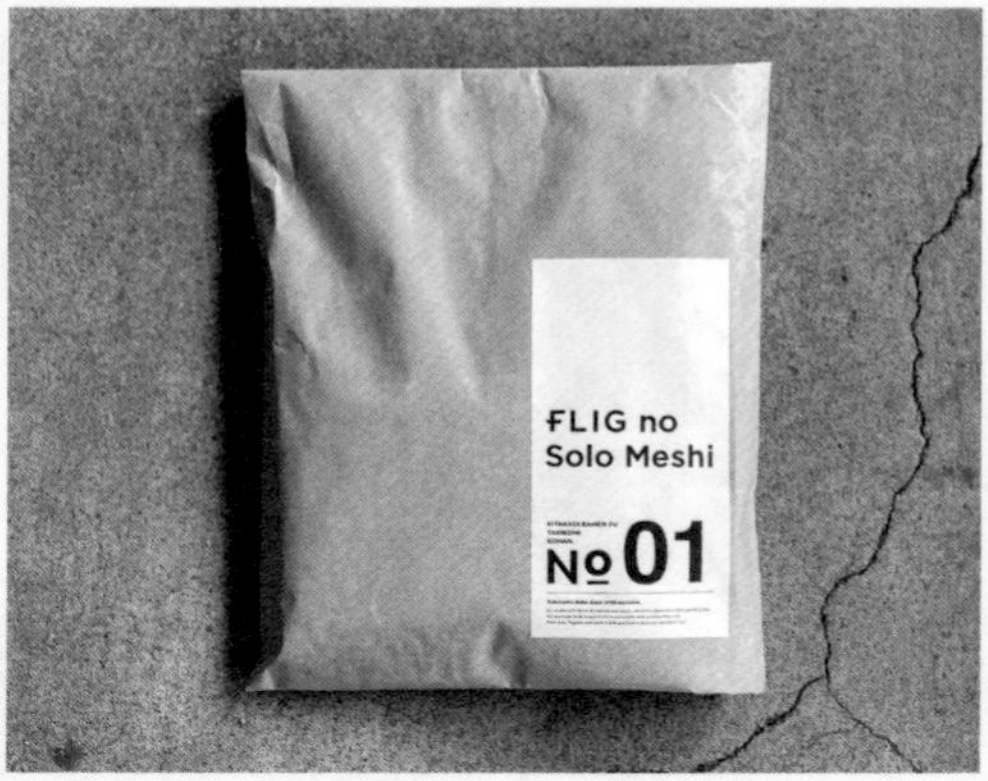

「飯」と「麺」、あなたはどっち？　福島県の旅の途中、郡山のアウトドアショップ「LOGGERS Gear Supply」で購入したのは、「アウトドア納豆」（本誌 P.140）だけではない。キャンプや山登りをする人ならお馴染みのアルミ製の箱型の飯ごう「メスティン」。そのメスティンで料理することを推奨した炊き込みご飯シリーズ「FLIG no Solo Meshi」だ。“Takikomu dake dayo with messtin.” とラベルに書いてある通り、水さえあれば、これ1パックで1人分の美味しい食事ができちゃうというユニークな商品。パッキングされているのは、米とレトルト具材と薬味のみ。米は、会津湯川産コシヒカリの無洗米。そして、気になる味は、全部で3種類。中でも、「喜多方ラーメン」風味というのが、僕のお薦め。他にも、福島の食材が使われているので、全部試してみたい。これからの時代、保存食としても重宝されそう。さて、今日は、待ちに待ったソロキャンプ当日。飯にするか、麺にするか、同じ喜多方ラーメンでも、これは悩む……（神藤秀人／d design travel 編集部）

009
栃木
TOCHIGI

中華百華園
栃木県那須塩原市埼玉8-23
0287-63-0172
www.facebook.com/hyakkaen

深化していく中華食堂　栃木県那須塩原市にある「中華百華園」は1971年創業の中華食堂で、現在は二代目の菊地健一さんが店に立つ。菊地さんは、「ラジオから流れる曲が良いと思ったら調べる。内装や外装はできるだけ自分の手をかけて、元々あるものをより良くしていく。そうやって手間をかけて、お店も自分も新しいものを取り入れていく」と、長く愛され続けるために必要なことを、いつも考えている。心地の良い音楽と、食欲を掻《か》き立てる厨房《ちゅうぼう》の音。隅々まで清掃され、訪れる客への心配りが徹底されているのも気持ち良い。名物は30年以上親しまれている「カツ餃子」。一口サイズに切り分けられた断面は、野菜たっぷりの餡《あん》を中心に、肉汁を湛《たた》えたミルフィーユ状の豚肉、それらを包むサクサクの衣の三重層になっていて、他では味わうことはできない逸品。栃木といえば「宇都宮餃子」が有名だが、この「カツ餃子」と共に、極上の普通を味わってほしい。（益子 祥太朗／栃木県北那須水道事務所）

008
茨城
IBARAKI

二葉じかん・二葉ごはん
茨城県筑西市岡芹899-7
0296-24-0789（二葉じかん）
futaba-gohan-jikan.net

受け継がれる場の記憶　茨城県筑西《ちくせい》市で、30年間営まれた「二葉寿司」。息子の渡辺秀樹さんと大寿さんの兄弟が2005年に寿司屋をリノベーションして、カフェをスタート。その後2016年に、弟の大寿さんが定食屋「二葉ごはん」として再リニューアルした。隣接した場所には、兄の秀樹さんがカフェ「二葉じかん」をオープン。下館から茂木《もてぎ》（栃木県）へと続く、ローカル線の「真岡鐵道《もおかてつどう》」沿いに、「二葉寿司」の面影を残した「二葉ごはん」と、杉板の外観が特徴的な「二葉じかん」が寄り添うように並んでいる。店舗設計は、のぶひろアーキテクツの加藤誠洋さん。「二葉ごはん」の店内には、寿司屋時代の記憶を留める檜《ひのき》のカウンターがあり、改良を重ねながら大切に使い続けられている。昔の面影を大切に残しつつ、新たな場へと進化していく「二葉ごはん」と「二葉じかん」をその日の気分で味わっていただきたい。（飯野勝智・野口純一／YUIPROJECT）

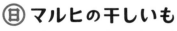

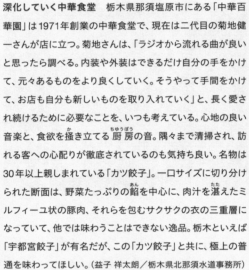

011
埼玉
SAITAMA

本庄デパートメント
埼玉県本庄市銀座2-2-1
honjo-department.com

本庄の暮らしをちょっとだけ楽しく　埼玉の北西部、群馬県にも接する本庄市。かつて中山道最大の宿場町といわれた。そのJR高崎線本庄駅北口商店街に、2021年「本庄デパートメント“WORK+PARLOR”」がオープンした。築100年超の元料亭を古材を使って改修。歩くだけでも楽しい路地や、古い建物、古道具や古民家が、この商店街にはある。その魅力に惹《ひ》かれた移住者が、オープンした、コーヒーとオリジナルのクリームソーダ専門のカフェ。「WORK+PARLOR」はカフェだけでなく、コワーキングスペースの機能もある。移住や起業支援、デザインや動画制作などクリエイティブなプロジェクトに関わることができる「ちょっとだけ面白い人・素敵なもの・楽しい情報が集まる小さなデパートメント」だ。（榎本《えのもと》 千賀耶《ちがや》／本庄デパートメント 建築・デザインと、コーヒーを淹《い》れるひと）

010
群馬
GUNMA

和む菓子 なか又 前橋本店
群馬県前橋市千代田町2-7-21
027-896-9359
www.nkmt.jp

“和む”をふやす和菓子店　シャッター街化が進む、群馬県前橋市の中心商店街「まちなか」を、ローカルの価値を伝える場所にしていこうと企画された「前橋デザインプロジェクト」。その一環で、2018年にオープンしたのが和菓子屋「和む菓子 なか又」だ。店舗設計はスキーマ建築計画の長坂常さん。かつて前橋市は、絹産業や製糸業で栄え、レンガ造りの倉庫や建物がよく見られた。景観の記憶を紡ぐため、レンガを外観に使うことがこのプロジェクトのルールでもあり、3軒連なるレンガ造りの建物の真ん中に「なか又」がある。全面ガラス張りで、小気味よく進める和菓子作りを眺めるのも楽しい。快活で丁寧な接客は、通りに明るさと華やぎをもたらしている。看板菓子のどやらき「ふわふわ わぬき」は、旬の果物などを用いた期間限定品も美味《おい》しい。まちなかの賑《にぎ》わいを見て、とても嬉《うれ》しい気持ちになった。（本多 寿美代／会社員）

013

東京

TOKYO

東京チェンソーズ

東京都西多摩郡檜原村本宿654

042-588-5613

tokyo-chainsaws.jp

東京で「小さくて強い林業」を目指す　西多摩郡に位置する檜原《ひのはら》村を拠点に、2006年から林業会社を立ち上げた「東京チェンソーズ」。島しょ地域を含めた東京都の約4割が森林であることにも驚いたが、檜原村は、その93パーセントが森林で占められていることに、もっと驚いた。2021年の春に、檜原村の山を見学に伺った際、目前に広がる大自然に、「ここは東京か？」と思わず目を疑ってしまった。「美しい森林を育み、活かし、届ける」を理念とする「東京チェンソーズ」の取り組みはさまざまだ。木の根っこから枝葉まで余すことなく使い販売する「1本まるごと販売」。美しい森林を会員と共に育てる「東京美林倶楽部」、企業とコラボレーションしたオリジナル製品の制作から販売など、持続可能な新しい林業を実現している。2021年11月にオープンした「檜原森のおもちゃ美術館」ではミュージアムショップを運営。美しい森林を育み、地域と繋《つな》がり合うプロジェクトを、東京の小さな村から発信している。（藤田 諒／ D&DEPARTMENT TOKYO）

012

千葉

CHIBA

千葉県立美術館

千葉県千葉市中央区中央港1-10-1

043-242-8311

www2.chiba-muse.or.jp/ART/

「みる・かたる・つくる」活動による情報発信の場　戦後の日本建築を代表する建築家・大高正人の設計で、外壁の組み合わせが重厚な外観。約1万坪の敷地と、広大な芝生の中に、第7展示室を中心として展示回廊が形成され、中心の大屋根から四方に翼を拡げたような平屋建てが映える。周辺港湾部の水平的な拡がりと相まって、水平基調を構成している。房総ゆかりの美術資料を中心に、近現代にこだわった美術作品を展示。正面玄関左手には、大《おお》須《す》賀《か》 力《つとむ》 作の「浅井 忠《ちゅう》像」が来館者を迎えてくれる。館内にも、アントワール・ヌールデルの「聖母像」の彫刻をはじめ、彫刻作品の数々があり、さまざまな角度から眺め、感じて楽しめる。また併設する県民アトリエ棟では、幼児や小学生を対象にしたワークショップや、シニアを対象とした実技講座なども開催している。（坂下和宏／造園・都市緑化会社勤務）

015

新潟

NIIGATA

妻有ビール株式会社
新潟県十日町市太平塚上り474-1
090-1037-4388
www.facebook.com/tsumaribeer/

そこにいてほしい醸造所　新潟県南部の十日町市で2018年から醸造を始めた「妻有《つまり》ビール」。醸造所では、新鮮な生ビールの持ち帰りも可能。繰り返し使える1リットルの瓶を手に、地元の人が購入のために訪れていて、この土地の日常のビールとして存在している。醸造家である髙木千歩さんは、地域おこし協力隊の活動を通して触れた十日町の多種多様な文化を、ビールと共に発信し続けている。地元産のそばの実を使った「十日町そばエール」をはじめ、旬の果物や作物、3年をかけて自家栽培したホップを用いた「みんなのエール」も販売が始まり、私たちの楽しみが尽きない。2021年から始めたボトル販売では、織物産業が盛んな十日町の織物が、ラベルのデザインになっている。常に変化を遂げつつ、明るく元気でいつも懸命な人柄の髙木さんに、ついつい会いに行きたくなってしまうのだ。（渡辺美穂／ d47食堂）

014

神奈川

KANAGAWA

茶寮石尊
神奈川県伊勢原市大山12
0463-94-3628

絶景を拝む　三角形の美しい山容を誇る大山、別名・雨降り山は、古代より雨乞い信仰の対象とされ、江戸期には大勢の庶民が大山詣《まい》り（行楽も兼ねた参拝）を楽しみに訪れた。標高1252メートルの頂上を目指す登山客で賑《にぎ》わう大山の山腹には、悠久の歴史を今に伝える茶寮がある。2019年に大山《おおやま》阿夫利《あふり》神社の下社客殿の一部を改修して作られた「茶寮石尊」。設計は建築家・堀部安嗣氏、施工は地元宮大工によるものだ。麓から登山道を歩き続けること40分。息を切らして辿《たど》り着いた茶寮では、遠く相模平野の美しい景色を拝みながら、山から湧き出る御神水で淹《い》れられた珈琲で一服。心も息も、清らかに整えられたら、再びここから山頂を目指す。古来、多くの人々を惹《ひ》きつけてきた大山の歴史や豊かな自然を、創意を持って、感じさせてくれる「茶寮石尊」を訪れることもまた、新しい大山詣りの楽しみ方だ。（原田將裕／茅ヶ崎市役所）

017

石川

ISHIKAWA

KAMU kanazawa
石川県金沢市広坂1-1-52
www.ka-mu.com

歩いて巡る、街の隙間にあるアート　2020年に開館した私設ミュージアム。「KAMU Center」を中心に、「sky」「BlackBlack」「L」「tatami」「k=k」と、2022年3月現在、6か所の展示スペースがある。まず「Center」で共通チケットを購入し、徒歩圏内にあるそれぞれのスペースへ。金沢21世紀美術館を代表する『スイミング・プール』の作者レアンドロ・エルリッヒの『INFINITE STAIRCASE』や、写真家・森山大道の『Lip Bar』など、どれもコンパクトな空間でありながら、一歩足を踏み入れると喧騒《けんそう》を離れた異空間。旅していることを忘れるような不思議な感覚を覚えた。商店街の一角や町屋など、街の隙間にアートが点在し、歩いて巡る。作品を観た時の感情や気温、風が吹いたその情景までもが、そのまま旅の思い出になる場所。（黒江美穂／D&DEPARTMENT PROJECT）

016

富山

TOYAMA

樂翠亭美術館
富山県富山市奥田新町2-27
076-439-2200
www.rakusuitei.jp

作品と自然を感じ楽しむ美術館　富山駅北口より徒歩10分ほどの「樂翠亭《らくすいてい》美術館」。駅前の賑《にぎ》やかな雰囲気とは違った閑静な住宅街に、1950年代に建てられた日本家屋をリノベーションした美術館がある。「樂翠」とは緑を楽しむという意味。庭園に入ると、趣のある和の空間と、四季折々の表情を魅せる景色に、庭園の美しさが感じられる。邸宅の各部屋には、工芸品や絵画、現代美術が展示されていて、風情ある日本建築と、さまざまな美術作品が堪能できる。作品を楽しむ季節としてどの季節も素敵だが、特に美しいと感じるのは、雪国富山県ならではの冬の景色だ。真っ白な雪景色と共に、美術作品を眺めると、景色も作品の一部のように映るのがとても魅力的。建物や景色を含め、日本の文化を再確認できる空間だ。四季の風景を楽しみながら、ゆっくりとした時間が過ごせる。（岩滝理恵／D&DEPARTMENT TOYAMA）

019

山梨

YAMANASHI

アメリカヤ
山梨県韮崎市中央町10-17
0551-45-7291
americaya1967.jp

街を見守る名物ビル　1967年に建てられて以来、韮崎《にらさき》中央商店街のシンボルとして愛されてきた「アメリカヤビル」。創業者の星野貢さんが亡くなり、約15年ほど使われないままになっていたビルを、2018年に「IROHA CRAFT」がリノベーション。1階にはカフェ「食事と喫茶 ボンシイク」、2階にはDIYショップの「AMERICAYA」、3階はテナントショップ、4階には、ビルのリノベーションを担当した「IROHA CRAFT」、5階にはWi-Fi完備のフリースペースとして活用されるほか、僕らのデザイン事務所「BEEK DESIGN」も入居している。壁や床、階段の手すりなどは当時の面影をそのまま残している。人通りが少なかった商店街に、観光客から近所のご年配の方、高校生まで多様な人が集まるようになった。人の流れは商店街に新たなカフェや宿、作家のアトリエなどを呼び込んでいる。(土屋 誠／ BEEK)

018

福井

FUKUI

GOSHOEN
福井県小浜市北塩屋17-4-1
0770-64-5403
goshoen1815.com

若狭小浜のみんなの別邸　かつて北前船商人「古河屋《ふるかわや》」が、小浜《おばま》藩のお殿様などの賓客をもてなすために建てた、福井県指定の有形文化財「護松園」を活用したスペース「GOSHOEN」。ここには、運営元である「箸蔵まつかん」こだわりの、若狭塗箸《わかさぬりばし》がずらりと並ぶショップをはじめ、コーヒースタンドや、コワーキングスペース、誰でも自由にくつろげるシェアスペースがある。また、これらのスペースを利用したイベントも定期的に開催されており、「みんなの別邸」というコンセプト通り、誰でも気軽に立ち寄りやすいオープンな雰囲気がある。作り手の顔が目に浮かぶほど、丁寧に製造背景を教えてもらい手に入れた若狭塗箸には、特別な愛着が湧くはず。訪れた人はぜひ、コーヒーをテイクアウトして、シェアスペースの縁側からのぞく庭園をゆったりと眺めながら、くつろいでみてほしい。(新山直広／ TSUGI)

021
岐阜
GIFU

三河亭
岐阜県岐阜市八ツ寺町1-2
058-262-2618
www.instagram.com/mikawatei1894

老舗《しにせ》洋食店の復活　1894年に岐阜で初めての洋食店として開業し、明治時代から1世紀以上にわたって多くの客に愛されてきた「三河亭」。2013年の休業で一度はその歴史が途絶えてしまったが、4代目の中島稔さんの長女である服部恵美さんの切望と熱意によって、2021年夏に復活を果たした。それは、恵美さんだけでなく、稔さんが作る“三河亭の味”を慕う、まちの人々にとっても待ち望んだ再開だった。店の代名詞といえる「高等ライス」は、美濃焼の丼で供される半熟の目玉焼きがのったカレーだ。昔はカレーが高級料理だったことから、この名が付いたという。まったりとしたルウは玉ねぎや豚肉の甘さの後にピリッとスパイスがきく。黄身をとろりと潰《つぶ》しながら一緒に頬張る。創業当初からのレシピを再現した秘伝のソースをかけてまた一口。懐かしいのに新しい、復活の味。たまらない。（高野直子／リトルクリエイティブセンター）

020
長野
NAGANO

吉平酒店／馳走よしひら
長野県東筑摩郡朝日村針尾178
080-5349-6493
yoshihira.info

土蔵を改装したワイン専門店
長野県東筑摩郡朝日村で、吉平翔さんと綾子さんがワイン専門店「吉平酒店」を始めたのは2016年のこと。古い土蔵を改装し、「地中熱」を利用してワインの管理・販売をしている。匂いや温度ムラがなく、直接冷気や温気が当たらないので、ワインを保管するには理想的な環境だ。ワイン専門店というと洋風なイメージもあるが、日本の伝統的な土蔵に並ぶワインも雰囲気があって良い。店名やロゴマークも、和のイメージを保っている。京都や滋賀の料亭、料理旅館で腕を磨いた二人は、料理やワインを楽しんでもらえる場所を提供したいと、小さな飲食店「馳走よしひら」も始めた。地元の食材を中心に、山里の空気感を感じられる料理を提供。吉平さん夫婦の誠実な人柄を、そのまま表現したような丁寧な料理は、日頃の喧噪《けんそう》を忘れさせてくれる。（轟 久志／トドロキデザイン）

023
愛知
AICHI

総本家 好来道場
愛知県名古屋市千種区春岡通6-1-16
052-735-3655

名古屋は濃い味だけに非《あら》ず　豆味噌文化圏における愛知県の食は、濃いめの味つけが多い。インパクトのある味わいは、「名古屋めし」と呼ばれ、観光資源の一つとして人気を博している。そんな中、1959年の創業から、弟子や孫弟子により店舗を増やし、名古屋市内外に十数件を数える「好来系」と呼ばれるラーメン店がある。丼になみなみと注がれるスープは、醤油ベースであっさりとしつつ、鶏ガラやムロアジ干し、多数の野菜を煮込んだ、濁りのある、滋味深くて優しい味わいが特徴的。スープは1種類、ラーメンのみの構成ながら、総本家に当たる「好来道場」には、その味を求めて来客が絶えない。観光化され過ぎた感がある「名古屋めし」とは一線を画す、地元に愛され続けてきた一杯だと思う。初めて訪れると独特のメニュー名で迷うが、美味《おい》しいメンマがたっぷり味わえる「竹」がお薦め。(山田藤雄／フリーランス)

022
静岡
SHIZUOKA

研屋町の井戸水
静岡県静岡市葵区研屋町27
054-253-0131
（静清信用金庫 研屋町支店）

静岡の自然発生的な生活デザイン　静岡市の中心街である紺屋町《こうやまち》、御幸《みゆき》町、呉服町などは、昔から湧き水が出ていたことから「清水尻《しみんじり》」と呼ばれていたが、現在はあまり知られておらず、中心街の飲食店の暖簾《のれん》に「清水尻」と書かれているくらい。そんな中、中心街から近い葵区研屋町《とぎやちょう》に、井戸水が街に溶け込むような形で設置されている。この井戸水は、かつてこの地にあった醤油醸造所に必要不可欠な資源で、静《せい》清《しん》信用金庫が新たに掘削したもの。現在8時から17時の間、無料開放していて、住民も活用している。ロングライフデザインとは元来、その地域の文脈と、ニーズを汲《く》み取った無名なデザイナー（市民）から湧き上がってくる創作行為の産物。そう捉えると、それらがいかに自然発生的に生まれたかという視点が加わり、その土地の新たな一面が見れるかもしれない。

（本村拓人／ Media Surf Communications）

025
滋賀
SHIGA

湖のスコーレ
滋賀県長浜市元浜町13-29
0749-53-3401
umi-no-schole.jp

長浜に、つくる・まなぶ・暮らしの学校　長浜の旧市街地中心にできた、地域の再開発を目的としたビル。長浜での暮らしに、明るい未来を感じるような、新しい暮らしを学ぶ学校のような場所をつくろうと、石村由起子さん（くるみの木）と、滋賀出身の私自身もプロデュースに加わった。ストアや喫茶に加え、麹室やどぶろく醸造を行なう「ハッピー太郎醸造所」、「古株牧場」の生乳を使ったチーズ製造工房、社会福祉法人で作品の制作を行なう「やまなみ工房」のアール・ブリュットのギャラリー、リソグラフの印刷工房が併設されたブックストアなど、400坪の商業文化施設が出来上がった。学校を意味するスコーレ。教える、教えられるではなく、ユニークな物や人と繋《つな》がるきっかけの場所を目指す。滋賀県に、文化発信をする場所が、少しずつ増えていってほしいと願う。（相馬夕輝／D&DEPARTMENT PROJECT）

024
三重
MIE

伊勢 菊一
三重県伊勢市本町18-18
0596-28-4933
isekikuichi.com

外宮参道から伊勢の文化を知る　三重県に足を運ぶ理由の一つとして、「伊勢神宮」への参拝が、群を抜いて1位ではないだろうか。 外宮《げくう》から内宮《ないくう》へ参拝いただくのが正式な順序だが、内宮だけに立ち寄り、帰路に就く方も少なくないそうだ。 外宮参道にある明治創業の打刃物店を引き継ぎ、お店を守りながら参拝客に外宮文化を発信しているのが「伊勢菊一」だ。 店内に並ぶ刃物は、食にまつわる道具が多く、外宮さんが食の神様だということに深く関係していることがうかがえる。 また伊勢神宮にまつわる文化が解説された『伊勢あんちょこ』や、『古事記』などの神話が題材の「神話《しんわ》占合《うらなひ》」も 、外宮文化を楽しみながら知ることができて面白い。お伊勢さんへ参拝の際は、ぜひ外宮参道をじっくり味わいながら歩いてほしい。（田畑知著《ちあき》／D&DEPARTMENT MIE）

027
大阪
OSAKA

DOMENICA POSTER
大阪府大阪市中央区南船場3-5-1
06-6252-8182
www.domenica-poster.com

奥深いコレクションポスターの世界　心斎橋駅から徒歩5分、主に映画館に貼られるオリジナルポスターに拘《こだわ》る専門店。小さなビルにある店舗までの狭い階段の両脇には、名作のポスターが貼られ、映画好きの僕はワクワクしてしまう。ジャンルごとに整然と並んだポスターを探す作業は、レコード・CDショップで「掘る」作業に似ていて、それ自体が楽しい。主に映画館向けのオリジナルポスターは、市場に流通する数に限りがある。お目当てのポスターがない場合、入手は困難だが、お願いすると店舗のネットワークを使って親身に探してくれる。一部、リプリントも扱うが、正規品に拘り、非正規品やフェイク品は扱っていない。比較的良心的な価格設定も嬉《うれ》しい。フリマから始め、茶屋町で開店の後、心斎橋に店舗を移転し現在に至る。これからも実店舗を持ち続け、頑張ってほしいお店だ。

(石嶋康伸／ナガオカケンメイのメール友の会・管理人)

026
京都
KYOTO

堀井七茗園
京都府宇治市宇治妙楽84
0774-23-1118
uji-shichimeien.co.jp

お茶文化の伝統と革新　京都駅からJR奈良線で約17分。日本のお茶文化を支えてきた宇治市、世界文化遺産である平等院へ向かう道すがらに、室町時代から続く茶園「奥ノ山」を今も守る「堀井七茗園《ほりいしちめいえん》」がある。「伝統的な栽培方法や味を大切にし、美味《おい》しくお茶を飲んでもらえる淹《い》れ方も、次の世代に伝えたい」と言う六代目園主の堀井長太郎さん。2021年には、「京都醸造」とコラボレーションして、お茶の繊細な味わいを活かしたクラフトビールを作った。碾茶《てんちゃ》（抹茶用茶葉）を贅沢《ぜいたく》に使った「ハレ」、馴染み深い煎茶を使った「ケ」、の2種のオリジナルビール。ラベルデザインは、D&DESIGNが担当した。このコラボレーションも、次の世代に、お茶を改めて身近に味わってもらうアイデアだ。室町時代から600年以上生き続ける茶園の母樹も、これには驚いたんではなかろうか。(内田幸映／ D&DEPARTMENT KYOTO)

029

奈良

NARA

HEP

奈良県大和高田市曙町15-33

www.hep-sandal.jp

ニューヘップサンダル「HEP」　靴下の生産が多いことで知られている奈良県だが、日本有数の履物産地でもあるということはあまり知られていない。草履や雪駄、サンダルや革靴など、足元まわりを支える履物の製造メーカーがたくさんある。そんな奈良県で1952年に創業した「川東履物商店」は、履物の企画・製造から販売まで、履物まわり全般を担うメーカーで、そのラインアップの中に、つっかけ式の履物・ヘップサンダルもあった。2020年、川東履物商店が装いを新たに「HEP」というブランドを立ち上げた。これはヘップサンダルを現代にリバイバルさせた、まさに「ニューヘップサンダル」。気軽さはそのままに、履き心地や快適性も考えられ、デザインもモダンな新たなプロダクトとして仕上がっている。ご近所履きの、新しい選択肢として「HEP」を玄関先に加えてみてはいかがだろうか？（坂本大祐／オフィスキャンプ）

028

兵庫

HYOGO

相良育弥

kusa-kanmuri.jp

越境する現代の茅葺《かやぶ》き職人　神戸市の北端の里山が広がる淡河《おうご》地区に、茅葺職人の相良育弥さんは暮らしている。「くさかんむり」という名の職人集団の親方でもあり、職人たちを束ねながら、伝統的な茅葺き屋根の葺き替えや、文化財の修復に加え、現代建築、商業施設の什器《じゅうき》、オブジェ、音楽ステージ、ワークショップなどでも茅葺きを用い、積極的に茅葺きの魅力を広める活動をしている。それは「茅葺き」のイメージを大きく超えていて、素材の可能性や魅力を、改めて私たちに教えてくれていると同時に、新たな茅葺き造形を作り上げ、他の領域の作り手たちとも協業している。そして何より、茅葺きのある現場は美しい。茅の葺き替え時に出た古い茅は、土に還され、ごみが本当に少なく、機械音もしない。ただザッ、ザッと茅を葺く音だけが聞こえてくる。彼らの活動を、ぜひ広く知ってもらいたい。（小菅庸喜／ archipelago）

031

鳥取

TOTTORI

BREW LAB KURAYOSHI

鳥取県倉吉市東仲町 2587

0858-27-1432

brewlab-kurayoshi.jp

倉吉の想いを継承するブルワリー　2020年8月、風情ある街並みが今も残る「倉吉白壁土蔵群」で、代表の福井恒美さんは、古民家を改装して「BREW《ブリュー》 LAB《ラボ》 KURAYOSHI《クラヨシ》」をオープン。ビア・レストランも併設し、地元の人や観光客も集う場所になっている。福井さんがビール醸造を始めたきっかけは、同じく倉吉市出身の「キリンビール」の創業者の一人、磯野長蔵氏。人材育成など街のために貢献した人だったが、その功績を知らない人が増えている現状に、このままではいけないとビールの道に進んだ。地元の酒蔵「元帥酒造」の酒粕《さけかす》を使った「酒粕BREW」や、最近では、県産の大麦や米を使い醸造した「星空エール」も完成した。継承すべきことを伝え続け、新たな分野にも取り込む。100年続く事業を目指した活動は、街並みに溶け込んでいくだろう。（門脇 万莉奈／d47 design travel store）

030

和歌山

WAKAYAMA

旧西本組本社ビル

和歌山県和歌山市小野町 3-43

www.nishimoto-jp.com

いつまでもここに在り続けてほしい場所　1925年建築、国の登録有形文化財「旧西本組本社ビル」。ここに来ると、いつも凛《りん》と背筋が伸びる。和歌山の市街地を焼き尽くした1945年の大空襲。和歌山の象徴だった紀州徳川家のお城を含め、ほとんどを失った。そんな中、「旧西本組本社ビル」は戦火をくぐり抜け、今も在り続けている。国内で現存する稀少な大正期のRC造で、ネオ・ルネサンス様式の近代洋風建築の3階建て。設計は岩井信一氏。背丈ほどもある縦長の上げ下げ窓や、煉瓦《れんが》タイル貼りの外壁、そしてペディメント（破風）をイオニア式柱が支える玄関は、圧倒的な存在感。今は1階にギャラリーショップ「norm」、2階に建築事務所「THE OFFICE」、3階にバレエスタジオ「アーツ・クラシック・バレエ」が入居しており、地域の人々からも愛され続けて、その存在感を放っている。（武田健太／ Wakayama Days）

033

岡山
OKAYAMA

軽食喫茶 UDO
岡山県備前市伊部1657-7
0869-93-4701
www.facebook.com/UDO-629816800487334/

備前の器の魅力を体感する　備前焼の産地に赴く際には必ず立ち寄るコーヒーショップ「UDO」。伊部《いんべ》駅の構内に存在する喫茶店で、窓からは駅のホームも見える。食事や飲み物は、備前焼の器で提供され、その美しさや、使い勝手の魅力を、実際に食べて飲んで堪能できる。備前焼と言えば個人的に「緋襷《ひだすき》」と呼ばれる、線状の火色の赤い模様が美しく、お気に入りだ。今回訪れた際も、緋襷の模様の器でその美しさを堪能した。コーヒーは岡山県瀬戸内市内の「キノシタショウテン」が焙煎《ばいせん》したもの。数多くのコーヒーロースターがいる岡山でも、特に美味《おい》しいコーヒーを焙煎している店の1つだと思う。料理は朝食の「トマトチーズトースト」が特にお薦め。コーヒーを楽しんだ後には、駅2階にある「備前焼伝統産業会館」や、周辺の窯元のギャラリーをぜひ訪ねてほしい。（とつゆうた／株式会社 CIAL）

032

島根
SHIMANE

糧
島根県鹿足郡津和野町邑輝829-1
0856-72-0339
72recipes.jp

旬を味わい、暮らしを学ぶ　食や暮らしの知恵の学び舎「糧」は、津和野町畑迫《はたがさこ》の国指定文化財・旧畑迫病院の一角にあるレストラン＆カフェ。ここでは「医食同源」をテーマに、地元の野菜を使ったランチを提供している。使われている野菜の種類の多さや、調理方法に驚き、旬の野菜でお腹がいっぱいになる体験に、土地の恵みを実感する。店内には、店主の大江健太さんが、暮らしを豊かにするものとして選んだ、作り手の顔が見える調味料なども並び、少しずつその数が増えていくのも通う楽しみになる。店を運営する上で大切にしているのは、無理をしない、肩の力を抜いた運営スタイル。客として訪れていた人が、気がつけばスタッフとして、リフレッシュを兼ねてここで働くこともある。「食と暮らしを大切にする」というシンプルなメッセージが、人を集め、訪れた人の好奇心をくすぐり続けている。（玉木愛実／津和野まちとぶんか創造センター）

035

山口

YAMAGUCHI

TAKADA COFFEE　カモンワーフ店

山口県下関市唐戸町6-1 1F

083-232-0955

www.takadacoffee.com

四季折々の関門海峡を眺めるカフェタイム　1987年の創業以来、竹崎町で自家焙煎《ばいせん》珈琲を提供し続けてきた「TAKADA COFFEE」。2014年「唐戸市場」にも隣接し、人と船が行き交う港前の施設「カモンワーフ」に移転。「関門海峡の風景が大好きなんです」と満面の笑みで話す店主の東千鶴さんと息子の竜《りょう》さん。客の半数以上はテイクアウトで注文し、珈琲を飲みながら関門海峡のロケーションを楽しんでいる。その風景を見ながら「この店がここにある意味、ここにいたい理由がこれです」と、東さん親子は話す。珈琲をより身近に感じてもらおうと、下関で最初に移動販売を始めるなど、たくさんの人に珈琲を届けてきた。今もその思いは変わらず、「コーヒーモカソフト」など珈琲を楽しめるスイーツも提供する。四季折々の関門海峡を眺めながらのカフェタイムは、心を穏やかにしてくれる至福のひと時だ。（林 祐史／公務員）

034

広島

HIROSHIMA

PENTA

広島県広島市西区三篠町2-19-19

082-237-5152（トーホー株式会社）

penta-toho.com

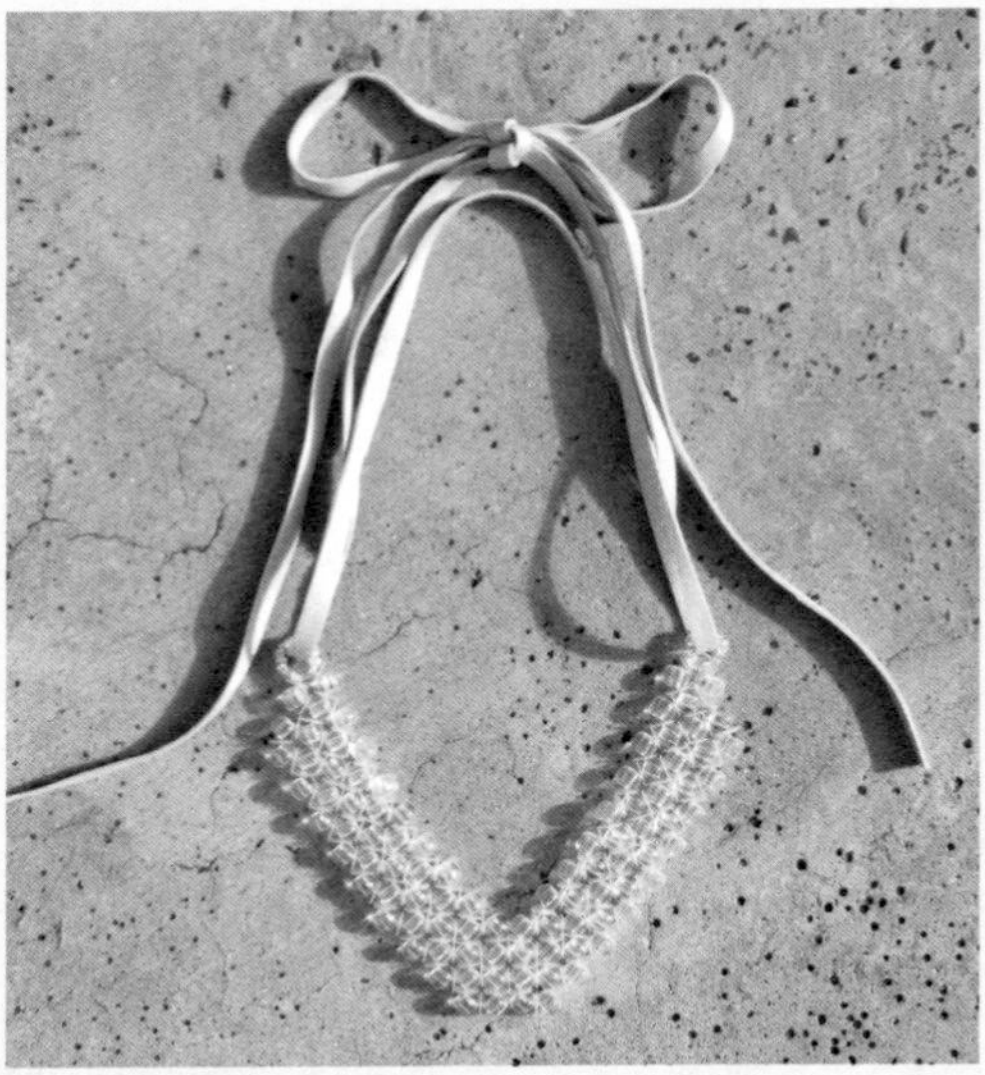

幾何学的な世界を手のひらに　1951年に広島で創業した、グラスビーズの製造メーカー「TOHOBEADS」。そこで作られるグラスビーズは、世界中のファッションデザイナーや、クラフトデザイナーたちに愛用されている。刺繍《ししゅう》家のFUJI TATE P氏がデザインをてがけた「PENTA」は、ビーズを扱う専門家だけでなく、より多くの人に「TOHOBEADS」の魅力を伝えるオリジナルブランドだ。「TOHOBEADS」は、職人を育て、ビーズの生産からジュエリーの組み立てまでを、一貫して広島で行なっている。そのデザインは、平面も立体も、どこか幾何学的で分子構造的。キラキラしたグラスビーズとその建築的なデザインが混ざり合い、神聖な空気を醸し出している。身に着けると背筋を伸ばしたくなる。光の当たり方で輝きが増すから、身に着けたら光を浴びに出かけたくなる。（上久保 杏子／ d47 design travel store）

037
香川
KAGAWA

豊稔池堰堤
香川県観音寺市大野原町田野々
0875-24-2150(観音寺市観光協会)
www.city.kanonji.kagawa.jp/soshiki/21/334.html

日本最古の石積式ダム　観音寺市内から、県道大野原川之江線を愛媛に向かい山道を進んでいくと、中世ヨーロッパの古城を思わせるノスタルジックな建造物が見えてくる。雨量の少ない香川県、西讃《せいさん》地域でも度重なる大干魃に悩まされてきた。1926年着工、1929年竣工という驚異的な速さで完成した「豊稔池堰堤《ほうねんいけえんてい》」は地元住民の人海戦術によって造り上げられた。マルチプルアーチ式という当時の技術の粋を集めたコンクリート造溜池堰堤で、2006年には国の重要文化財に指定された。歴史的価値のあるこの建造物は、今も灌漑が行なわれている。毎年7月中旬の田植え時期に行なわれる「ゆる抜き」は、季節の風物詩。地鳴りに似た水音とともに、地上30メートルの堤からの放水は、迫力満点。完成からもうすぐ100年。現在も働き続ける堰堤は、農地を潤す大切な水源として重要な役割を果たし続ける。(やましたかなよ／いりこのやまくに)

036
徳島
TOKUSHIMA

上勝町ゼロ・ウェイストセンター
徳島県勝浦郡上勝町福原下日浦7-2
080-2989-1533
why-kamikatsu.jp

暮らしを問い直す、コミュニティーの場

日本で初めて「ゼロ・ウェイスト宣言」を行なった上勝町《かみかつちょう》。町民と町役場とが手を取り合い続けてきた“ごみゼロ”の取り組みは、今や分別品目が45種類、リサイクル率は全国平均の約4倍に当たる80%を超える。この取り組みを国内外に発信する拠点として、2020年に「ゼロ・ウェイストセンター」が誕生。不要な家具や廃材をアップサイクルして建てられた公共複合施設には、町民が利用するごみステーションや、ゼロ・ウェイストを学ぶ体験型のホテルなどを併設。気候危機が叫ばれる昨今、生産・消費・廃棄のサイクルの中で生じる環境負荷を、町民一人一人が、身近な暮らしから見つめ、問い直す。見過ごしがちな大切なことを、自分事として受け止める、上勝に根づく美しい価値観。その原点にあるロングライフな生活意識のデザインが今、四国一小さな町から広がり始めている。(原田將裕／茅ケ崎市役所)

039

高知

KOCHI

おっこう屋
高知県香南市赤岡町448-1
0887-55-3468
www.okkouya.com

赤岡町の昔と未来を繋《つな》ぐ場　古くから宿場町として栄えた赤岡町。「おっこう屋」は、店主・間城紋江《ましろあやえ》さんの「訪れた人に赤岡を感じられる場所を作りたい」という想いで2003年にオープンした。築350年を超える元・蝋燭《ろうそく》問屋は、伊能忠敬も宿泊した場所で、梁や柱など当時の建築を残している。高知に伝わるのぼり旗をリサイクルした布草履、赤岡町の堤防のススキを使った箒《ほうき》、染色作家の方の絞り手ぬぐいなどの地域の人が作った物や、それぞれの家で代々受け継がれてきた物が並び、次の使い手へバトンを繋ぐ場になっている。「町のみんなのものを預かり、赤岡町を伝えながらお店番させてもらっています」とハツラツとした笑顔と軽快な土佐弁で語る間城さん。土地の素材を生かした物づくりや、暮らしの中で生まれたものづくりを通して、町の記憶と、土地の魅力を伝え続けている。（坂田 実緒子／ d news aichi agui）

038

愛媛

EHIME

古民家ゲストハウス 汐見の家
愛媛県越智郡上島町弓削佐島299
0897-72-9800
shiomihouse.com

Photo : Shuhei Miyahata

旅人から、家族になれる家　瀬戸内海に浮かぶ離島「佐島」。佐島港近くに静かに佇《たたず》むのが、「古民家ゲストハウス 汐見の家」だ。ここはオーナーである西村暢子さんの曽祖父の代に戦後間もなく建てた家で、しばらく空き家だった。処分するには惜しいと、地域住民や学生らがリノベーションに協力し、2016年完成した。五右衛門風呂、井戸や土間など、古き良きものが大事に残されている。お楽しみは「シェアご飯」。スタッフとゲストが一緒にご飯を作り、掘り炬燵《ごたつ》を囲み、お互いの暮らしや人生を語り合いながら食べる。管理人の工藤美絵さん・富田桂子さんや、地域の方との会話も楽しい。滞在の最後は、みんなが港から見送りの手を振ってくれる。「汐見の家」の滞在をきっかけに移住者が増えているのも頷《うなず》ける。私は何者か、何がしたいか、シンプルに向き合えて、自分が愛《いと》おしくなるような場所だから。

（日野 藍／デザイナー）

041
佐賀 SAGA

YUKI HAYAMA STUDIO
佐賀県武雄市山内町宮野小路1456
0954-45-2245（GALLERY & CAFÉ 516）
www.yukihayama.jp

Photo : YUKI HAYAMA STUDIO

未来を見据えた創造の場　葉山有樹さんは、国内外で活躍されている陶芸家であり著述家である。神話や文様、哲学的思想を独自の心眼を通して陶磁器などに表現している。細密な絵付や物語性の素晴らしさも然《さ》ることながら、完成に至るまでの“時”も想像を超える。染付の上に幾重にも重ねられた色絵や金彩が、経年変化し、下地の染付が見える数百年後に、未来の誰かが目にすることまで考えられている。葉山さんの活動拠点である「YUKI HAYAMA STUDIO」は、建築家の武松幸治さんによる設計。採石場跡地の地形を活かしたダイナミックな作りで、工房とギャラリー＆カフェが併設されている。ギャラリーでは、葉山さんの作品展示の他、ゲストアーティストの展覧会も開催されている。カフェからは幻想的な黒髪山が一望でき、作品と相通ずる悠久の時を感じさせる。（古賀義孝／光画デザイン）

040
福岡 FUKUOKA

あまねや工藝店
福岡県福岡市中央区平尾1-12-2
092-526-0662
yoshi-amaneyatuushin.blogspot.com

よい使い手であるために
一人暮らしを始めた頃、実家で当たり前のようにあった植物を新居でも飾りたいと、枝物を生けられる花器を求めて訪れたのが「あまねや工藝店」だ。器や布など、店主・川口義典さんが国内外問わず選んだ、生活に根差した品が並ぶ。薦められたのは両手で抱えるほどの重さがある広口の壺。「韓国のキムチ用の新しい塩辛壺だけど、花を生けるなら陶器は呼吸してくれるから良いですよ」という言葉通り、我が家で長い期間、緑を楽しませてくれている。湯呑《の》みや小鉢なども「あまねや工藝店」で出会ったものを使っているが、どれも手にしっくりとくる重さがある。「器は用途に応じた重さが必要。使い手として、作り手に調整をお願いすることも」と川口さん。ネットで何でも手に入り、見た目先行で買い物をしてしまいがちな時代、足を運び手に取り、自分とこれから暮らすことになる品を選びたいお店だ。（原 かなた／会社員）

043

熊本

KUMAMOTO

HIKE

熊本県玉名市秋丸415-2

0968-72-0819

hike-tamana.com

玉名の新たな交差点　玉名市を流れる菊池川のほとりに、佐藤充さん・陽子さん夫妻が立ち上げたホステル「HIKE」がある。元病院をリノベーションした建物は、菊池川と高瀬裏川に挟まれ、玉名市のランドマークであり、玄関のようだ。エントランスを入ると、小代焼《しょうだいやき》を中心にした手仕事の数々が目に入る。大きな窓に挟まれた開放的なラウンジでは、だご汁や、地元の生産者とコラボレーションをしたケーキなどを、小代焼の皿で楽しめる。特に玉名牧場のチーズを使用したチーズケーキは、絶品だ。また、頻繁にポップアップストアや、イベントも開催されていて、熊本県内に限らず、さまざまな地域のものや人が集まり、新しい出会いに期待が高まる。県外からの観光客の拠点としてはもちろん、新しい人やものに出会いに、また、ちょっとしたご褒美に宿泊したい、人とモノの拠点だ。（末永 侑／フォトアトリエすえなが）

042

長崎

NAGASAKI

老舗菊水 大徳寺

長崎県長崎市西小島1-1-7

095-826-9566

焼餅と長崎の風景　新地中華街から思案橋へ向かう途中にある「大徳寺」は、明治時代に廃寺になったが、現在は公園として、地元の人たちに親しまれている。急な石階段、大きなクスノキが歴史を感じさせる。そして、ここのもう一つの名物が「老舗菊水《しにせきくすい》の梅《うめ》ヶ《が》枝《え》焼餅《やきもち》」。梅ヶ枝餅というと太宰府天満宮を思い浮かべるが、ここの焼餅は別物だ。もち米をたっぷり使用した餅は、むちっと大きい。「とりあえず1個、今食べてみんね」と言われ、焼きたてを頬張ると、幸福感に満たされた。創業当初は周りに喫茶店もなく、遊郭街から流れてくるお客さんたちで大賑わいだったそう。嫁いで58年になる松本久良子さんが、創業からの焼き型を使い、丁寧に慣れた手つきで、焼餅を焼きながら「秋はイチョウも綺麗《きれい》なのよ」と教えてくれた。次のイチョウが色づく頃にも、元気に営業していてほしいと思える場所。（銭上《ぜにがみ》愛子／会社員）

045
宮崎
MIYAZAKI

LEVEL INDIGO
宮崎県都城市下水流町2541-2

新しい藍の表現を求めて　「LEVEL INDIGO」は宮崎県の内陸部、盆地として知られる都城《みやこのじょう》市にある。この工房では、染料の原料である蓼藍を栽培し、染色、縫製全ての工程を一貫して行なうことで、オリジナリティー溢《あふ》れる藍染め作品を生み出している。藍甕《あいがめ》の中に布地を浸けるのが一般的な染め方だが、そうではない藍染の表現に挑戦したかったと作家の平原《ひらばる》公喜《いさき》さんは話す。自分で育てた藍から、濃度と純度の高い染料を作ることで、白を基調とした染色も可能にした。長い日照時間と温暖な気候が、藍の色素成分生成に必要なため、宮崎の水・気温・光量の全てが栽培に適している。デザインも海や空、宮崎の景色からイメージしたものも多い。現在は期間限定で宮崎空港や県内外の百貨店での催事に出店し、宮崎の風土と景色から生まれた作品を広く伝えている。（佐藤 ちか子／ ceramic art accessory 千花）

044
大分
OITA

Olectronica
090-6895-5986
www.olectronica.com

竹田から絶えず表現し続ける美術ユニット　2009年結成の美術ユニット「オレクトロニカ」。作品制作、イベント企画、空間プロデュースなど、表現方法にとらわれないアート活動を行なっている。2011年に、竹田市に活動拠点を移し、2018年まで「竹田だからできること」をコンセプトに、“芸術文化”と“まち歩き”を楽しむ、アートプロジェクト「TAKETA ART CULTURE」を主催。シャッター店舗が増える、城下町エリアを活用し、市内外から工芸家や芸術家が参加した。工房に隣接する「gallery 傾く家」には、彼らの感性で選ばれた国内外の古道具や骨董が並び、それらと彼らの作品が調和する空間になっている。私のお気に入りは、竹田や各地の山河で見つけた石と、小さな人形を組み合わせた作品だ。石が持つ素朴な美しさに気づかされ、自然物と造形物の調和に彼らの美学を感じる。（渕上涼子／会社員）

047

沖縄

OKINAWA

南城市文化センター シュガーホール
沖縄県南城市佐敷佐敷307
098-947-1100
www.city.nanjo.okinawa.jp/sugarhall

極上の余韻　中城《なかぐすく》湾を背に、さとうきび畑の中に佇《たたず》む「シュガーホール」。野外ステージ、音楽堂、生涯学習施設をスロープと東《あずま》屋《や》で繋《つな》いだ建築デザインで、クラシック専用の音響空間を整えたホールには、能勢孝二郎氏のブロック彫刻が配されている。1994年の開館以来、国内外の音楽家によるコンサートをはじめ、音楽家が市内の中学生向けにワークショップを開催するなど、子どもたちの想像力を育んでいる。野外ステージで開催される「Jazz in Nanjo」には、国内外で活躍するさまざまなミュージシャンが出演。馴染みある曲も演奏され、大人も子どもも気張らずに音楽を楽しめる。私は2018年に、夕暮れの風を感じながらジャズミュージックを楽しむ、心地よい時間を過ごした。余韻が冷めやらぬ終演後、さとうきび畑の中で白く照らされた施設は美しく、清々《すがすが》しい気持ちで満たされた。（松崎紀子／編集者）

046

鹿児島

KAGOSHIMA

柚木竹細工工房
鹿児島県姶良市下名1064-1
0995-65-7730

生活に根づく“日用品”　竹林面積日本一の鹿児島県において、竹製品は身近な日用品として使われてきた。竹工芸作家の柚木一徳さんは、竹工芸が盛んな宮之城《みやのじょう》で学び、現在は姶良《あいら》市にて「柚木竹細工工房」を構え、竹工芸を広める活動とともに、日々作品づくりに励んでいる。柚木さんの作品の特徴は、編みの美しさと竹の処理の丁寧さ。竹の選び出しから編むところまで自ら行ない、丁寧に密に編むことで作品の美しさはもちろん、同時に丈夫さを兼ね備えている。また、みがき技術を使った作品も、柚木さんならでは。青竹の表皮を薄く削ることにより艶が増し、美しさを生み出すこの技法は、時間が経つにつれ飴《あめ》色へ変化し、風合いを増していく。長く使えて変化を楽しめる竹工芸は、風土と文化が生み出す、鹿児島ならではのロングライフデザインだ。（中西祐貴／ D&DEPARTMENT KAGOSHIMA）

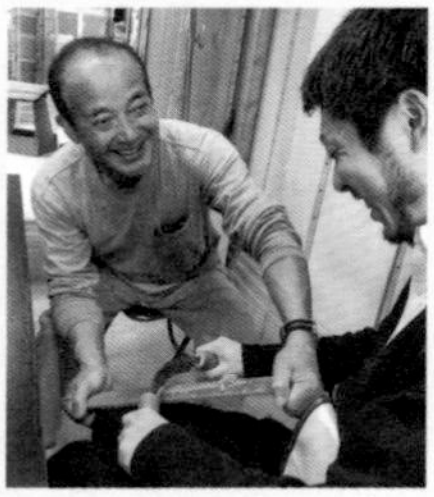

会員みんなでつくる

ロングライフ
デザインの会
会員紹介

D&DEPARTMENTの活動を通じて「ながくつづく」を研究、紹介、活用しながら、いい店や場所、生活道具がいつまでも存在し続くように、そこに大切な意識を広める場として発足した「ロングライフデザインの会」。地域や仲間と繋がり、持続性を生み出す活動を、年間を通して応援いただく会員制度です。

今村製陶［JICON］
version zero dot nine
漆工芸大下香仙株式会社
［Classic Ko］
亀﨑染工有限会社
カリモク家具
株式会社キャップライター
ダイアテック［BRUNO］
大地の芸術祭
デザインモリコネクション
東急株式会社
株式会社東京チェンソーズ
東洋物産株式会社
富井伸行
ドライブディレクション
中村千晶
日本デザイン振興会
株式会社藤栄 ニーチェアエックス
FUTAGAMI
株式会社プラス

AHH!!／四十沢木材工芸／浅井勇樹／あさのゆか（朝から晩まで）／浅見要介／飯島俊幸
礒 健介／inutaku3／入多由紀恵／石見神楽東京社中 小加本行広
株式会社 INSTOCK／株式会社 hplus／江原明香／MT／August Kekulé
大崎真弓 株式会社大崎材木店／大治将典／有限会社 大鷹／大山 曜
オクムサ・マルシェ／及木史菜／カーサプロジェクト株式会社／風の杜
弁護士法人片岡総合法律事務所／金子さつき／河野秀樹／菅野悦子
機山洋酒工業 株式会社／Cuet Inc. 中野結衣／国井純（ひたちなか市役所）
クラフトシップス株式会社／黒野 剛／甕ノ日 藤崎眞弓／Code for FUKUI
コクウ珈琲／九十百千 KOTOMOCHI／小林ふみこ／小湊美輝
コルポ建築設計事務所／COMFORT STYLE Co.,Ltd.／今 由美／齋藤圭吾
齊藤鷹之／酒井貴子／株式会社サカエマーク／坂口慶樹／坂本正文／佐賀義之
櫻井圓晋／サトウツヨシ／佐藤丈公／讃岐かがり手まり保存会／saredo されど
志ば久 久保 統／JunMomo／白崎龍弥・酒井晴菜／白藤協子／末宗千登世
村主暢子／sail 中村圭吾／SO DESIGN 株式会社／曽山 茂／タイタイスタジオ
竹原あき子／竹前映理／谷 駿之介／ちいさな庭／智里／土原翔吾／株式会社 津乃吉
妻形 円／紡ぎ詩／水流一水／つるまきばね／DESIGN CLIPS／tetora
DO-EYE-DO／とくら建築設計／友員里枝子／鳥居大資／永田 智／中村亮太
Nabe／南條百恵実／西村美紀／西山 薫／野村 浩／野村 信／梅月堂／821&350
原田將裕（茅ヶ崎市役所）／ハルバル材木座／パンのGORGE／HUMBLE CRAFT
東尾厚志／日の出屋製菓 千種啓資／ひろ／Hiroshi Tatebe／廣島眼鏡店
fhans-satoshi／POOL INC. 小西利行／深石英樹／藤枝 碧／藤原慎也
FURIKAKE 得丸成人／古屋万恵／古屋ゆりか／株式会社ぶんぶく／ホテルニューニシノ
Marc Mailhot／松田菜央／matsumoto tomoco／マルヒの干しいも 黒澤一欽
道場文香／峯川 大／宮崎会計事務所／株式会社 村松建築／メノワカ食堂／モノ・モノ
森内理子／森 光男／八重田和志／谷澤咲良／宿たゆたう／ヤマギシマサヒコ
山口愛由子／山﨑建設 株式会社／山﨑義樹／山田敬志／山次製紙所／ヤマモト ケンジ
山本八重子／山本 凌／yurie／横山純子／吉永ゆかり／若松哲也
他 匿名73名（五十音順・敬称略）

※2024年9月末までに入会された個人・法人会員の内、
お名前掲載に同意いただいた方々をご紹介しています。

D&DEPARTMENT STORE LOCATION

D&DEPARTMENT HOKKAIDO
by 3KG
北海道札幌市中央区大通西17-1-7
☎011-303-3333
O-dori Nishi 17-1-7, Chuo-ku,
Sapporo, Hokkaido

D&DEPARTMENT SAITAMA
by PUBLIC DINER
埼玉県熊谷市肥塚4-29 PUBLIC DINER
屋上テラス
☎048-580-7316
PUBLIC DINER Rooftop Terrace
4-29 Koizuka, Kumagaya, Saitama

D&DEPARTMENT TOYAMA
富山県富山市新総曲輪4-18
富山県民会館 1F
☎076-471-7791
Toyama-kenminkaikan 1F, Shinsogawa
4-18, Toyama, Toyama

D&DEPARTMENT MIE
by VISON
三重県多気郡多気町ヴィソン 672-1
サンセバスチャン通り6
☎0598-67-8570
6 Sansebastian-dori, 672-1Vison,Taki-cho,
Taki-gun Mie

D&DEPARTMENT KAGOSHIMA
by MARUYA
鹿児島県鹿児島市呉服町6-5
マルヤガーデンズ4F
☎099-248-7804
Maruya gardens 4F, Gofuku-machi 6-5,
Kagoshima, Kagoshima

D&DEPARTMENT SEOUL
by MILLIMETER MILLIGRAM
ソウル市龍山《ヨンサン》区《グ》梨《イ》泰《テ》院《ウオン》路《ロ》240
☎+82 2 795 1520
Itaewon-ro 240, Yongsan-gu,
Seoul, Korea

D&DEPARTMENT HUANGSHAN
by Bishan Crafts Cooperatives
安徽省黄山市黟县碧阳镇碧山村
☎+86 13339094163
Bishan Village, Yi County, Huangshan City,
Anhui Province, China

D&DEPARTMENT FUKUSHIMA
by KORIYAMA CITY
福島県郡山市燧田 195 JR郡山駅 2F
こおりやま観光案内所内
☎024-983-9700
JR Koriyama Station 2F
(Koriyama tourist information center),
195 Hiuchida, Koriyama, Fukushima

D&DEPARTMENT TOKYO
東京都世田谷区奥沢8-3-2-2F
☎03-5752-0120
Okusawa 8-3-2-2F, Setagaya-ku, Tokyo

d news aichi agui
愛知県知多郡阿久比町矢高五反田37-2
☎0569-84-9933
Yatakagotanda 37-2, Agui-cho,
Chita-gun Aichi

D&DEPARTMENT KYOTO
京都府京都市下京区高倉通仏光寺
下ル新開町397 本山佛光寺内
☎ショップ 075-343-3217
食堂 075-343-3215
Bukkoji Temple, Takakura-dori Bukkoji
Sagaru Shinkai-cho 397, Shimogyo-ku,
Kyoto, Kyoto

D&DEPARTMENT OKINAWA
by PLAZA 3
沖縄県沖縄市久保田3-1-12 プラザハウス
ショッピングセンター 2F
☎098-894-2112
PLAZA HOUSE SHOPPING CENTER 2F,
3-1-12 Kubota, Okinawa, Okinawa

D&DEPARTMENT JEJU
by ARARIO
済州島《チエジユトウ》 済州《チエジユ》市《シ》 塔洞《ダプドン》路《ロ》2ギル 3
☎+82 64-753-9904/9905
3, Topdong-ro 2-gil, Jeju-si,
Jeju-do, Korea

d47 MUSEUM / d47 design travel store /
d47 食堂
東京都渋谷区渋谷 2-21-1 渋谷ヒカリエ 8F
☎d47 MUSEUM/d47 design travel store
03-6427-2301 d47 食堂 03-6427-2303
Shibuya Hikarie 8F, Shibuya 2-21-1,
Shibuya, Tokyo

ちょっと長めの、編集長後記

始めよう、
みんなの〝知らない福島〟。

神藤《しんどう》秀人《ひでと》

2021年11月、この旅で福島に来た時は、雪の降る直前だった。郡山駅の至る所には、福島名物「赤べこ」がいて、僕の〝知っている福島〟が、今も残っていることに、どこか安心もした。僕の知っている福島は、2006年の夏。当時はまだ、今ほどスマホも普及していなかった時代だったので、観光ガイドを片っ端から買って、大きな地図片手に、いわゆる観光地を押さえた車旅だった。あぶくま洞に猪苗代湖《いなわしろこ》、飯盛山《いいもりやま》に喜多方ラーメン。特に思い出に残っているのが「磐梯吾妻《ばんだいあづま》スカイライン」。高湯《たかゆ》温泉と土湯《つちゆ》峠を結ぶ、東北屈指の観光道路。吾妻連峰を縫うように山の上を走り、時には雲海の中に飛び込むことも。まさに〝雲の道〟だった。残念ながら今回の旅では、冬季通行止めで通れなかったが、福島には、冬になると行けないような限られた素敵な場所がたくさんあるので（三島町の「霧幻峡《むげんきょう》の渡し」は必ず体験したい）、ぜひ、春になったらまた来たい。

2011年3月11日に起きた東日本大震災。また、それに伴う津波により発生した福島第一原子力発電所事故。『d design travel』を知っている人ならば、「福島号」と聞いて、誰もが思い浮かんだことだろう。今だから言えるが、僕自身も実は不安で、のんきに〝デザイントラベル〟してよいものなのだろうか、取材できるような場所はあるのだろうか、そう思った。実際、この旅で、国道6号線（通称「ロッコク」）を走ると、未《いま》だに広範囲で帰還困難区域があることをこの目で見て実感した。コンビニやファッションセンター、定食屋など、僕

carefree “design travel” and gather news on anything. In fact, as I drove along the National Route 6 on this trip, I saw with my own eyes that there are still many restricted areas, including Futaba-machi. It felt as if I was confronted with the reality of the situation. I also found myself pent up with anger.

But I felt cheated of my feelings when I met the people living in Fukushima Prefecture. I didn’t know what to say or how to approach them; they just told me that it was okay to be my usual self. On the contrary, they took me around to various places – they wanted me to see more of the lively and vibrant Fukushima of today, parts of the Fukushima that is moving forward, and parts of the Fukushima that stayed the same.

The towns of Fukushima were filled with smiling faces. There were, of course, also those with scars and worries. But more than that, they were holding dear to their hearts the “richness of having a future”. I think the Fukushima that I once knew is no longer around. In fact, the “Fukushima that no one knows” is the Fukushima of today and the Fukushima of the future. I hope this Fukushima guidebook will serve as a reading lens into the Fukushima that you do not know.

たちのよく知っているお店が、商品もマネキンも客席も、そのままの状態で埃《ほこり》を被《かぶ》って残っていた。モニタリングポストが設置される町の風景にも、なかなか慣れることができなかった。僕は、これが現実なのだと、突き付けられたような気がした。そして、やり場のない憤りをも感じたのだ。

しかし、福島県の人は、ある意味僕の気持ちを裏切ってくれた。何を話したらいいのか、どう接したらいいのかわからない僕に、普通でいいのだと教えてくれた。むしろ、今の元気な福島を、前を向いて進む福島を、昔からある福島を、もっと見てほしいと、いろいろなところに連れ回してくれた。

福島の人やまちには、たくさんの笑顔が溢《あふ》れていた。むろん、傷や悩みを抱えている人もいる。けれど、それ以上に「未来があることの豊かさ」を大切にしていた。僕の知っている福島は、今はもうないのだと思う。実は、みんなの〝知らない福島〟が、今の福島であり、未来の福島なのだろう。そして、これから起こることは、誰にもわからない。わからないからこそ、一人一人が、その未来を切り拓《ひら》き、少しでも楽しいものに変えていけたらいい。楽しいことを見つければ、それが夢に繋《つな》がる。そうした夢のためならば、どんなに辛いことでも乗り越えられるのではないか。『ウルトラマン』の生みの親・円谷英二も、たくさんの夢をたくさんの作品に託した。振興も復興も〝新興〟も、やり方がわからなければ、みんなが教えてくれるのだ。そんな、あなたも知らない福島を、ぜひ、この「福島号」を通じて始めてみてほしい。

Slightly Long Editorial Notes

By Hideto Shindo

The "Fukushima that no one knows"

It was right before it begun to snow when I came in November 2021. I was somewhat relieved to see Fukushima's symbol, the "*Akabeko*", everywhere and that the city I knew was still around. The first thing that comes to my mind about Fukushima is the summer of 2006: Abukuma Cave, Inawashiro Lake, Iimori Hill, Kitakata ramen, Fruit Line, Iizaka Onsen, etc… I sometimes drove into a sea of clouds as I wove through the Azuma Mountain Range. This, and many other gorgeous places, are unfortunately closed during winter; but I'd love to go back in spring to visit them.

The Great East Japan Earthquake and the tsunami that occurred on March 11, 2011 caused the Fukushima nuclear accident. I'm sure anyone who knows "*d design travel*" would think of the accident when they hear Fukushima. I can say this now, but I was actually worried if I could just go on a

19 **小松理虔**（ヘキレキ舎）(→p. 079, 108)
福島県いわき市小名浜本町29-2(UDOK.)
090-4887-1119
Riken Komatsu (Hekirekisha) (→p. 079)
Hon-cho 29-2, Onahama, Iwaki, Fukushima (UDOK.)

20 **ぶんぶく**(→p. 080)
03-5819-2221　www.bunbuku.co.jp
Bunbuku(→p. 080)

21 **スパリゾートハワイアンズ** (→p. 084)
福島県いわき市常磐藤原町蕨平50
0570-550-550
10:00-21:30(施設により終了時間が異なる)
Spa Resort Hawaiians(→p. 084)
Warabidaira 50, Joban-Fujiwara-machi, Iwaki, Fukushima

22 **須賀川特撮アーカイブセンター**(→p. 103)
福島県須賀川市柱田中地前22
0248-94-5200
9:00–17:00　火曜休　年末年始休
Sukagawa Tokusatsu Archive Center(→p. 105)
Nakachimae 22, Hashirata, Sukagawa, Fukushima

23 **SHOT M 78 大束屋**(→p. 105, 140)
福島県須賀川市中町14
0248-73-2488　10:00–17:00 火曜休
SHOT M78 Otsuka-Ya(→p. 140)
Nakamachi 14, Sukagawa, Fukushima

24 **会津さざえ堂**(円通三匝堂)(→p. 121)
福島県会津若松市一箕町八幡滝沢155
0242-22-3163
12月〜3月 9:00–16:00　4月〜11月 8:15–日没
Sazaedo Temple (Entsu-sanso-do) (→p. 121)
Yahata-Takizawa 155, Ikki-machi, Aizuwakamatsu, Fukushima

25 **美工堂**(→p. 121, 140)
福島県会津若松市西栄町6-30
0242-27-3200　10:00–18:00 年末年始休
Bikodo(→p. 140)
Nishisakae-machi 6-30, Aizuwakamatsu, Fukushima

26 **貝沼航**(漆とロック)(→p. 122, 140)
福島県会津若松市本町5-49
0242-85-6803(要予約)
Wataru Kainuma (Urushi Rocks) (→p. 121, 140)
Hon-machi 5-49, Aizuwakamatsu, Fukushima

27 **はらっぱ**(原山織物工場)(→p. 122)
福島県会津若松市日吉町4-25
0242-36-7903
8:00-17:00 (直売所は要予約) 土・日曜・祝日休
HARAPPA (Harayama Textile Factory) (→p. 122)
Hiyoshi-machi 4-25, Aizuwakamatsu, Fukushima

28 **野沢民芸店**(→p. 124, 140)
福島県会津若松市七日町9-1
0241-45-3129(平日の午後のみ対応可)
10:00–16:00 週末のみ営業(冬季は時短営業)
Nozawa Mingei Shoten(→p. 125, 140)
Nanoka-machi 9-1, Aizuwakamatsu, Fukushima

29 **スペース・アルテマイスター** (→p. 124)
福島県会津若松市本町9-23
0242-26-4621　10:00–18:00 火曜休
Space Alte Meister(→p. 125)
Hon-machi 9-23, Aizuwakamatsu, Fukushima

30 **宗像窯** (→p. 124)
福島県大沼郡会津美里町本郷上甲3115
0242-56-2174　9:00–17:00 水曜休
Munakata-gama(→p. 125)
Hongo-Kami-Kou 3115, Aizumisato-machi, Onuma-gun, Fukushima

31 **植木屋商店**(→p. 124)
福島県会津若松市馬場町1-35
0242-22-0215　9:30–19:30 日曜休
Uekiya Shoten(→p. 124)
Baba-machi 1-35, Aizuwakamatsu, Fukushima

32 **三島町生活工芸館**(→p. 125, 140)
福島県大沼郡三島町名入諏訪ノ上395
0241-48-5502　9:00–17:00　月曜休
(祝日の場合は翌日休)、年末年始休
Mishima Town Local Crafts Museum (→p. 124, 140)
Suwanoue 395, Nairi, Mishima-machi, Onuma-gun, Fukushima

33 **marumi**(→p. 125, 140)
福島県大沼郡三島町桑原荒屋敷1351
090-7414-3173(要予約)
marumi(→p. 124, 140)
Arayashiki 1351, Kuwanohara, Mishima-machi, Onuma-gun, Fukushima

34 **ソコカシコ**(→p. 127)
福島県大沼郡三島町桑原荒屋敷1302
1泊素泊まり1人 5,000円 日・月・火曜休
Guesthouse Sokokashiko(→p. 127)
Arayashiki 1302, Kuwanohara, Mishima-machi, Onuma-gun, Fukushima

35 **合同会社ねっか**(→p. 127, 140)
福島県南会津郡只見町梁取沖998
0241-72-8872　10:00–12:00 13:00–16:00　不定休
Nekka LLC(→p. 127, 140)
Yanatorioki 998, Tadami-machi, Minamiaizu-gun, Fukushima

36 **やすらぎの宿 とまり木**(→p. 133)
福島県大沼郡昭和村大芦大向4478
0241-57-3110
1泊2食付き7000円(夕・朝食の料理体験料込み)
(冬季は、灯油代込みで7300円)お盆、正月休あり
Tomarigi (→p. 135)
Oashi-Omukai 4478, Showa-mura, Onuma-gun, Fukushima

37 **ふるさと工房おざわふぁ ～ む**(→p. 134)
福島県石川郡古殿町田口石畑135
0247-57-5147
Furusato Kobo Ozawa Farm(→p. 134)
Taguchi-Ishihatake 135, Furudono-machi, Ishikawa-gun, Fukushima

38 **石橋糀屋**(→p. 135)
福島県会津若松市御旗町3-26
0242-27-2136　9:00–18:00 日曜・祝日休
Ishibashi Kojiya (→p. 134)
Ohata-machi 3-26, Aizuwakamatsu, Fukushima

39 **pickandbarns**(→p. 137)
福島県福島市大町9-16
024-521-2188　10:30–19:00　火曜休
pickandbarns(→p. 137)
Omachi 9-16, Fukushima, Fukushima

40 **柿崎文雄工房**(→p. 140)
福島県耶麻郡猪苗代町大字蚕養字西大森甲1843-19
0242-64-2507　9:00–17:00　不定休
Fumio Kakizaki Workshop(→p. 140)
Kou Nishi-omori 1843 - 19, Kogai, Inawashiro-machi, Yama-gun, Fukushima

41 **太陽堂 むぎせんべい本舗**(→p. 140)
福島県福島市陣場町9-30
024-531-3077　8:00–18:00　不定休
Taiyodo-*Mugi Senbei* Honpo(→p. 140)
Jinba-cho 9-30, Fukushima, Fukushima

42 **ほりこしフォーライフ**(→p. 140)
horikoshi-forlife.stores.jp
Horikoshi for Life(→p. 140)

43 **発酵デパートメント**(→p. 140)
hakko-department.com
Hakko Department(→p. 140)

44 **阿部留商店**(→p. 140)
福島県福島市飯坂町湯野橋本5
024-542-2680　8:00-19:00　火曜休
Abetome Shoten(→p. 140)
Yuno-Hashimoto 5, Iizaka-machi, Fukushima, Fukushima

45 **会津のべこの乳 アイス牧場**(→p. 140)
福島県河沼郡会津坂下町金上辰巳19-1
0242-83-2324
4～10月 10:00–17:00　11～3月 10:00–16:00
Aizu no Beko no Chichi – Ice Cream Dairy(→p. 140)
Kanagami Tatsumi 19-1, Aizubange-machi, Kawanuma-gun, Fukushima

46 **ギャラリー観**(→p. 140)
shop.gallery-kan.com
Gallery Kan(→p. 140)

47 **ワイアードブレインズ**(→p. 157)
福島県郡山市香久池1-20-14
024-954-7990　9:00–18:00 土・日曜休
Wired Brains(→p. 157)
Kaguike 1-20-14, Koriyama, Fukushima

d MARK REVIEW INFORMATION (→ p. 185)

d design travel FUKUSHIMA INFORMATION

1 FAVORITE
餃子の店　山女(→p. 106)
福島県福島市早稲町5-23
024-523-1772
17:00–22:30 月～金曜 17:30–21:30(L.O.)
土曜 17:00–21:30(L.O.)日曜休　日曜休
Gyoza Store – Yamame (→p. 106)
Wase-cho 5-23, Fukushima, Fukushima

2 FAVORITE
シーフードレストラン メヒコ いわきフラミンゴ館(→p. 106)
福島県いわき市鹿島町走熊四反田3
0246-29-4407 11:00–22:00(L.O. 21:00) 無休
Seafood Restaurant Mexico Iwaki Flamingo Kan(→p. 106)
Shitanda 3 Hashirikuma, Kashima-machi, Iwaki, Fukushima

3 FAVORITE
地酒処 天竜(→p. 106)
福島県会津若松市大町2-5-15
0242-25-1484 17:00–23:00(22:30 L.O.)
日曜休(日・月連休の場合は月曜休)
Local sake bar – Tenryu (→p. 106)
Omachi 2-5-15, Aizuwakamatsu, Fukushima

4 FAVORITE
炭火串焼 クウカイ(→p. 106)
福島県いわき市平白銀町1-5
0246-22-2928 17:00-22:30　日曜休
Charcoal-grilled skewers – Kuukai(→p. 106)
Shiroganemachi 1-5 Taira, Iwaki, Fukushima

5 FAVORITE
KURA.(→p. 106)
福島県耶麻郡西会津町野沢原町乙2211-1
0241-45-2204
ランチ 11:00–14:30(L.O.14:00)　水曜休
KURA.(→p. 106)
Nozawahara-machi Otsu 2211-1, Nishiaizu-machi, Yama-gun, Fukushima

6 FAVORITE
ブレイク 平店(→p. 106)
福島県いわき市平田町68-1
0246-22-3054 8:00–19:00　無休
Break – Taira Branch(→p. 106)
Tamachi 68-1 Taira, Iwaki, Fukushima

7 FAVORITE
フルーツレストランバー アイカ(→p. 106)
福島県郡山市駅前2-7-14 024-923-9201
17:00–24:00(L.O. 23:20)　火曜休
Fruit Restaurant Bar Aika(→p. 106)
Ekimae 2-7-14, Koriyama, Fukushima

8 FAVORITE
肉の秋元本店(→p. 073, 106)
福島県白河市大信増見北田82
0248-46-2350 9:00–19:00 1月1日、2日休
NIKU no AKIMOTO(→p. 072, 106)
Kitada 82 Taishinmasumi, Shirakawa, Fukushima

9 FAVORITE
杉乃家(→p. 106)
福島県二本松市本町2-3-1(二本松市市民交流センター内1F)
ランチ 11:00–15:00　ディナー 17:00–20:00
月・火曜休
Suginoya(→p. 106)
Moto-machi 2-3-1, Nihommatsu, Fukushima
(Nihonmatsu City Citizen Exchange Center 1F)

10 FAVORITE
坂内食堂 (→p. 106)
福島県喜多方市細田7230
0241-22-0351 7:00–18:00　水曜休
Bannai Shokudo (→p. 106)
Hosoda 7230, Kitakata, Fukushima

1
高柴デコ屋敷 (→p. 067)
福島県郡山市西田町高柴地区
080-2817-1505(高柴デコ屋敷観光協会)
営業時間は工房ごと異なる 木曜休
Takashiba Deko Yashiki(→p. 067)
Takashiba, Nishita-machi, Koriyama, Fukushima

2
in-kyo(→p. 068)
福島県田村郡三春町中町9
0247-61-6650 10:00–16:00　火・水・木曜休
in-kyo(→p. 067)
Nakamachi 9, Miharu-machi, Tamura-gun, Fukushima

3
古物屋 時雨(→p. 068)
福島県須賀川市守谷舘11-1
13:00–19:00 月～水曜休
Antique Shop Shigure(→p. 067)
Moriyatate 11-1, Sukagawa, Fukushima

4
LOGGERS Gear Supply(→p. 068)
福島県郡山市田村町徳定下河原57-1
024-956-4538
10:00–20:00(日曜は11:00-17:00)　水曜休
LOGGERS Gear Supply(→p. 068)
Shimogawara 57-1, Tokusada, Tamura-machi, Koriyama, Fukushima

5
藪内義久(OPTICAL YABUUCHI) (→p. 071)
福島県福島市大町9-21
024-522-2659 10:00–19:00 火曜休
Yoshihisa Yabuuchi (OPTICAL YABUUCHI) (→p. 068)
Omachi 9-21, Fukushima, Fukushima

6
La Union(→p. 071)
福島県福島市大町1-12 024-572-5838
1泊素泊まりドミトリー 2,980円～
カフェ ランチ 11:30–14:00　ディナー 16:00–22:00
La Unión(→p. 071)
Omachi 1-12, Fukushima, Fukushima

7
鯖湖湯(→p. 071)
福島県福島市飯坂町湯沢32
024-542-5223(飯坂温泉共同浴場) 6:00–22:00
(入館は21:40まで)月曜休(祝日の場合は営業)
Sabako-Yu(→p. 071)
Yuzawa 32, Iizaka-machi, Fukushima, Fukushima

8
なかむらや旅館(→p. 072)
福島県福島市飯坂町湯沢18 024-542-4050
1泊2食付き1名16,000円～(2名利用時)
Nakamuraya Ryokan(→p. 071)
Yuzawa 18, Iizaka-machi, Fukushima, Fukushima

9
原郷のこけし群 西田記念館(→p. 072)
福島県福島市荒井横塚3-183
024-593-0639 10:00–17:00(入館は16:30まで) 月曜休(祝日の場合は翌日休)
Nishida Memorial Museum(→p. 071)
Arai Yokotsuka 3-183 , Fukushima, Fukushima

10
Books & Cafe コトウ(→p. 072)
福島県福島市宮下町18-30
11:00–19:00 火曜休
Books & Cafe Kotou(→p. 073)
Miyashita-cho 18-30, Fukushima, Fukushima

11
ニコニコ共和国(→p. 072)
福島県二本松市岳温泉1-16(一般社団法人岳温泉観光協会)
0243-24-2310 9:00–17:00 年始休
Niko-Niko Republic(→p. 073)
Dake Onsen 1-16, Nihonmatsu, Fukushima
(General Incorporated Association, Dake Onsen Tourism Association)

12
一瀬圭介 (丘の暮らしと山の旅) (→p. 072)
福島県二本松市岳温泉1-104(お宿 花かんざし内)
080-1490-1828
9:00–18:00(休日は「お宿 花かんざし」に準ずる)
Keisuke Ichinose (NATURE DESK) (→p. 073)
Dake Onsen 1-104, Nihonmatsu, Fukushima
(inside Oyado Hanakanzashi)

13
ひのき風呂の宿 分家(→p. 075)
福島県岩瀬郡天栄村湯本居平7
0248-84-2314
1泊2食付き1名13,750円～(2名利用時)
Hinokiburo-no-yado Bunke(→p. 072)
Yumoto-Idaira 7, Ten'ei-mura, Iwase-gun, Fukushima

14
かわうち草野心平記念館 天山文庫(→p. 075)
福島県双葉郡川内村上川内早渡513
0240-38-2076 9:00–16:00 月曜休
Tenzan Bunko(→p. 075)
Kamikawachi-Hayawata 513, Kawauchi-mura, Futaba-gun, Fukushima

15
西山里佳(表現からつながる家「粒粒」)(→p. 076, 139)
福島県南相馬市小高区耳谷表6
Rika Nishiyama (Home with imagination "tubutubu") (→p. 077, 139)
Omote 6, Mimigai, Odaku-ku, Minamisoma, Fukushima

16
Guest House & Lounge FARO iwaki (→p. 076)
富福島県いわき市平3-8-2 やまとビル
0246-25-7188
1泊素泊まりドミトリー 3,500円～
ラウンジ 8:00–21:00(L.O.)
Guest House & Lounge FARO Iwaki (→p. 076)
Yamato Bldg, Taira 3-8-2, Iwaki, Fukushima

17
月見亭(→p. 076)
福島県いわき市折戸折戸36-3
050-1099-0262 11:00–17:00 水・木曜休
Tsukimitei(→p. 076)
Orito 36-3, Orito, Iwaki, Fukushima

18
いわき回廊美術館(→p. 079)
福島県いわき市平中神谷地誉作7
0246-88-8970 日の出～日没 年中無休
The Snake Museum of Contemporary Art(→p. 076)
Sosaku 7, Taira-Nakakabeyachi, Iwaki, Fukushima

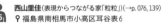

15 **OBROS COFFEE**(→p. 046, 140)
福島県郡山市細沼町1-30
024-926-0471
11:00–16:00　木・金曜休
郡山駅から徒歩約20分
OBROS COFFEE(→p. 047, 140)
Hosonuma-machi 1-30, Koriyama, Fukushima
11:00–16:00　Closed on Thursday and Friday
20 minutes on foot from Koriyama Station

16 **HOTELLI aalto**(→p. 048)
福島県耶麻郡北塩原村檜原大府平1073-153
0241-23-5100
1泊2食付き1名 35,000円～(2名利用時)
磐越自動車道 猪苗代磐梯高原ICから車で約20分
HOTELLI aalto(→p. 049)
Obudaira 1073-153, Hibara, Kitashiobara-mura, Yama-gun, Fukushima
One night with two meals (per person): from ¥35,000 (when two guests in one room)
20 minutes by car from Inawashiro-Bandaikogen Exit on the Banetsu Expressway

17 **東山温泉 向瀧**(→p. 050)
福島県会津若松市東山町湯本川向200
0242-27-7501
1泊1食付き1名 26,550円～
磐越自動車道 会津若松ICから車で約15分
Higashiyama Onesen Mukaitaki(→p. 051)
Kawamukai 200, Yumoto, Higashiyama-machi, Aizuwakamatsu, Fukushima
One night with two meals (per person): from ¥26,550
15 minutes by car from Aizu-Wkamatsu Exit on the Banetsu Expressway

18 **NIPPONIA 楢山集落**(→p. 052)
福島県耶麻郡西会津町奥川高陽根百目貫5900
080-9074-8301
1泊朝食付き2名 48,000円～
磐越自動車道 西会津ICから車で約30分
NIPPONIA Narayama Village(→p. 055)
Domeki 5900, Okugawa-kayane, Nishiaizu-machi, Yama-gun, Fukushima Prefecture
One night with breakfast (two persons): from ¥48,000
30 minutes by car from Aizu-Wakamatsu Exit on the Banetsu Expressway

19 **沼尻高原ロッジ**(→p. 054)
福島県耶麻郡猪苗代町蚕養沼尻山甲2864
0242-93-8101
1泊2食付き1名 19,800円～(2名利用時)
磐越自動車道 猪苗代磐梯高原ICから車で約20分
Numajiri Kogen Lodge(→p. 053)
Numajiriyamako-2864 Kogai, Inawashiro-machi, Yama-gun, Fukushima
One night with two meals (per person): From ¥19,800 (when two guests in one room)
20 minutes by car from Inawashiro-Bandaikogen Exit on the Banetsu Expressway

20 **佐藤哲也**(ヘルベチカデザイン／POOL SIDE)(→p. 056, 067)
福島県郡山市清水台1-8-15(ブルーバードアパートメント)
024-954-6522
郡山駅から徒歩約10分
Tetsuya Sato(Helvetica Design inc. / POOL SIDE)(→p. 057)
Shimizudai 1-8-15, Koriyama, Fukushima (Blue Bird apartment.)
10 minutes on foot from Koriyama Station

21 **谷津拓郎・千葉崇**(株式会社IIE)(→p. 058, 122)
福島県河沼郡会津坂下町青木宮田205
0242-23-7808
磐越自動車道 会津坂下ICより車で約15分
Takuro Yazu, Takashi Chiba(IIE Co., Ltd.)(→p. 059)
Aoki-Miyata 205, Aizubange-machi, Kawanuma-gun, Fukushima
15 minutes by car from Aizu-Bange Exit on the Banetsu Expressway

22 **矢部佳宏**(BOOT／西会津国際芸術村)(→p. 060, 140)
福島県耶麻郡西会津町新郷笹川上ノ原道上5752(西会津国際芸術村)
0241-47-3200
10:00–17:00　月・火曜休(祝日は開館)
臨時休館あり
磐越自動車道 西会津ICから車で約15分
Yoshihiro Yabe(BOOT / Nishiaizu International Art Village)(→p. 061, 140)
Kaminoharamichiue 5752, Shingo Sasagawa, Nishiaizu-machi, Yama-gun, Fukushima (Nishiaizu International Art Village)
10:00–17:00 Closed on Monday & Tuesday (open on national holidays), temporary closing
15 minutes by car from Aizu-Wkamatsu Exit on the Banetsu Expressway

23 **和田智行**(小高ワーカーズベース)(→p. 062)
福島県南相馬市小高区本町1-87(小高パイオニアヴィレッジ)
0244-26-4665
10:00–18:00　土・日曜休
JR常磐線 小高駅から徒歩約7分
Tomoyuki Wada(Odaka Worker's Base)(→p. 063)
Hon-machi 1-87 , Odaka-ku, Minamisoma, Fukushima (Odaka Pioneer Village)
10:00–18:00　Closed on Saturday & Sunday
7 minutes by car from Odaka Station on the JR Joban Line

d MARK REVIEW FUKUSHIMA INFORMATION

1 はじまりの美術館(→p. 018)
福島県耶麻郡猪苗代町新町4873
0242-62-3454
10:00–18:00　火曜休(祝日の場合は翌日休)
展示入れ替え時、年末年始休
磐越自動車道 猪苗代磐梯高原ICから
車で約12分
Hajimari Art Center(→p. 019)
Aramachi 4873, Inawashiro-machi, Yama-gun, Fukushima
10:00–18:00 Closed on Tuesday (for Tuesdays that are national holidays, closed on following day), during exhibition changeover and year-end and New Year holiday
12 minutes by car from Inawashiro-Bandaikogen Exit on the Banetsu Expressway

2 須賀川市民交流センター tette(→p. 020)
福島県須賀川市中町4-1
0248-73-4407
営業時間・定休日は施設によって異なる
JR東北本線 須賀川駅から徒歩約20分
tette (→p. 021)
Naka-machi 4-1, Sukagawa, Fukushima
Opening hours and holidays are different depending on the facility.
20 minutes on foot from Sukagawa Station on the JR Tohoku Main Line

3 やないづ町立 斎藤清美術館(→p. 022)
福島県河沼郡柳津町柳津下平乙187
0241-42-3630
9:00–16:30　月曜休(祝日の場合は翌日休)
展示入れ替え時、年末年始休
磐越自動車道 会津坂下ICから車で約10分
Kiyoshi Saito Museum of Art, Yanaizu(→p. 023)
Yanaizu Shitadairaotsu-187, Yanaizu-machi, Kawanuma-gun, Fukushima
9:00–16:30 Closed on Mondays (for Mondays that are national holidays, closed on following day)
10 minutes by car from Aizu-Bange Exit on the Banetsu Expressway

4 福島県立美術館(→p. 024)
福島県福島市森合西養山1
024-531-5511
9:30–17:00(入館は16時30分まで)月曜休(祝日は開館)　祝日の翌日休(土・日曜は開館)
年末年始休
福島駅から車で約5分
Fukushima Prefectural Museum of Art(→p. 025)
Nishiyozan 1, Moriai, Fukushima, Fukushima
9:30–17:00 (Entry until 16:30)　Closed on Mondays (open on national holidays, closed on following day), year-end and New Year holiday
※Open when the day following a national holiday is a Saturday or Sunday
5 minutes by car from Fukushima Station

5 Aoyagi(→p. 026)
福島県福島市大町2-2
024-563-5448
ランチ12:00–　ディナー18:00–
ワインバー 21:00–(少人数と御予約に余裕がある場合のみ)不定休
福島駅から徒歩約5分
Aoyagi(→p. 027)
Omachi 2-2, Fukushima, Fukushima
Lunch:12:00–　Dinner:18:00–　Wine Bar:21:00– (only for small groups and when there is room for more reservations) Irregular business holidays
5 minutes by car from Fukushima Station

6 満田屋(→p. 028)
福島県会津若松市大町1-1-25
0242-27-1345
10:30–16:30　水曜休(祝日の場合は営業)
JR只見線　七日町駅から徒歩約10分
Mitsutaya(→p. 029)
Omachi 1-1-25, Aizuwakamatsu, Fukushima
10:30–16:30 Closed on Wednesday (open if national holidays)
10 minutes on foot from Nanukamachi Station on the Tadami Line

7 Branch(→p. 030, 140)
福島県郡山市富久山町南小泉江ノ上142-1
024-953-8705
10:00–16:00(夏季は、–19:00)
月・火曜休　冬季休業あり
郡山駅から車で約15分
Branch(→p. 031, 140)
Enoue 142-1, Minami-koizumi, Fukuyama-cho, Koriyama, Fukushima
10:00–16:00 (open at 19:00 during summer season) Closed on Monday and Tuesday, and during winter break
15 minutes by car from Koriyama Station

8 仁井田本家(→p. 032)
福島県郡山市田村町金沢高屋敷139
024-955-2222
売店 10:00–17:00　土日祝休　夏季休業
年末年始休
郡山駅から車で約20分
Niida Honke(→p. 033)
Takayashiki 139, Kanezawa, Tamura-machi, Koriyama, Fukushima
shop 10:00–17:00　Closed on Saturday, Sunday, holydays, year-end and New Year holiday and during summer break
20 minutes by car from Koriyama Station

9 あんざい果樹園(→p. 034, 140)
福島県福島市町庭坂原ノ内14
024-591-1064
8:00–20:00(土曜9:00–19:00、日曜9:00–21:00)
福島駅から車で約20分
Anzai Kajuen(→p. 035, 140)
Haranouchi 14, Machiniwasaka, Fukushima, Fukushima
8:00–20:00 (Saturday 9:00–19:00, Sunday 9:00–21:00)
20 minutes by car from Fukushima Station

10 渡し舟(→p. 036, 140)
福島県大沼郡昭和村
watashifune@outlook.jp
完全予約制(メールにて要連絡)
Watashifune(→p. 037)
Showa-mura, Onuma-gun, Fukushima
Reservations required (Contact by e-mail)

11 フルハウス(→p. 038)
福島県南相馬市小高区東町1-10
0244-26-5080
11:00–18:00(カフェのL.O.16時30分) 日・月曜休
JR常磐線 小高駅から徒歩約3分
Fullhouse(→p. 039)
Higashi-machi 1-10, Odaka-ku, Minamisoma, Fukushima
11:00–18:00 (Cafre L.O. 16:30) Closed on Sunday and Monday
3 minutes on foot from Odaka Station on the JR Joban Line

12 TARO CAFÉ(→p. 040)
福島県耶麻郡猪苗代町堅田入江704-3
0242-62-2371
11:00–17:00(L.O.16時)　無休(臨時休業あり)
磐越自動車道 猪苗代磐梯高原ICから
車で約1分
TARO CAFÉ(→p. 041)
Nyue 704-3, Katada, Inawashiro-machi, Yama-gun, Fukushima
11:00–17:00 (L.O.16:00) Open year-around (temporary closing)
1 minutes by car from Inawashiro-Bandaikogen Exit on the Banetsu Expressway

13 haccoba -Craft Sake Brewery-(→p. 042)
福島県南相馬市小高区田町2-50-6
support@haccoba.com
ブリューパブ　17:30–22:30(L.O. 22時)
月～木曜休店頭販売　10:00–17:00　月曜休
JR常磐線 小高駅から徒歩約7分
haccoba -Craft Sake Brewery-(→p. 042)
Ta-machi 2-50-6, Odaka-ku, Minamisoma, Fukushima
Brew Pub 17:30–22:30 (L.O. 22:00)
Closed on Monday – Thursday
Store 10:00–17:00 Closed on Monday
7 minutes on foot from Odaka Station on the JR Joban Line

14 蕎麦カフェ SCHOLA(→p. 044)
福島県大沼郡昭和村喰丸宮前1374
080-6657-3381
11:00–14:30(L.O.14時)　不定休(冬季休業あり)
会津若松駅から車で約1時間
SCHOLA(→p. 045)
Miyanomae 1374, Kuimaru, Showa-mura, Onuma-gun, Fukushima
11:00–14:30 (L.O. 14:00)　Irregular business holydays (Closed during winter)
※Open for temporary operation
1 hour by car from Aizu-Wakamatsu Station

高木 崇雄 Takao Takaki
工藝風向 店主
『わかりやすい民藝』もうすぐ
3刷発刊です。

高野 直子 Naoko Takano
リトルクリエイティブセンター
東京と岐阜をつなぐフリーマガジン
「TOFU magazine」毎月発行！

武田 健太 Kenta Takeda
旅するように暮らす日常の和歌山
Wakayama Days
神戸から1時間半、京都から
1時間45分で来れます！

田中 栄 Sakae Tanaka
pickandbarns STAFF
服屋ときどきショウジャングィ
（料理人見習い）

田畑 知著 Chiaki Tabata
D&DEPARTMENT MIE by VISION スタッフ
暮らしを楽しみながら！

玉木 愛実 Manami Tamaki
（一社）津和野まちとぶんか
創造センター 代表
学校や地域の学びと創造を
支える環境を作っています。

辻井 希文 Kifumi Tsujii
ふつうのイラストレーター
福島のふつうを楽しく
描かせて頂きました！

土屋 誠 Makoto Tsuchiya
BEEK アートディレクター
今日も元気に温泉通い。

とつゆうた Yuta Totsu
株式会社 CIAL/Kanata 主宰
赤べこ大好きです。

轟 久志 Hisashi Todoroki
株式会社トドロキデザイン
南会津によく旅行に行っていました。
また行きたいな。

中西 祐貴 Yuki Nakanishi
D&DEPARTMENT KAGOSHIMA by MARUYA
東京より北に縁のない私。
だからこその魅力を感じる。

中村 麻佑 Mayu Nakamura
D&DEPARTMENT PROJECT
これまで縁のなかった福島県。
ぐっと身近になりました。

仁井田 真樹 Maki Niida
仁井田本家 女将
都会に疲れたら新幹線で1時間半で
福島旅へ！山食酒湯

新山 直広 Naohiro Niiyama
TSUGI 代表
福がつく街は大体いいところです。

西山 里佳 Rika Nishiyama
marutt Inc. / 粒粒
地道にこつこつ粒を磨くよ。
デザインと共に。

野口 純一 Jyunichi Noguchi
（一社）MUSUBITO 代表理事
僕たちの新しい取り組み宿泊事業にも
ご注目ください！

原 かなた Kanata Hara
会社員
福岡の美味しい情報アップデート
してお待ちしてます！

原田 將裕 Masahiro Harada
茅ヶ崎市役所
地域が放つ光を観に、デザイントラベル。

日野 藍 Ai Hino
ローカルデザイナー
伊予の国は冬も春も柑橘天国。
おすすめは「せとか」！

藤田 諒 Ryo Fujita
D&DEPARTMENT TOKYO
ショップスタッフ
只見線の鉄道に乗って四季を感じたい。

渕上 涼子 Ryoko Fuchikami
会社員
47都道府県のコンプリートが
楽しみです！

ヘルベチカデザイン株式会社
Helvetica Design inc.
スタッフ一同
福島でデザインしたり喫茶室などの場を
運営しています。

本多 寿美代 Sumiyo Honda
会社員
おもにぷらぷらしています。
百聞は一見にしかず。

本多 尚諒 Naoaki Honda
テンナイン・コミュニケーション
修学旅行で訪れた福島、
本誌を手に旅したいです。

益子 祥太朗 Shotaro Mashiko
栃木県北那須水道事務所
美味しい米づくりを始めました。

松崎紀子 Noriko Matsuzaki
DESIGN CLIPS
渋谷のんべい横丁で飲んだ
「榮川酒造」のお酒にハマりました。

三澤 真也 Shinya Misawa
ソコカシコ 店主／山学 主宰
奥会津にある山とアートを
テーマにしたホステルです。

皆川 キヌイ Kinui Minagawa
農家民宿　やすらぎの宿　とまり木
お客さんが、また泊まりに来たいと思って
もらえるように、あたたかいご飯を作って
待ってます。いっぺ食ってくんつぇ！

本村 拓人 Takuto Motomura
tact / Mediasurf Communications
ナガオカさんに質問。自然“発生”的
デザインって創作可能なのでしょうか？

薮内 義久 Yoshihisa Yabuuchi
OPTICAL YBUUCHI　代表取締役
いろいろご紹介します！
是非遊びに来てください！

矢部 佳宏 Yoshihiro Yabe
一般社団法人BOOT 代表
西会津の楢山集落で人と自然の界を
デザインしています

山口 佳織 Kaori Yamaguchi
一般社団法人 BOOT
西会津の桃源郷、宿・楢山集落で
お待ちしています。

山﨑 悠次 Yuji Yamazaki
写真家
猫背な人生

やましたかなよ Kanayo Yamashita
いりこのやまくに
うどん県の西の端で毎日いりこと
向き合っています‼

山田 果穂 Kaho Yamada
d47 食堂
愛情込めればなんでもおいしくなる。
福島定食、いっぺ食わっしぇー！

山田 藤雄 Fujio Yamada
フリーランス
d news agui オープンしました！

吉村 春希 Yoshimura Haruki
READYFOR キュレーター
47都道府県を、クラウドファンディング
と共に。

会津の伝統野菜と薬草
リオリコ農園 Riorico Farm
園主 Farm owner
届けたいのは地の味と力
「会津テロワール」種とり農家

渡辺 美穂 Miho Watanabe
d47 食堂
d47 食堂からいろんな景色を
楽しんでいます。

CONTRIBUTORS

相馬 夕輝 Yuki Aima
D&DEPARTMENT PROJECT
福島も食べて食べて食べた。
おっかあ、ありがとう。

荒井 優希 Yuki Arai
東北芸術工科大学学生
卒業制作でラップミュージックを
作っています。

有賀 樹広 Mikihiro Aruga
会社員
YouTube動画のジングル製作を
担当しました！

飯野 勝智 Katsutoshi Iino
（一社）MUSUBITO 代表理事
人と街を結ぶ「結いプロジェクト」を
実施。

石嶋 康伸 Yasunobu Ishijima
ナガオカケンメイのメール友の会
管理人
大阪にdを再び！

石橋 恒雄 Tsuneo Ishibashi
石橋糀屋 代表者
とことん手作りに拘った糀・味噌・
三五八を作ってます

井上 映子 Eiko Inoue
ダイアテック BRUNO広報
自転車の新たな楽しみを伝えたい！！

岩井 巽 Tatsumi Iwai
東北スタンダードマーケット
宮城県仙台市にて、暮らしを
あたたかくする、東北生まれの品々を
販売しています。

岩滝 理恵 Rie Iwataki
D&DEPARTMENT TOYAMA
ままどおるは何個でも食べれます。

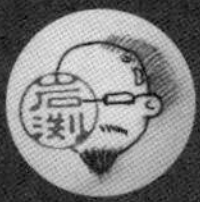

岩渕 豪 Go Iwabuchi
（公財）福島県観光物産交流協会
民と官を繋げ、福島を世界と繋げるのが
お仕事です。

植本 寿奈 Suna Uemoto
d47食堂
福島は郷土料理の宝庫。福島の皆さん、
ごっつぉさま～！

内田 幸映 Yukie Uchida
d食堂京都　店長
今は京都の食堂に。「おおきに！」っと
きばっております。

衛藤 武智 Takenori Eto
日本語校閲担当
霧幻峡と…湯本で叉、蕎麦食べたい
（一の谷と違うよ）

榎本 千賀耶 Chigaya Enomoto
本庄デパートメント共同代表
埼玉から、この本を持って旅に出るのが
毎回楽しみ。

小澤 啓子 Keiko Ozawa
ふるさと工房おざぶぁ～む
自然を味方に作る郷土食を
繋ぎたいです。

小野 光智 Mitsutomo Ono
小野光匠一級建築士事務所　代表
さざえ堂を登らずして、建築好きと
言うなかれ

門脇 万莉奈 Marina Kadowaki
d47 design travel store
最近漆を掻いて、より漆が
気になっています。

上久保 杏子 Kyoko Kamikubo
d47 design travel store
昔食べたネギ蕎麦。今度はむせずに
食べるぞ！！

木村 大輔 Daisuke Kimura
昭和村役場 主事
とがっています、奥会津。

熊谷 太郎 Taro Kumagai
La Jomon 代表
福島は東北の玄関口であり
東北の良さを凝縮した場所です。

黒江 美穂 Miho Kuroe
D&DEPARTMENT PROJECT
祖父の故郷、福島をデザイントラベルで
まわりたいです！

古賀 義孝 Yoshitaka Koga
光画デザイン
デザインで、世の中を明るくできると
信じています。

小菅 庸喜 Nobuyuki Kosuge
archipelago店主
安達太良や磐梯、福島には幼少期に
訪れた山がたくさん。

小林 竜也 Tatsuya Kobayashi
はじまりの美術館 企画運営担当
人も文化も奥深い。知れば知るほど
面白い福島です◎

小松 理虔 Riken Komatsu
地域活動家
酒と魚を用意して小名浜で
待ってます！

小柳 聡美 Satomi Koyanagi
READYFOR キュレーター
クラファン4回目、今回も
達成おめでとうございます！

坂田 実緒子 Mioko Sakata
d news aichi agui
安達太良山の麓で夜な夜な飲んだ酪王
コーヒーの思い出。

坂本 大三郎 Daizaburo Sakamoto
山伏
友人の出身地が
福島であることが多いです。

坂本 大祐 Daisuke Sakamoto
オフィスキャンプ
奈良県東吉野村でコワーキングスペース
を運営中。

佐々木 信 Shin Sasaki
3KG
そろそろ北海道号のリニューアル版を
作らなきゃ。

佐藤 ちかこ Chikako Sato
ceramic art accessory 千花
宮崎の神話や自然をテーマに
制作活動をしています。

佐藤 哲也 Tetsuya Sato
Creative Director
福島の魅力満載！みなさんのご来福
お待ちしています！

佐藤 春奈 Haruna Sato
Editor / Writer
旭川生まれ。東北を拠点に旅して
暮らして書いています。

佐原（貝沼）航 Wataru Kainuma Sahara
漆とロック株式会社　代表
この本から福島の次のデザインに
繋がりますように！

澤田 央 Hiro Sawada
コーディネーター
青森在住。昨年春に地元福島で
第一子を出産しました！

末永 侑 Yu Suenaga
フォトアトリエすえなが
磐梯の豊かな自然で
もう一度散歩したい！

鈴木 良浩 Yoshihiro Suzuki
鈴木醤油店
受け継いだものを次に繋げる為に、
挑戦し続けます。

須藤 早耶加 Sayaka Sudo
青森のひと
青森暮らし。春待ち待ちて。

銭上 愛子 Aiko Zenigami
会社員
長崎弁の「しゃっちが～（＝必ずしも）」を
うまく使えるようになりたい今日この頃

株式会社大川荘／株式会社ぶんぶく／暮しの良品 いげた／トラスホーム 株式会社／ゴッホカリー／株式会社 IIE
漆とロック株式会社・漆器「めぐる」／株式会社 家守舎桃ノ音 代表取締役 上神田健太／株式会社 植田印刷所
干しいも工房 しんあい農園／ Marc Mailhot ／郡司 翔太郎／佐々木晴人／菅野康太（東北出身・鹿児島在住）
にいだの女将／坂本 正文／長谷川まり子／木内絵里／デザインモリコネクション／ FUTAGAMI ／日向野めぐみ
marutt Inc. ／ナナ／高橋恵子／りょうこ／ 350&821 ／郡司 明恵／後藤国弘／三部香奈／あまいゆうし／竹内葉子
加賀崎勝弘（PUBLIC DINER）／株式会社 ARC 地域研究センター 赤津 一徳／ひこたろう／ YUJISMARAGDINA
上澤 聖子／カイトウジロー／ゆきち／イガピン／豊嶋操／佐藤ゆかり／ Helvetica Design inc. ／岡部兼芳／ぽんきち
Yuriko Ying ／トキタリュウスケ／ Yurika.K ／森 雅俊／原田裕也／アルガ ミキヒロ・ミズキ・エイサク／黒部美穂／佐藤洸
K5 ART DESIGN OFFICE. ／斎藤拓哉（隠れ家ゲストハウス）／本田啓介／友員里枝子／ JNJN ／稲田友美／木村大輔
有限会社 和久屋 渡辺智己／森 光男／ Inutaku3 ／佐藤 長／山岡謙吾・華／あきもと まさゆき／田口雅教
中華 百華園／さとしょう／飯岡 達／藏田真吾／さとうてつや／崎山智華／上澤 聖子／ SEKIYA COFFEE&GOOD TIMES
SUBSTANCE ／横山沙織／岩瀬 希望／ Daisuke Yamashita ／門脇万莉奈／森内理子／秋澤蒲鉾店／かんのゆういち
ゆかまま／トモヘイ商店／金子典子／ deco ／ hiroro0419 ／ M 君／面木つよし／伊達農園／ブルーバードアパートメント
川越祐子／安倍元俊／吉澤彩夏／ AKAGERA32 ／谷津保奈美／ d 日本フィルの会／ Yang yoojin ／ seinong ／小林史和
一級建築士事務所 小野光匠／矢数明子／矢数京子／澤田央／やぶ／山根麻衣子／岩本彩／中村麻佑／ナガミネエリ
クラニスム／わ／米谷量平／柳家花緑／つのだ／舛田 玲香／ねもとりあな／笑日 知夏 香恵／ Moemi ／ Mizuho O.
JUTARO HATA ／伊藤晶子（料理教室 FRASCO）／田邊直子／小波津龍平／ Hiroyasu Ishida ／横山純子／ヤマギシマサヒコ
忘山庵 氏家 博昭／ saredo -されど- ／ emhrt ／クロちゃん／齊藤 浩人／あぐー／三川紫緒／二瓶健太郎
国井 純（ひたちなか市役所）／草加雄介／どーも／國松 勇斗・素子／大竹高史／ごん／鈴木正人／村木 諭／原田將裕
菅 真智子／岡部淳也／山崎義樹／若杉 賢一／ GerdKnäpper Gallery ／サトウツヨシ／ Samba2001 ／小林竜也
吹屋ふるさと村陶芸の会 田邊典子／鹿志村克／かじやん／ノリさん／イノマタナオ／八重田和志／須佐弘男、須佐千秋
panda_love_town ／桶屋近藤／ DIVE ／ Lumi ／池野久美／おぜしかプロジェクト／ nontak ／ Aotoman821 ／髙橋優子
しむちん三太郎／ GuestHouse & Lounge FARO iwaki ／梶原美紀／ 865 ／にへいまい／ソコカシコ／ヤマシタ ユキコ
煤と棲む山本屋 山本あいこ／西尾 紀彦／松本聡美／飯石藍／まりたん／富田 貴美／ Kumikohorie ／腰田裕子
出口麻紀子／樹々の会／池内祥見／佐藤太亮・みずき／ヨコシマ珈琲／木村真理子／リオリコ農園／まさみち／石黒剛
ながしょー／川岸正寛／小笠原 隼人／君塚 美香／あまいゆうし／山川／関本 亜紀／石田 久典／みず文庫／内田節子
観光社／ふみー／ team1712 ／小瀧忍／南雲克雅／ますだ家／くま／大政 愛／小嶋寿和／小林 温美／ JJ ／遠藤 直人
山田初江／吉田千帆／ ayu ／イソケン散歩／マツオマナ／手作業 小池晶子／やまだ／ lotta ／カオリヒオリ／フナトミワ
末永あきこ／ TAP&SAP ／窪田千莉／坂井 俊之／ 821&350 ／尾形恵美子／ noiloni コバヤシナオキ／智里／和田智行
こしかわさくら／くりはらゆうこ／安藤克也／きのくまや／齋藤亮太／彩／こやまちはる／ watani ／ Linus ／ tuii.Co.,Ltd.
MUSUBU_Demi ／横塚明日美（合同会社 nekiwa）／森居 真悟／ Mayumi Isoyama ／森 禎行／ maruru ／稲葉美里
yoko ／宮崎 雅久／ K.OKADA ／渡部あきこ／堺直人／ Koshi Asano ／ Shinc lab. 田中 友幸／ kenta ooe ／ sail 中村圭吾
Noriko ／橋本真寿／ノリコ／千葉笑美子／ T&D ／三澤典恵／まえばし×ふくしま部 と ONOBORI3 ／二方 弘介／丹治亮介
鈴木裕子／佐々木晃子／ guesthouse Nafsha ／片田 尚子／林﨑美陽／芝生かおり／添田拓郎／万木和広／ OKU
かすみがうら未来づくりカンパニー／圓道寺 恵子／ Yasotaro ／橋本えりか／飯坂温泉 御菓子司一味庵／柳沼優子
嶋村悠子／ shirasy ／久保宗之／ 3104 ／対対／ tuii ／深谷大一朗／ smukai

SUPPORTERS of CROWD FUNDING

「福島号」の制作費の一部は、クラウドファンディングにて募集しました。ご支援いただいた皆さん、ありがとうございました。

暮しの良品
いげた

TRUSS HOME

Gogh³
ゴッホ
since 1970

植田印刷所
UEDA PRINTING

Co-Learning Space
アカリ

OTHER ISSUES IN PRINT

1 北海道 HOKKAIDO
2 鹿児島 KAGOSHIMA
3 大阪 OSAKA
4 長野 NAGANO
5 静岡 SHIZUOKA
6 栃木 TOCHIGI
7 山梨 YAMANASHI
8 東京 TOKYO
9 山口 YAMAGUCHI
10 沖縄 OKINAWA
11 富山 TOYAMA
11.2 富山2 TOYAMA2
12 佐賀 SAGA
13 福岡 FUKUOKA
14 山形 YAMAGATA
15 大分 OITA
16 京都 KYOTO
17 滋賀 SHIGA
18 岐阜 GIFU
19 愛知 AICHI
20 奈良 NARA
21 埼玉 SAITAMA
22 群馬 GUNMA
23 千葉 CHIBA
24 岩手 IWATE
25 高知 KOCHI
26 香川 KAGAWA
27 愛媛 EHIME
28 岡山 OKAYAMA
29 茨城 IBARAKI
30 福島 FUKUSHIMA
31 三重 MIE
32 神奈川 KANAGAWA
33 福井 FUKUI
済州 JEJU
34 広島 HIROSHIMA

HOW TO BUY

「d design travel」シリーズのご購入には、下記の方法があります。

店頭で購入
Physical Stores

・D&DEPARTMENT 各店（店舗情報 P.179）
・お近くの書店（全国の主要書店にて取り扱い中。在庫がない場合は、書店に取り寄せをご依頼いただけます）

ネットショップで購入
Online Stores

・D&DEPARTMENT ネットショップ www.d-department.com
・D&DEPARTMENT global site www.ddepartment.com
・Amazon amazon.co.jp
・富士山マガジンサービス（定期購読、1冊購入ともに可能） www.fujisan.co.jp

＊書店以外に、全国のインテリアショップ、ライフスタイルショップ、ミュージアムショップでもお取り扱いがあります。
＊お近くの販売店のご案内、在庫などのお問い合わせは、D&DEPARTMENT PROJECT 本部・書籍流通チームまでご連絡ください。（☎03-5752-0520 平日9:00–18:00）

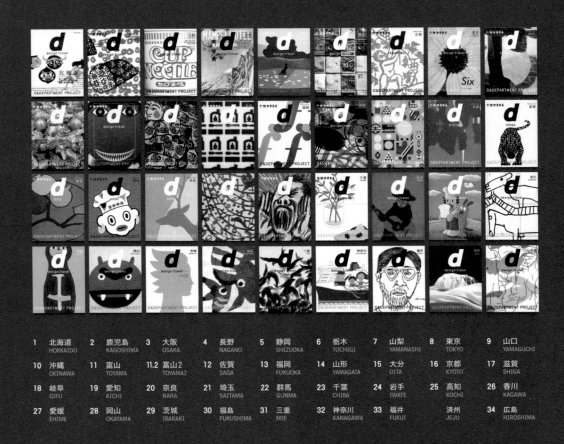

編集後記

渡邉壽枝　Hisae Watanabe
d47 MUSEUM 事務局。埼玉県出身。
47 REASON TO TRAVEL IN JAPAN や、細々したところをフォロー。

私の福島の景色の中には「磐梯山」がある。小学校の修学旅行は、磐梯山の麓にある「野口英世記念館」から始まり、中学校のスキー教室では裏磐梯へ。大学時代には、電車から磐梯山を眺めながら、会津若松の漆のつくり手さんのもとを訪れた。磐梯山を思う時には、今でも必ず「会津磐梯山は宝の山よ～」の福島県民謡が脳内で流れる。遊びも学びも教えてくれた「磐梯山」の懐の広さは、福島全体にも言えることだと改めて気づいた「福島号」。誰かの福島の景色をつくるきっかけになりますように。

発行人 / Founder
ナガオカケンメイ Kenmei Nagaoka
（D&DEPARTMENT PROJECT）

編集長 / Editor-in-Chief
神藤 秀人 Hideto Shindo（D&DEPARTMENT PROJECT）

編集 / Editors
渡邉 壽枝 Hisae Watanabe（D&DEPARTMENT PROJECT）
松崎 紀子 Noriko Matsuzaki（design clips）

執筆 / Writers
高木 崇雄 Takao Takaki（Foucault）
坂本 大三郎 Daizaburo Sakamoto
相馬 夕輝 Yuki Aima（D&DEPARTMENT PROJECT）
小松 理虔 Riken Komatsu（Hekirekisha）
西山 里佳 Rika Nishiyama
（marutt Inc. / Home with imagination "tubutubu"）
田中 栄 Sakae Tanaka（pickandbarns）
渕上 涼子 Ryoko Fuchikami
深澤 直人 Naoto Fukasawa

デザイン / Designers
加瀬 千寛 Chihiro Kase（D&DESIGN）
高橋 恵子 Keiko Takahashi（D&DESIGN）
村田 英恵 Hanae Murata（D&DESIGN）

撮影 / Photograph
山﨑 悠次 Yuji Yamazaki

イラスト / Illustrators
辻井 希文 Kifumi Tsujii
坂本 大三郎 Daizaburo Sakamoto

日本語校閲 / Copyediting
衛藤 武智 Takenori Eto

翻訳・校正 / Translation & Copyediting
賀来 素子 Motoko Kaku
ニコル・リム Nicole Lim
ジョン・バイントン John Byington
真木 鳩陸 Patrick Mackey
松本 匡史 Masafumi Matsumoto
（Ten Nine Communications, Inc.）
ステフェン・バヴェー Stephen Bavin
（Ten Nine Communications, Inc.）
福尾 莉沙 Risa Fukuo
（Ten Nine Communications, Inc.）
本多 尚諒 Naoaki Honda
（Ten Nine Communications, Inc.）

制作サポート / Production Support
ユニオンマップ Union Map
中村 麻佑 Mayu Nakamura（D&DEPARTMENT PROJECT）
植本 寿奈 Suna Uemoto（d47 SHOKUDO）
d47 design travel store
d47 MUSEUM
d47 食堂 d47 SHOKUDO
D&DEPARTMENT HOKKAIDO by 3KG
D&DEPARTMENT SAITAMA by PUBLIC DINER
D&DEPARTMENT TOKYO
D&DEPARTMENT TOYAMA
D&DEPARTMENT KYOTO
D&DEPARTMENT MIE by VISON
D&DEPARTMENT KAGOSHIMA by MARUYA
D&DEPARTMENT OKINAWA by PLAZA 3
D&DEPARTMENT SEOUL by MILLIMETER MILLIGRAM
D&DEPARTMENT JEJU by ARARIO
D&DEPARTMENT HUANGSHAN by Bishan Crafts Cooperatives
Drawing and Manual

広報 / Public Relations
松添 みつこ Mitsuko Matsuzoe（D&DEPARTMENT PROJECT）
清水 睦 Mutsumi Shimizu（D&DEPARTMENT PROJECT）

販売営業 / Publication Sales
田邊 直子 Naoko Tanabe（D&DEPARTMENT PROJECT）
西川 恵美 Megumi Nishikawa（D&DEPARTMENT PROJECT）

表紙協力 / Cover Cooperation
森 陽香 Haruka Mori（unico）
社会福祉法人 安積愛育園
Social Welfare Corporation Asaka Aiikuen

協力 / Cooperation
READYFOR株式会社 READYFOR INC.
ヘルベチカデザイン株式会社 Helvetica Design inc.

表紙にひとこと

『赤べこ』(2020.4.8)　森 陽《はる》香《か》

赤べこというと、誰もが知る福島の定番。でも、福島に来て僕が出会ったのは、ものすごくダイナミックな赤べこたちでした。「はじまりの美術館」運営母体の創作活動プロジェクト「unico」の専属アーティスト・森陽香さんによる『赤べこ』は、なんと足の指に筆を挟んで描かれたもの。赤と白と黒のコントラストは、もはや土地の風景にもなっていて、目にするだけで福島と感じるのです。まだまだ僕たちの知っているようで知らない福島が生まれてきそうです。

One Note on the Cover

Akabeko **(2020.4.8)**
by Haruka Mori

Akabeko is a Fukushima classic that everyone knows. But when I visited Fukushima, I encountered a very dynamic group of *Akabeko*. Haruka Mori, the resident artist of "unico" (a creative activity project) painted *Akabekos* by foot. The contrast of red, white, and black has long been a part of the local landscape, and just looking at the color combination brings me to Fukushima. There is more to Fukushima that we do not know about.

---

d design travel FUKUSHIMA
2022年 5月25日 第1版 / First printing: May 25, 2022
2024年11月15日 第1版 第2刷 / Second printing November 15, 2024

発行元 / Publisher
D&DEPARTMENT PROJECT
158-0083 東京都世田谷区奥沢8-3-2
Okusawa 8-chome 3-2, Setagaya, Tokyo 158-0083
03-5752-0097
www.d-department.com

印刷 / Printing
株式会社サンエムカラー SunM Color Co., Ltd.

ISBN 978-4-903097-30-5 C0026

Printed in Japan

掲載情報は、2022年2月時点のものとなりますが、
一部、2024年10月時点のものがあります。
定休日・営業時間・詳細・価格など、変更となる場合があります。
ご利用の際は、事前にご確認ください。
掲載の価格は、特に記載のない限り、すべて税込みです。
定休日は、年末年始・GW・お盆休みなどを省略している場合があります。
The information provided herein is accurate as of February 2022. Readers are advised to check in advance for any changes in closing days, business hours, prices, and other details.
All prices shown, unless otherwise stated, include tax.
Closing days listed do not include national holidays such as new year's, obon, and the Golden Week.

全国の、お薦めのデザイントラベル情報、本誌の広告や、
「47都道府県応援バナー広告」(P. 154〜177のページ下に掲載)
についてのお問い合わせは、下記、編集部まで、お願いします。

宛て先
〒158-0083 東京都世田谷区奥沢8-3-2
D&DEPARTMENT PROJECT
「d design travel」編集部宛て
d-travel@d-department.jp

携帯電話からも、D&DEPARTMENTの
ウェブサイトを、ご覧いただけます。
http://www.d-department.com